Renate Haen · Ilse Jakob
Du bist die Göttin
Weiblichkeit im Neuen Zeitalter

BASTEI-LÜBBE-TASCHENBUCH
Band 70136

Erste Auflage: Juni 1999

Originalausgabe
© 1999 by Bastei-Verlag Gustav H. Lübbe GmbH & Co.,
Bergisch Gladbach
Printed in Germany
Einbandgestaltung: Wustmann & Ziegenfeuter, Dortmund
Satz: Textverarbeitung Garbe, Köln
Druck und Bindung: Ebner Ulm
ISBN 3-404-70136-4

Sie finden uns im Internet unter
http://www.luebbe.de

Der Preis dieses Bandes versteht sich einschließlich
der gesetzlichen Mehrwertsteuer.

Inhalt

Einleitung 9

Über mediale Durchsagen und unsere
Quellen 16

Teil I
Weibliche Kraft – Aspekte der Weiblichkeit . 25

Die konkrete Erfahrung des Urweiblichen 26
Das Urweibliche in Mythos und Geschichte 28
Anschließen an die weiblichen Ur-Energien –
Die Meditation mit der Erde 34
Die urweibliche Qualität des
Nährenden, Schützenden und Bewahrenden 43
Göttinnen, die der Qualität des
Nährenden, Schützenden und Bewahrenden
zugeordnet sind 53
Die urweibliche Qualität des
Hortenden und Verschlingenden 58
Göttinnen, die der Qualität des
Hortenden und Verschlingenden zugeordnet sind 68
Die urweibliche Qualität der *Hingabe* 76
Göttinnen, die der Qualität der *Hingabe*
zugeordnet sind 87
Die urweibliche Qualität des *Chaos* 96

Mythologisches zur Qualität des *Chaos* 106
Die urweibliche Qualität des
Ekstatisch-Zerstörerischen 110
Göttinnen, die der Qualität des
Ekstatisch-Zerstörerischen zugeordnet sind 119
Das herrschende weibliche Schönheitsideal –
Hintergrund und Bedeutung 126

**Teil II
Die Polarität von Weiblich und Männlich** ... 135

Die Polarität von Weiblich und Männlich 136
Partnerschaft 151
Sexualität 159
Fühlen und Empfinden 180
Mutterschaft 196
Die drei Lebensphasen der Frau 207

**Teil III
Das Neue Zeitalter –
die Synthese von Weiblich und
Männlich** 215

Spirituelle Hintergründe der Ablösung des
Matriarchats durch das Patriarchat 216
Anschließen an die männlichen Ur-Energien
und grundlegende Übungen zur Erfahrung
des männlichen Pols 222
Die urmännliche Qualität des Verdichtens zu
Struktur und Form (*»Zeus«*) 227
Die urmännliche Qualität des klaren
Bewußtseinslichts (*»Apollon«*) 232

Die urmännliche Qualität der impulsgebenden Kraft (*»Ares«*)	236
Die urmännliche Qualität der Ausrichtung (*»Saturn«*)	242
Die urmännliche Qualität des Willens (*»Hephaistos«*)	245
Die urmännliche Qualität der Leichtigkeit und Heiterkeit (*»Hermes«*)	250
Die urmännlichen im Unterschied zu den urweiblichen Qualitäten	253
Zur allgemeinen Entwicklung im Neuen Zeitalter	259
Weibliches Selbstverständnis im Neuen Zeitalter	271

Ausblick 284

Die Qualität des *Rechten Augenblicks*	285
Die Qualität der *Schwertgleichen Klarheit*	290
Die Qualität des *Urgrunds und der Erlösung*	293

Anhang 295

Meditation	296
Chakren	300
Die Energiekörper	306

Bibliographie 308

Anmerkungen 311

Einleitung

Dies ist kein wissenschaftliches Buch. In diesem Sinne erheben wir keinerlei Anspruch auf letztgültige Wahrheiten, wie wir auch keine wissenschaftlichen Methoden anwenden. Wir sind uns bewußt, daß mediale Durchsagen, da sie das mentale und emotionale Geflecht des Mediums wie einen »Filter« durchdringen müssen, immer dem gegenwärtigen Bewußtseinsstand des Mediums entsprechen. Es wäre also sinnlos, die Aussagen dieses Buches auf »wahr oder falsch« im wissenschaftlichen Sinne überprüfen zu wollen. Doch es ist nicht nur Faulheit, die uns davon abhielt, uns durch Berge von Literatur zu kämpfen, um zu sehen, ob das, was wir gechannelt haben, irgendeine Entsprechung in irgendeinem – archäologischen, historischen, philosophischen oder theologischen – Buch finden mag. Wir glauben, daß Wissenschaft, so wie sie heute verstanden wird, weder zu echter Wahrheitsfindung noch zu wirklicher Bewußtseinserweiterung beizutragen vermag. Wir glauben vielmehr, Wahrheit ist das, was jedem einzelnen zum gegenwärtigen Zeitpunkt seiner persönlichen Entwicklung als wahr erscheint, also als etwas, worauf er vertrauen kann. Der Philosoph und Physiker Heinz von Foerster hat dies, wahrscheinlich als einziger seiner Zunft, in mutige und treffende Worte gefaßt: »Für mich ist die Sicherheit des Absoluten, die einem

Halt geben soll, etwas Gefährliches, das einem Menschen die Verantwortung für seine Sicht der Dinge nimmt. Mein Ziel ist es, eher die Eigenverantwortung und die Individualität des einzelnen zu betonen. Ich möchte, daß er lernt, auf eigenen Füßen zu stehen und seinen persönlichen Anschauungen zu vertrauen.«[1]

Wenn wir also in unserem Buch davon ausgehen, daß es einmal ein Matriarchat gegeben hat und daß es lange Zeit die einzige oder zumindest die am weitesten verbreitete Gesellschaftsform war, so tun wir dies aus dem Bewußtsein sowohl dessen heraus, was wir gelesen haben (Marija Gimbutas, Robert von Ranke-Graves, Barbara Walker und andere), als auch dessen, was uns medial vermittelt wurde. Für uns hat sich im Laufe der Arbeit an diesem Buch, aufgrund der vielfältigen Informationen, die wir nicht nur auf mentale Weise verarbeitet, sondern auch persönlich (durch Meditationen und Übungen) erfahren haben, als Wahrheit herauskristallisiert, daß ein Matriarchat existierte, was wir auch gleich zu Anfang unseres Buches klarstellen wollen.

Es geht uns jedoch, wohlgemerkt, mit dem vorliegenden Buch keineswegs darum, die historische Existenz eines Matriarchats zu beweisen, mit der Schlußfolgerung, auf eine matriarchale Gesellschaftsordnung müsse das Neue Zeitalter notwendigerweise hinauslaufen. Vielmehr haben wir, wie so viele unserer Geschlechtsgenossinnen, unsere eigene Ratlosigkeit in bezug auf das *Wesen* des Frauseins festgestellt, die auch nach all den feministischen Anstrengungen und Aufbrüchen keineswegs geringer geworden ist. Was bedeutet *Frausein* überhaupt? Wie definiert sich Weiblichkeit? Worauf kann eine Frau ihr Selbstbewußtsein und ihr Selbstwertgefühl *als weibliches Wesen* gründen? Der Feminismus konnte nur den Amazonenaspekt des Weiblichen wieder aufgreifen. Was aber bedeutet Weiblichkeit wirklich – jenseits von traditionellen Definitionen wie »eine Frau ist zur Mutterschaft geboren« (wobei man sich fragt, warum die doch sonst so ökonomische Natur es dann nicht so eingerichtet hat, daß eine Frau mit dem Einsetzen des Klimakteriums auf der Stelle tot umfällt ...?) oder »eine Frau findet ihre Erfüllung in der Ehe« und dem feministischen Selbstverständnis »ich kann alles genauso wie ein Mann, bloß besser«?

Weder Tradition noch Feminismus haben zu einer Annäherung an eine *weibliche Identität* beigetragen. Es gibt keine Vorbilder umfassender Weiblichkeit, an denen Frauen sich orientieren könnten. Die bestehenden »Vorbilder« wurden und werden von Männern kreiert (etwa in der Werbung, der Politik oder den Kirchen), und die einstmals existierenden, im Mythos überlieferten Vorbilder machtvoller Göttinnen sind nahezu gänzlich aus dem Bewußtsein getilgt. Übrig blieb die Jungfrau Maria – ein entsexualisiertes Wesen, dessen höchste Qualität in Entsagung und Unterordnung besteht.

Da die zahlreichen Veröffentlichungen zum Thema weibliche Kraft und weibliche Identität sich in der überwiegenden Mehrzahl nur mit Teilaspekten des großen Themas – aus psychologischer, soziologischer, historischer, biologischer, verhaltenstheoretischer oder linguistischer Sicht – beschäftigen, sind sie folglich nicht dazu angetan, umfassend gültige Definitionen zu liefern. Aus diesem Grunde haben wir uns auf dem Wege des Channeling (mehr dazu im nächsten Kapitel) an ein umfassenderes Bewußtsein gewandt, denn schon seit einigen Jahren erfahren wir mit zunehmender Klarheit, daß das »Anzapfen« solcher überbewußter Quellen eine erweiterte Perspektive, eine übergeordnete Sichtweise für unser Leben vermitteln kann.

So entsprang auch der Titel *Du bist die Göttin* zwar nicht einem direkten Channeling, aber einem Blitz der Intuition, der uns plötzlich mit der Wucht der Gewißheit traf. In einer späteren Sitzung sagte uns unsere Quelle *Die Mutter* zu diesem Titel:

> »Das Selbstverständnis der neuen Frau wird wieder das einer Göttin sein …, welches sich auf die zutiefst empfundene Gewißheit gründet, daß ihr als Frauen Teil der Urschöpferkraft seid, Teil der urweiblichen Schwingung …«

Dennoch birgt eine solche Aussage auch Gefahren in sich, auf die unsere Quelle *Sirius-Kollektiv* uns hingewiesen hat:

> »Es ist … die Frage, welcher Teil von euch sich mit dieser Aussage ›Du bist die Göttin‹ identifiziert. Sobald das Ego anfängt, … diese Aussage für sich zu benutzen, wird die tiefe Wahrheit verzerrt und dient nur der Aufblähung des Ego.«

Wir möchten an dieser Stelle also klar und deutlich darauf hinweisen, daß *Du bist die Göttin* im Sinne einer Erweiterung des Bewußtseins und der weiblichen Identität zu verstehen ist und keinesfalls dazu gedacht ist, der persönlichen Eitelkeit zu schmeicheln oder sich hochmütig über das andere Geschlecht zu erheben, weil es ja »bloß Männer« sind. Unsere Quelle *Marman* formulierte dies folgendermaßen:

> »Tatsächlich dürft und sollt ihr Frauen … zu dem Bewußtsein finden, selbst Göttin zu sein – eben weil ihr diese weiblichen und göttlichen Qualitäten in euch

tragt. Und auf diese Weise werdet ihr ... zu einer neuen Fähigkeit finden, liebevoll zu sein und dadurch Veränderungen zu bewirken.«

Da wir jedoch nicht nur etwas erfahren wollten über die Kraft des Weiblichen an sich und über Gestalt und Rolle des Weiblichen im Neuen Zeitalter, haben wir es nicht beim bloßen Abtippen unserer Sitzungsprotokolle belassen, wenngleich die medialen Durchsagen den größten Raum im Buch einnehmen. Vielmehr haben wir von der ersten Sitzung an auch nach Möglichkeiten gefragt, wie wir unserer weiblichen Identität praktisch und im Alltagsleben gewahr werden können.

Deshalb gibt es im Buch eine Vielzahl von Übungen, die verschiedene Aspekte der Weiblichkeit betreffen und Wege aufzeigen, wie frau sich diesen Aspekten annähern und sie in sich integrieren kann. Viele dieser Übungen sind Meditationsübungen, und diejenigen unserer LeserInnen, die sich bislang mit Meditation nicht beschäftigt haben, finden im Anhang eine kurze Einführung in die Meditation samt Anleitung sowie Erklärungen zu den feinstofflichen Energiezentren, den Chakras, und dem feinstofflichen Emotional-, Mental- und spirituellen Körper des Menschen.

Ein dritter Bereich, der nicht medial empfangen, sondern von den Autorinnen zusammengestellt wurde, befaßt sich mit den Emanationen der Großen Göttin in Mythos und Geschichte. Dies erschien uns wichtig, weil verschiedene unserer Quellen uns darauf hinwiesen, daß für die Entwicklung eines weiblichen Selbstverständnisses nicht nur der Blick nach vorn, ins Neue Zeitalter, vonnöten ist, sondern auch eine Rückbindung an die mächtigen Urbilder des Weiblichen, die durch die Große Göttin und ihre vielfältigen Ausformungen verkörpert wurden. Allerdings erheben wir hier keinen Anspruch auf Vollständigkeit, sondern haben uns auf die Göttinnen beschränkt, die uns während der Sitzungen von unseren jeweiligen Quellen genannt wurden.

Wir selbst waren überrascht über die Vielzahl der Übungen und etwas ratlos angesichts des Zeitaufwands, den ihre konsequente Durchführung zu erfordern schien. Doch unsere Quelle *Sirius-Kollektiv* beruhigte uns, und wir möchten ihre tröstlichen und humorvollen Worte auch, sozusagen als Leitfaden, an unsere LeserInnen weitergeben:

»Die Lösung eures Problems, daß ihr zu gar nichts mehr kommt, wenn ihr sämtliche Übungen macht, liegt in der richtigen Dosierung: macht, eurer jeweiligen Befindlichkeit gemäß, so viel, wie es euch gerade angenehm ist, wie ihr es als bereichernd empfindet und nicht als Last. Wir sehen für euch zur Zeit noch keine andere Möglichkeit, als möglichst beweglich zu sein, möglichst dehnbar, möglichst flüssig in euch, und mit der Welle, die euch durch einen Tag führen kann, zu schwimmen und immer wieder neu zu entscheiden, welche Qualitäten ihr jetzt auf dem Wege einer Übung in euer Dasein integrieren wollt. Und dazu müßt ihr nicht in einen Kasten hineinsteigen, auf dem »Übung« steht, und euch dann wundern, daß ihr euch vom Leben abgetrennt fühlt. Obgleich ihr euch innerhalb einer Übung oftmals sehr viel lebendiger fühlt, als wenn ihr ziel- und kopflos durch irgendwelche Geschäfte lauft, ist letzteres für euch viel mehr mit dem Begriff ›Leben‹ verbunden – denn es hat ja etwas zu tun mit Machen, mit Erledigen und mit dem Gefühl, daß scheinbar etwas vorwärts gehe. Doch es ist nur euer Eingebundensein in euren Begriff von Zeit und eure – von der Gesellschaft aufoktroyierte – Vorstellung von ›Leben‹, die euch hier im Wege steht. Und dabei habt ihr, gerade weil ihr in der dichtesten Form der Schöpfung seid, die wundervolle Möglichkeit, eure Schöpfungen auch anzuschauen und anzufassen, bevor sie sich wieder auflösen.

Hüpft also aus dem ›Übungskasten‹ heraus und hebt diese, auf einer Täuschung beruhende, Trennung zwischen einem Seinszustand in einer Übung und eurer Tätigkeit im Leben auf. Wir möchten euch einfach raten, die Möglichkeiten, die ihr da habt in eurer Sphäre, freudig zu genießen und lustvoll und neugierig die Spiele zu spielen, die eure Quellen euch vorgeschlagen haben.«

Über mediale Durchsagen und unsere Quellen

Seit es Menschen gibt, existiert die Sehnsucht, mit dem Großen Bewußtsein hinter der für unsere physischen Augen sichtbaren Realität in Kontakt zu treten. Dies geschah immer auf die für die jeweilige evolutionäre Stufe der Menschheit typische Art und Weise. In frühen Zeiten galt es, die Götter milde zu stimmen und sie zu beschwören, Naturkatastrophen fernzuhalten, um das Überleben des Stammes zu sichern, und später, als der Mensch sich zu individuieren und sein Bewußtsein sich aus dem Kollektiv herauszulösen begann, wollte die wunde Seele (heute würden wir von *Psyche* sprechen, denn die *Seele* ist sich der Einheit mit dem Göttlichen gewahr) getröstet sein, ihre Schmerzen wollten gelindert werden, die aus dieser Individuierung, das heißt aus der Trennung von der göttlichen Einheit, entstanden.

Bis heute übernehmen diese Funktion der Kontaktaufnahme mit dem Großen Bewußtsein SchamanInnen, PriesterInnen, Orakel, MystikerInnen und Religionsstifter. Die kirchlichen Institutionen leiteten daraus ihre Gebote und ihr Alleinrecht auf den Kontakt mit dem Göttlichen ab, nicht zuletzt auch um ihre weltliche Macht zu stärken und das Volk in Abhängigkeit von ihrer Gnade zu halten. Wir glauben, daß das Zeitalter der institutionalisierten Religionen sich dem Ende zuneigt, allerdings mit Widerständen und fundamentalistischen und reaktionären Begleiterscheinungen. Immer mehr Menschen versuchen, auch vor dem Göttlichen mündig zu werden und die Verantwortung für ihr »Seelenheil« selbst zu übernehmen.

Unsere Sehnsucht nach dem Großen Bewußtsein, nach Göttin, Gott oder Alles-was-ist, nach der Verschmelzung mit einer Instanz, die höher, weiser oder größer ist als unser Ich, unsere Persönlichkeit, ist noch nicht gestillt. Nunmehr befinden wir uns auf der sich aufwärts bewegenden Spirale zurück zur Einheit, aus der wir »gefallen« sind. Und da wir mündig werden und individuiert sind und unseres Abgetrenntseins und der daraus folgenden Einsamkeit müde, suchen wir unsere ganz eigene tiefe Wahrheit, unsere eigenen Zugänge zu Göttin oder Gott und eigene Wege, in den Strom des Großen Bewußtseins einzutauchen.

Die dafür nötige Öffnung und die Fähigkeit, die Erfahrung in diesem großen Strom mittels sicht- oder hörbarer Einheiten herunterzutransformieren, etwa durch Töne, Farben oder – noch kristalliner und materialisierter – durch Worte, haben uns MystikerInnen und KünstlerInnen aller Zeiten vorgelebt. Alle be*gnade*ten KünstlerInnen sind angeschlossen an diese kosmische Quelle und transportieren über ihre Musik, ihre Bilder oder ihre Worte Frequenzen aus dieser Quelle in unseren begrenzten Ausschnitt von Wirklichkeit, der sich zumeist auf das beschränkt, was wir mit unseren fünf Sinnen wahrnehmen können. Wenn wir dafür offen sind, spüren, sehen, hören oder riechen wir die Schwingung dieser Botschaft, und je nach Veranlagung hört sie der eine bei Mozart oder Bach, erfährt sie der andere bei Hildegard von Bingen oder bei Meister Eckehart, sieht sie wieder ein anderer bei Michelangelo oder bei Joseph Beuys. Ein zeitgenössischer Musiker, Alfred Schnittke, sagte über den Schaffensprozeß, es gebe da oben einen Strom von Musik, an den er sich anschließen könne, und seine Aufgabe als Komponist bestehe darin, das, was er da höre, in Orchestersprache zu übersetzen.

Die verbale Vermittlung von Informationen aus diesem großen Bewußtseinsstrom bezeichnen wir heute als *Channeling* (von engl. *channel*, Kanal, den das Medium bildet, damit das Große Bewußtsein einströmen kann). Die Schwierigkeit besteht allerdings darin, daß wir noch zu wenige Worte haben, die jenes Wissen und Erleben adäquat übermitteln.

Seit einigen Jahren fühlen sich immer mehr Menschen aufgerufen, ihre Kanäle zu öffnen, um Informationen, Beistand oder Trost aus diesen »jenseitigen« Ebenen zu ziehen – und in der Tat stehen uns viele Wesenheiten, feinstoffliche Manifestationen der einen großen Kraft, für unsere Wünsche und Bedürfnisse in dieser Hinsicht zur Verfügung. Jeder Mensch besitzt diesen Kanal, diese Antennen, denn sie sind unser göttliches Erbe. Jedoch sei hier angemerkt, daß die Qualität der Informationen in Resonanz steht zur Fähigkeit des Mediums, sich auszurichten, sich zu fokussieren, sich ganz an das zu Empfangende hinzugeben und nicht zuletzt natürlich zum Grad der erreichten Bewußtseinsebene. Und so geht es darum, das Instrumentarium, nämlich unsere feinstofflichen Sinnesorgane, zu reinigen und zu verfeinern und unseren Resonanzboden für die Aufnahme der höchsten Schwingung bereit zu machen – wie ein Musiker sein Instrument stimmen und pflegen und seine Technik verfeinern muß, damit er seiner Inspiration Ausdruck verleihen kann.

Letztlich sind wir der Kanal, das Geschaute, das Gehörte, die höchste Schwingung selbst. Wir wissen durch die geheimnisvolle Einheit mit allem, was ist, wir schauen, hören und fühlen durch das Einssein mit allem in unserem innersten Kern.

Üblicherweise haben gechannelte Bücher jeweils nur eine Quelle, die zum Thema befragt wird. Wir hingegen haben eine Vielzahl von Quellen, die sich teilweise selbst »gemeldet« haben, teilweise von uns gezielt angerufen wurden. Zur ersten Gruppe gehören diejenigen Quellen, die auf allgemeine Fragen Antwort gaben, etwa das *Sirius-Kollektiv*, *Mamouth*, *Marman* und andere, zur zweiten Gruppe gehören die *Aspekte des Urweiblichen*, Ausformungen des weiblichen Pols, an die wir uns aufgrund der im Kapitel *Die konkrete Erfahrung des Urweiblichen* beschriebenen Hinweise direkt gewandt haben.

Die verschiedenen Quellen stammen aus verschiedenen »Ebenen« oder »Sphären«, das heißt, sie sind teils »näher« am Irdischen, teils »weiter entfernt« von unserem Planeten Erde und uns Menschen. Je nachdem verändert sich der Blickwinkel: die Quelle *Sirius-Kollektiv* kann mehr über übergeordnete Dinge sagen, beispielsweise wohin die Gesamtentwicklung der Menschheit und der Erde gehen wird, eine Quelle wie *Die Mutter* hingegen vermag besser über konkrete menschliche Angelegenheiten und Probleme Auskunft zu geben, da sie der irdischen Schwingung wesentlich näher ist und daher in unmittelbarerem Kontakt mit der menschlichen Empfindungswelt, dem Erdkörper und den Körpern von Menschenwesen steht.

Zu manchen Fragen haben uns mehrere Quellen geantwortet, und wir haben uns deshalb dafür entschieden, im Buch nicht der Chronologie unserer Sitzungen zu folgen, sondern die verschiedenen Antworten, die wir zu einer Frage erhalten haben, hintereinander zu stellen. Die Fragen sind immer *kursiv* gesetzt, die Antworten in Normalschrift, wobei vor der Antwort jeweils die betreffende Quelle genannt ist.

Wir werden im folgenden die Quellen einzeln vorstellen, mit den Worten, mit denen sie sich selbst uns vorgestellt haben.

Sirius-Kollektiv: »Wir sind ein Energiekonglomerat, das sich aus diversen Energien zusammensetzt, die ihr als vornehmlich weiblich bezeichnen würdet und die ihr teilweise aus früheren Inkarnationen auf dem Sirius und der Venus kennt. ›Seelenkonglomerat‹ ist nicht ganz der richtige Ausdruck, da wir niemals menschliche Gestalt besessen haben und dadurch auch nicht eine Seele eurer Art besitzen. Wir sind verdichtetes Bewußtsein, so wie ihr auch, nur sind wir uns dessen voll bewußt. Wir existieren in einem Bereich, der relativ weit weg ist von eurem Mutterplaneten und bereits am Übergang steht zu Ebenen, die mit Polarität nichts mehr zu tun haben. Wir können auch nicht sagen, daß wir weiblich oder männlich wären. Wir sind tatsächlich androgyne Wesen, und doch sind wir durchdrungen von einer für eure Begriffe sehr weiblichen Schwingung.

Wir haben viel Spaß daran, eure Energiekörper zu erkunden und Mitteilungen darüber zu machen. Denn wir machen mit euch das, was ihr mit Pflanzen und anderen Tieren und anderen Menschen tun könnt – wir schlüpfen ein wenig in eure Energie und warten dann, was uns entgegenkommt.

Wir befinden uns an einer Art ›Schaltstelle‹ in eurem Netzwerk und werden euch immer wieder an euch teils bekannte, teils noch nicht bekannte Quellen weiterleiten, da wir, wie gesagt, sehr weit weg sind von eurer Körperlichkeit.«

Die Mutter: »Ich bin eine Emanation der Buddha-Energie und bin viel in der östlichen Religionstradition erfahrbar geworden. Meine Vermittlungsqualität ist Liebe-Weisheit. Ich bin niemals als Mensch verkörpert gewesen, wohl aber habe ich für einige Wesen in eurem Raum-Zeit-Gefüge Schutz- und Führungsfunktion übernommen. Durch das Verschmelzen mit den Energiekörpern bekomme ich Informationen über Gefühle und Körperempfindungen und Denkstrukturen der menschlichen Wesen.«

Mamouth: »Wir sind ein Zusammenschluß von Energien, die ihr als männliche Energien kennt. Wir nennen uns *Mamouth*, und wir leben im System Ursa Minor, auch Kleiner Bär oder Kleiner Wagen genannt. Wir sind von der Schwingung her, im Vergleich etwa zum Sirius, nicht so sehr auf der Herzfrequenz, sondern mehr auf der geistigen Frequenz, beides jetzt in Resonanz zu euch Menschen gesehen. Wir sind Wesen, die ihr als ›Hydra‹ oder ›Siamesische Mehrlinge‹ bezeichnen würdet, das heißt, wir haben einen sehr dünnen und wenig dichten Gruppenkörper, aus dem wir uns auch lösen können; allerdings können wir nicht lange als Einzelwesen existieren.

Wir sind sehr interessiert an den Vorgängen, die derzeit auf der Erde geschehen und die ganz wesentlich mit einer Umverteilung der Grundenergien des Lebens – eben der weiblichen und der männlichen Energie – zu tun haben. Wir möchten euch helfen, Antworten auf eure Fragen zu finden. Wir möchten dazusagen, daß Antworten, die ihr geben könnt, für uns fast ebenso wichtig sind wie Antworten, die wir euch vielleicht geben können. Um ehrlich zu sein, wollen wir zugeben, daß wir euch – und wir bitten euch, das nicht falsch zu verstehen – quasi ›benutzen‹, um einerseits mehr zu erfahren über diese Verquickungen und Auseinandersetzungen weiblicher und männlicher Energien und um andererseits auch Verbindung zu den Quellen zu bekommen, mit denen ihr direkt kommunizieren könnt, wir jedoch nicht.

Wir glauben, daß wir euch in eurem Projekt eine Struktur vermitteln können, die euch die Auseinandersetzung mit rein weiblichen, genauer gesagt, mit *überwiegend* weiblichen Quellen, nicht so sehr geben kann. Wir hoffen, ihr stoßt uns nicht, nur weil wir das sind, was ihr ›Männer‹ nennen würdet, aus eurem Projekt aus …«

Marman: »Wir sind ein Seelenkonglomerat von eher weiblichen Energien. Wir haben uns – zu einem relativ fortgeschrittenen Zeitpunkt eures Projekts – gemeldet, weil wir sehen, daß euer Projekt Kreise zieht und daß durch euer Projekt mit euch als quasi irdischem Knotenpunkt eine Art von Netzwerk in unseren Sphären entsteht. Dieses Netzwerk hat uns einerseits erreicht, wir sind eingebunden worden, andererseits haben wir uns ihm aus eigenem Impuls genähert und uns absichtlich eingeklinkt.

Wir leben in derselben Sphäre wie *Mamouth*, das heißt, wir sind ›irgendwie‹ (auf eine Art und Weise, die wir euch Erdenmenschen nicht vermitteln können) energetisch mit ihnen verbunden, obwohl wir direkt mit ihnen nichts zu tun haben. Wir leben auf einer ähnlichen Schwingung wie *Mamouth*, sind aber noch weiter entfernt von eurem Planeten und weniger ›dicht‹ als sie.«

Samseth: »Ich bin Renates Wegbegleiterin in geistigen Sphären, und sie kennt mich aus einer früheren ägyptischen

Inkarnation. Ich war von Anfang an bei eurem Projekt zugegen, wo ich als eine Art Schaltstelle wirke, und bei manchen Themen, zu denen ich eine besondere Resonanz empfinde, melde ich mich von mir aus zu Wort.«

Teil I

Weibliche Kraft – Aspekte der Weiblichkeit

Die konkrete Erfahrung des Urweiblichen

Sirius-Kollektiv: In allen euren Religionen findet ihr Qualitäten des Weiblichen in archetypischer Gestalt, und wir möchten euch ermutigen, diese archetypischen Energien einmal zu euch zu rufen und deren Qualität erspüren zu lernen und sie zu befragen, wobei sie euch in eurer täglichen Lebensgestaltung behilflich sein können. Um euch wirklich anzuschließen an diese Energien und sie euch dienlich zu machen, ist es unbedingt vonnöten, daß ihr sie mit eurem physischen Körper und eurem Emotionalkörper erfahrt und sie euch nicht nur über den spirituellen und den Mentalkörper zugänglich macht. Denn um ein lebendiges Gefäß für das Große Weibliche, die Göttin, zu sein, müßt ihr die verschiedenen Qualitäten von ihr in euch erfahren. So bekommt ihr ein umfassendes Gefühl dafür, was die weibliche Ur-Energie, soweit sie euch als Menschen zugänglich ist, ausmacht, welche Facetten sie beinhaltet, welche Qualitäten, in welchen Quantitäten sie euch zugänglich ist. Es ist wichtig, daß ihr zunächst einmal eine bestimmte Qualität erfahrt, erspürt, erfühlt und dann auch damit experimentiert, in welchem Lebensbereich ihr diese Qualität aktivieren möchtet, um den unmittelbaren Zusammenhang mit eurem Erdenalltag nicht aus den Augen zu verlieren. Weniger und dafür konkreter ist erst einmal sinnvoller als die ganze Bandbreite, die euch zur Verfügung steht.

Nach dieser Sitzung haben wir uns zu einem Brainstorming zusammengesetzt und eine Liste aller Eigenschaften und Fähigkeiten, die die wir für eindeutig weiblich halten, erstellt. Daraus haben sich fünf Qualitäten oder Ausformungen des Urweiblichen herauskristallisiert.

Für die Anzahl und Inhalte der Qualitäten des Urweiblichen, die wir bei dieser Zusammenstellung fanden, erheben wir keinen Anspruch auf Vollständigkeit. Es sei hier kurz erläutert, was wir unter diesen Qualitäten, die in den nachfolgenden Kapiteln als Quellen angerufen werden, verstehen.

Die Qualität des *Nährenden, Schützenden und Bewahrenden* umfaßt die weibliche Fähigkeit, für andere Wesen dazusein, sie zu umhegen, für sie zu sorgen, sie zu bewahren in dem Sinne, daß Grundbedingungen, aufgrund derer Leben sich überhaupt entfalten kann, geschaffen werden. Es ist dies auch die Fähigkeit, in emotionaler Hinsicht auf andere Wesen eingehen zu können.

Die Qualität des *Hortenden und Verschlingenden* umschreibt den bei der »modernen Frau« vielleicht am meisten unterdrückten und verleugneten Aspekt des Urweiblichen, nämlich die Fähigkeit, alles, was dem Leben nicht dienlich ist, ohne Sentimentalitäten zu entfernen.

Die Qualität der *Hingabe* meint keineswegs das dienende, heldenverehrende Weibchen, sondern die Fähigkeit, sich ganz und gar an etwas hinzugeben, ihm einerseits ohne Wenn und Aber Einlaß zu gewähren ins eigene Ich und sich andererseits an es zu verströmen.

Die Qualität des *Chaos* ist die Fähigkeit des Schöpferischseins, des Gebärens im weitesten Sinne als eines Akts des Hervorbringens von etwas aus sich selbst heraus.

Die Qualität des *Ekstatisch-Zerstörerischen* ist eine Ausformung des Urweiblichen, die heute ebenfalls weitgehend unterdrückt ist und bestenfalls in der Karikatur von der zähnefletschenden, wutschäumend Geschirr zerschmetternden, eifersüchtigen Ehefrau in Erscheinung tritt. In Wirklichkeit geht es hier um die Fähigkeit zur Ekstase, und zwar nicht der spirituellen Ekstase etwa der christlichen Mystiker, sondern um die weibliche Fähigkeit zur ekstatischen Selbstauflösung im größeren Ganzen. Wir glauben, daß sich in der Verbindung mit der Qualität des *Ekstatisch-Zerstörerischen* am ehesten erahnen läßt, wie es sich in jenen uralten Zeiten anfühlte, Frau zu sein, als die Große Göttin noch uneingeschränkt über das Leben (und Sterben) auf Erden herrschte.

Das Urweibliche in Mythos und Geschichte

Als wir begannen, uns auf die Spuren der Göttin in Geschichte und Mythos zu begeben, gerieten wir immer mehr ins Staunen, wie sehr die Große Göttin in früheren Zeiten Dreh- und Angelpunkt des Alltagslebens und des Ritus war und wie vollständig das Wissen um die weibliche Seite des göttlichen All-Eins aus dem heutigen Bewußtsein verschwunden ist – oder genauer gesagt, getilgt wurde.

Die »Ausrottung« der Göttin begann mit der Einwanderung indoeuropäischer Stämme, die seit dem vierten Jahrtausend v. Chr. in immer neuen Wellen in das Alte Europa einfielen. Jene patriarchalisch organisierten Nomaden, die bald die alteingesessenen sozialen Verbände unterworfen hatten, brachten eine männlich dominierte Göttergesellschaft mit, die die Ideale, Gesetze und politischen Ziele der ethnischen Einheiten, denen sie zugehörten, zum Ausdruck brachte. Und vollends »verschwand« die Große Göttin mit dem Christentum, dessen Exegeten größte Sorgfalt darauf verwandten, im Mythos um Jesus von Nazareth jeden noch so kleinen Hinweis auf alte, mutterrechtliche Bräuche und Riten auf ihren (patriarchalen) Gott umzumünzen beziehungsweise gänzlich zu entfernen.[2]

Dabei ist das Weltbild der Großen Göttin das älteste der Menschheit und dasjenige, welches am längsten währte. Die Archäologin und Soziologin Marija Gimbutas hat jahrelang den Spuren der Großen Göttin nachgeforscht und eine Fülle von Zeugnissen entdeckt, die die Zivilisation der Göttin ab dem Paläolithikum (ca. 8000 v. Chr.) bis zum Ende des Neolithikums (ca. 3500 v. Chr.), in der minoischen Kultur sogar bis in die Bronzezeit (1500 v. Chr.), nachweisen. Soweit die archäologischen Funde zurückgehen, lassen sich, wie Gimbutas in ihrem beeindruckenden Werk *Die Sprache der Göttin* darlegt, »in keiner der paläolithischen Perioden ... Spuren einer Vaterfigur nachweisen. Die lebensschaffende Kraft blieb offenbar allein der Großen Göttin vorbehalten.«[3]

Der größte Unterschied zwischen der Zivilisation der Göttin und der Zivilisation des Vaterrechts (Patriarchats) besteht darin, daß erstere »von der Erkenntnis getragen ist, daß das Leben auf der Erde einem fortwährenden Wandel unterworfen ist, einem beständigen Wechsel zwischen Schöpfung und Zerstörung, Geburt und Tod«[4]. Die Große Göttin ist Herrin über den ewigen *Kreislauf* der Natur, der fortwährenden Metamorphose, wohingegen die Ideologie des Patriarchats *linear* ist, das heißt, auf das Erreichen eines Zieles hin ausgerichtet (etwa auf die Anhäufung von Besitz oder die Zeugung einer großen Nachkommenschaft[5]). Grob vereinfacht könnte man also sagen, daß der Kult der Großen Göttin dem Mysterium des Lebens – das den Tod einschloß – galt, während das Patriarchat dem »Mysterium« des Besitzes huldigt.

Wer aber ist die Große Göttin? Wie Gimbutas belegt, ist die der Großen Göttin zugehörige Symbolik lunar und chthonisch, also sowohl dem Mond zugewandt und auf den Mond bezogen, als auch irdisch, was auch das Erdinnere, die »Unterwelt«, mit einschließt. Offenbar war die enge Verbindung von Mond und Weiblichkeit den Menschen schon seit frühesten Zeiten bekannt. Und sie entdeckten in den drei Gestalten des Mondes – Vollmond, Neumond und zu- bzw. abnehmender Mond – eine Analogie nicht nur zum irdischen ewigen Zyklus von Keimen, Reife und Absterben in der Natur, sondern auch zu den drei Lebenszyklen einer Frau: junges Mädchen, geschlechtsreife Frau/Mutter und Greisin – lebengebend, todbringend und verwandelnd, sich entfaltend, absterbend und sich erneuernd. Dies entspricht den drei Funktionen der Großen Göttin, die sich in vielerlei Gestalt und Namen manifestiert: sie ist die Herrin über das Leben, Herrin über den Tod und Herrin über Wiedergeburt und Erneuerung. Daß die Gottheit weiblich sein *mußte*, stand außer Zweifel – denn nur bei Frauen ließen sich den Mondphasen analoge, klar unterscheidbare Lebensphasen entdecken, ganz abgesehen davon, daß das allmonatlich wiederkehrende Menstruationsblut, eine äußerst magische und mystische Flüssigkeit, ganz offensichtlich ebenfalls mit den Mondphasen zu tun hatte. Der Beitrag des Mannes am Zeugungsakt blieb hingegen jahrtausendelang unerkannt – man glaubte, neues Leben entstünde aus Menstruationsblut[6], oder man schrieb die Empfängnis dem Wind, dem Essen von Bohnen oder dem zufälligen Verschlucken eines Insekts zu[7].

Ein weiterer, vielleicht noch entscheidenderer Unterschied zwischen der lunaren Göttin und dem solaren Heros (Gott) besteht darin, daß das Bewußtsein der Göttin die mit der Schöpfung notwendigerweise verbundene Polarität akzeptiert. Die Große Göttin verherrlicht also nicht nur den einen Pol, »das Gute«, wie es die an einem männlichen Gott orientierten Religionen tun, sondern ist sich immer auch des anderen, »negativen« Pols bewußt – auch wenn er sich für den *Menschen* als das »Schlechte«, das »Bedrohliche« oder »Furchterregende« darstellt. So beinhaltet etwa die Ausformung der Göttin als Mutter immer auch deren Gegenpol – die »Kinderfresserin« (die semitische Lilith, die griechische Hekate, die indische Kali). Und die Ausformung des »reinen, jungfräulichen Mädchens« hat den Gegenpol der Todbringerin, der Zerstörerin (zum Beispiel Kore und Persephone bei den Griechen). »Der Elementarcharakter des Großen Weiblichen enthält ... keineswegs nur positive Züge. So wie die ›Große Mutter‹ nicht nur die gute, sondern auch die furchtbare Mutter ist, ist das Große Weibliche nicht nur das Leben-Gebärende und -Schützende. Als Enthaltendes ist es auch das Festhaltende und Zurücknehmende, eine Gottheit des Lebens und des Todes zugleich. (...) (Das große Weibliche enthält) die Gegensätze, und die Lebendigkeit der Welt wird gerade dadurch garantiert, daß Erde und Himmel, Nacht und Tag, Tod und Leben miteinander verbunden sind.«[8] Es ist daher ein (von männlichen Archäologen und Paläohistorikern in die Welt gesetztes) Mißverständnis, die ursprüngliche dreifaltige Göttin als bloße *Mutter*gottheit aufzufassen. Zu unserem Verständnis von Mutterschaft gehört die Sorge um das Kind und die Zuwendung zu ihm – der Großen Göttin hingegen war alles gleich gültig: Leben und Tod, Erblühen und Absterben hatten im Weltbild der Großen Göttin denselben Wert. Von diesem Standpunkt aus betrachtet, ist es auch nicht weiter verwunderlich, daß das Patriarchat alles tat, um die Göttin zum Verschwinden zu bringen; schließlich sollte die Frau ein stilles, »sittsames«, der Häuslichkeit und Kinderaufzucht zugewandtes Wesen sein und nicht eines, das sich womöglich die Herrschaft über Leben und Tod anmaßte ...

Bevor die ursprüngliche, uralte Große Göttin aufgespalten wurde in den Kult der Muttergottheiten und verschiedener anderer Funktionen der Göttin, gab es ausschließlich die Große Göttin, die unter verschiedenen Namen verehrt wurde: Tiamat (in Mesopotamien), Innana (bei den Ammonitern), Ischtar (in Assyrien), Astarte (in Phönizien), Kybele (in Phrygien), Isis (in Ägypten), Demeter und Hekate (in Griechenland).

Selbstverständlich oblag im Matriarchat auch die Bestimmung der Zeit den Frauen, und ebenso selbstverständlich lag dem Kalender der Lauf des Mondes zugrunde: ein Jahr hatte dreizehn Mondmonate mit je achtundzwanzig Tagen, und nicht zwölf Sonnenmonate wie der heutige Kalender. Deshalb ging es in den Kämpfen, die einsetzten, als patriarchale Gesellschaftsformen das alte Mutterrecht zu unterwerfen begannen, auch um die Zeitrechnung – und das Patriarchat schuf entsprechende Mythen, die die »gottgegebene Rechtmäßigkeit« des zwölfmonatigen Sonnenjahres beweisen sollten. Nicht ohne Grund hatte Herakles zwölf Gefährten, König Artus zwölf Ritter an seiner Tafelrunde, nicht zufällig führt im *Dornröschen*-Märchen das Auftauchen der ungeladenen dreizehnten Fee zur Katastrophe. »Der jeweils Dreizehnte dieser Runden wird zum Transzendenten, zum ›Unsterblichen‹, symbolisiert im dreizehnten Vollmond, der auf Sirius zielt ...;

er geht den ›Weg des Himmels‹.«[9] So wurde folgerichtig im klassischen Griechenland der zweimal im Jahr, jeweils zur Sonnwende, geopferte »Himmlische Herakles als unsterbliche Sonne und zugleich als immer wieder sterbender und immer wieder verjüngter Geist des Jahres verehrt.«[10] Doch eben dieses Transzendente, das Verborgene, die Nachtseite oder auch der Schatten, welche allem Seienden innewohnen, ging verloren. Der »Weg des Himmels« und das Zyklische der lunaren Zeitrechnung wurden ersetzt durch den irdischen Weg der Materie und des Sichtbaren (des für die fünf Menschensinne Erfaßbaren), und »in der Kultur der Vatergötter lenkt Gott das Leben der Menschen, wird zur historischen Wahrheit – verkörpert in der Gestalt Christi – und verfolgt den linearen Ablauf der Zeit«[11].

Man (oder besser: frau) braucht sich also nicht zu wundern, daß die einst so mächtige Große Göttin in unseren »modernen« Zeiten nicht mehr vorhanden ist. Wenn man sich vorstellt, unsere Zeitrechnung würde (womöglich gewaltsam) auf eine Woche mit neun Tagen umgestellt, was wäre dann mit der christlichen Kultur, den christlichen Riten? Der Schöpfungsmythos der Genesis, wonach der Herr die Welt in sieben Tagen schuf und auf den sich ein ganzes Weltbild gründet, wäre gegenstandslos geworden. Die Erfinder der Neuntagewoche müßten schon mit einem neuen Mythos herausrücken, der jenen an Plausibilität zu übertreffen vermöchte. Doch nicht nur das, auch die auf eine Siebentagewoche ausgelegte Liturgie der christlichen (jüdischen, islamischen) Kirche müßte völlig umgekrempelt werden. Wenn schon dieses willkürliche Beispiel den kompletten Umbruch vorstellbar macht, der mit einer solchen Umstellung verbunden wäre, kann man erahnen, daß mit der Einführung des solaren Kalenders buchstäblich eine Welt zusammenbrach. Denn sie bedeutete ja nicht nur einfach weniger, aber längere Monate, sondern vor allem hat die Zahl dreißig (oder einunddreißig) nichts mit dem weiblichen Zyklus zu tun. Man vergesse nicht, daß die Prozesse des weiblichen Körpers unmittelbar mit dem Ritus der Großen Göttin verknüpft waren, ebenso wie mit den jahreszeitlichen Zyklen der Erde: die Große Göttin, die Menschenfrau und der Mutterplanet Erde bildeten ebenfalls eine Trinität. Doch ein Ritus, der immerzu »gegen die (offizielle) Zeit« praktiziert werden muß, erfordert viel Kraft und enorme Bewußtheit – und wird er erst einmal »im Abseits« ausgeübt, dann dauert es nicht mehr lange, bis er ein Geheimnis für Eingeweihte ist und schließlich ganz und gar verboten und verfolgt wird. Folglich wurde der uralte, über eine schier unendliche Abfolge von Generationen tradierte Kultus der ursprünglichen Großen Göttin zunächst zersplittert in verschiedene Funktionen der Göttin, deren unterschiedliche Riten sich auch ohne den durchgehenden »Zeitmesser« Mond durchführen ließen, und schließlich übernahm der männliche Eingott ganz und gar die Herrschaft ...

Anschließen an die weiblichen Ur-Energien – *Die Meditation mit der Erde*

Könnt ihr uns sagen, wie wir als Menschen uns an die weibliche Ur-Energie anschließen können? Wie kann eine Frau das Urweibliche in sich finden?

Mamouth: Für euch Frauen besteht eine Möglichkeit darin, euch in euer Becken zu versenken und euch anzuschauen, welche Bilder von dort aufsteigen. Es werden wahrscheinlich Bilder sein, die ihr aus dem Mythos kennt und aus Märchen und Geschichten, in denen Hexen, Zauberinnen und Weise Frauen auftreten. Es geht aber hierbei nicht darum, die alten Bilder einfach wiederzuerwecken und euch eine Zeichnung oder ein Gemälde von einer archaischen Göttin an die Schlafzimmerwand zu pinnen und zu sagen: »So, das war's jetzt.« Das reicht nicht aus.

Vielmehr geht es darum, daß ihr diese alten Ausformungen der Energie eures Planeten Erde – und ihr müßt euch dabei auch immer sehr stark bewußt sein, daß die Erde ein lebendiges Wesen ist –, diese alten Bilder zu Hilfe nehmt, um sie zu verknüpfen zum einen mit den Bildern eurer Gegenwart, zum anderen aber auch mit euren ureigenen Bildern, die euren ganz persönlichen Erfahrungen entspringen. Dabei könnt ihr alle Mittel einsetzen, die euch einfallen. Es ist allerdings nicht gemeint, einfach nur euren *Gedanken* freien Lauf zu lassen, denn darin würden eure Energien verpuffen. Gemeint ist vielmehr, daß ihr diese Bilder in irgendeiner Weise für euch *greifbar* werden laßt und sie euch damit auch *verfügbar* macht. Ihr könnt beispielsweise während eurer Meditation ein Tonband mitlaufen lassen und laut aussprechen, welche Bilder ihr seht. Ihr könnt sie auch malen oder zu so ganz urweiblichen Techniken greifen wie dem Weben, dem Sticken, dem Töpfern oder anderen, vielleicht längst in Vergessenheit geratenen Techniken.

Es geht hier, wie ihr seht, also nicht nur darum, daß ihr euch der archetypischen Bilder wieder erinnert, sie mit euren eigenen Bildern und mit den persönlichen Bedeutungen, die sie für euch haben, verknüpft, sondern vor allem darum, daß ihr ganz eigene Möglichkeiten entwickelt, wie ihr diese Bilder in eurem Leben manifest werden lassen könnt.

Eine Möglichkeit für beide Geschlechter, sich an das Urweibliche anzuschließen, besteht darin, die Kraftorte auf dem Planeten aufzusuchen, an denen die Energie der Großen Mutter, eures Planeten Erde, besonders stark gebündelt ist, weil sie durch eine Art »energetischer Löcher« in der Erdoberfläche stärker als anderswo und stärker gebündelt nach außen treten kann.

Sirius-Kollektiv: Es gibt mehrere Möglichkeiten für euch Frauen, wie ihr euch an weibliche Ur-Energien anschließen könnt. Welche Möglichkeit ihr wählt, hängt davon ab, welche Qualität des Weiblichen ihr in euch verstärken wollt. Sobald ihr euch darüber im klaren seid, könnt ihr eure Sender und eure feinstofflichen Peilgeräte dorthin ausrichten, wo ihr diese Qualität vermutet – oder vielleicht wißt ihr auch schon, daß sie sich dort befindet. Wenn ihr die venusischen (und sirianischen) Energien zu euch ruft, fühlt sich das an wie ein Fließen, wie feinstoffliches Wasser – eine fröhliche, fließende, glitzernde Leichtigkeit, die euch umgibt und die euch helfen kann, wenn ihr euch allzu sehr in der Dichte der Materie verwickelt und euch mit den Problemen identifiziert habt, die diese Dichte mit sich bringt. Das ist eine Energie, die ihr über euer Kronenchakra in euch einströmen lassen könnt und die vornehmlich weiblich ausgeformt ist.

Eine andere Energie, die euch sehr vertraut ist, ist durch euer Wurzel-Chakra zu aktivieren. Sie hat mit eurem Mutterplaneten zu tun, und sie gibt euch Vertrauen in das irdische Leben, Vertrauen in den Körper und seine Mechanismen, und ihr könnt deutlich spüren, daß er seinen ganz eigenen und natürlichen Gang geht, wenn ihr ihn laßt und liebevoll unterstützt.

Ihr könnt auch Kraftorte der Erde aufsuchen, etwa den Ġgantija-Tempel auf der Insel Gozo, ein Chakra der Erde, und dort allein oder in einer Gruppe meditieren, um die Dreifaltigkeit der Göttin, die dort zu spüren ist, für euch erfahrbar zu machen und in euch zu manifestieren.

Die Mutter: Es ist wichtig, daß ihr eine Basis findet, was euer Geschlecht für euch bedeutet. Ihr könnt euch nur von dem, was ihr jetzt als Einschränkung in eurer Geschlechterrolle empfindet, befreien, wenn ihr eine Basis, eine Wurzelsubstanz habt, die euch mit Werten und Bewußtheit über das Weibliche verbindet. Ihr könnt weibliche Energie nur dann neu ausdrücken, wenn ihr mehr Fühlung habt mit ihr und mehr Bewußtheit über das, was sie bedeutet. Ohne diese Rückverbindung habt ihr nichts, worauf ihr aufbauen könnt, um diese alten Werte zu transzendieren, hin zu einer neuen Wertigkeit des Weiblichen im Neuen Zeitalter.

Einer der ersten Ansatzpunkte ist für euch, daß ihr euch den weiblichen Energien eures Heimatplaneten Erde, die nicht umsonst als die *Große Mutter* bezeichnet wird, nähert und euch an sie anschließt. Es geht hier hauptsächlich um das Steißbein (das erste Chakra), das diese Anbindung sowohl an die Erdmutter wie an die alten Ausformungen von Weiblichkeit, die alten Göttinnen, benötigt. Anders gesagt, könnt ihr euch nur dann weiterentwickeln und alte Formen sprengen, wenn ihr euch gleichzeitig bis zu den Anfängen rückverwurzelt.

Ich möchte euch deshalb sehr ans Herz legen, so oft wie möglich mit der Erde zu meditieren. Ihr werdet in diesen Meditationen ein Fühlerlebnis bekommen, was es heißt, integrierte weibliche Persönlichkeit und integriertes weibliches Wesen zu sein. Über die Meditationen wird auch altes Wissen in euch wach, sowohl während verschiedener Inkarnationen individuell erfahrenes und gespeichertes Wissen, als auch kollektives Wissen. Ihr kommt in eurer persönlichen weiblichen Entwicklung nur dann weiter, wenn ihr diese Kräfte in euch wirken laßt und wenn ihr damit umgeht. Ansonsten bleibt jedes Wissen über Weiblichkeit ein mentales Konstrukt, das sich in eurem täglichen Leben nicht ausdrücken und verwirklichen kann.

Die folgende *Meditation mit der Erde*, die uns *Die Mutter* übermittelt hat, ist die Basisübung unseres Buches, auf der alle anderen Meditationen und Übungen aufbauen. Deshalb sollten Sie sie mehrmals gemacht haben, bevor Sie zu den nachfolgenden Übungen fortschreiten – auch wenn sie anfangs ein wenig Geduld erfordert. Denn das Einschwingen auf die Frequenz der Erde kann, wie wir aus eigener Erfahrung wissen, einige Sitzungen in Anspruch nehmen. Es lohnt sich jedoch unbedingt, diese »Anstrengung« auf sich zu nehmen, da sich im Kontakt mit dem Wesen Erde völlig ungeahnte Welten eröffnen, nie gesehene Bilder und Begegnungen mit Wesenheiten, die das Innere des Erdkörpers bewohnen. Um diese Erfahrungen auch wirklich zu verankern und verfügbar zu machen, ist es sinnvoll, sie in irgendeiner Weise aufzuzeichnen, entweder indem Sie ein Tonband mitlaufen lassen und laut aussprechen, was Sie erleben, oder indem Sie unmittelbar nach der Meditation Ihre Erlebnisse aufschreiben.

Meditation mit der Erde
(*Die Mutter*)

Teil I:

1. *Begib dich in einen Zustand innerer Ruhe und Ausgeglichenheit, wie es in der Anleitung zur Meditation im Anhang dieses Buches beschrieben ist, oder wie du es, wenn du im Meditieren bereits geübt bist, sonst zu tun gewohnt bist.*

2. *Atme tief in deinen Beckenraum und gehe mit deiner Aufmerksamkeit ans Ende deiner Wirbelsäule (erstes Chakra). Spüre ein zunehmendes Pulsieren in diesem Bereich und stelle dir vor, daß in der Verlängerung deiner Wirbelsäule ein »energetisches Seil«, eine Art Nabelschnur, tief in die Erde hineinwächst, mit jedem Ausatmen immer tiefer, bis sie das Herz der Erde erreicht hat.*

3. *Wenn du ein liebevolles Verhältnis zu deiner leiblichen Mutter hast, das frei ist von Schmerzen, Schuldzuweisungen und Schuldgefühlen, kannst du sie als Teil deiner Nabelschnur visualisieren. Denn deine Mutter war das weibliche Gefäß für deinen Eintritt in die Inkarnation, und durch sie hast du in der Resonanz schon einiges über Weiblichkeit erfahren.*

4. *Das Herz der Erde kannst du dir vorstellen wie eine weißgolden strahlende Kugel aus etherischer Substanz. Laß dich ganz hineinfallen in sie und spüre die Qualitäten des Wesens Erde – ihre Geduld, ihre Ruhe,*

aber auch ihre hohe Kraft und ihre Impulsivität. Genieße dieses Eingehülltsein und laß dich tragen von ihrer unendlichen Liebe, bis du ganz davon erfüllt bist.

5. Gehe nun langsam an deiner Nabelschnur zurück und spüre, wie all deine Erfahrungen, die du im Herzen des Wesens Erde gemacht hast, in deiner Nabelschnur enthalten sind. Ziehe sie mit hoch und verankere sie in deinem physischen Körper.

6. Nimm ein paar tiefe Atemzüge und fühle, wie dein eigenes Herz im Einklang schwingt mit dem Herzen der Erde.

Teil II:

1. Beginne die Meditation, wie oben unter den Schritten 1 und 2 (und eventuell 3) beschrieben.

2. Statt dich ins Herz der Erde hineinfallen zu lassen, beginne den Abstieg in die Tiefen der Erde, indem du deine Nabelschnur als Seil benutzt, wie ein Bergsteiger beim Abseilen.

3. Was dann geschieht, ist jedesmal anders. Bleibe fokussiert auf das Wesen Erde und sei einfach wach und aufmerksam für das, was kommt. Vielleicht bekommst du Informationen in Form von Bildern, oder du begegnest Wesenheiten, die in Verbindung mit dem Wesen Erde stehen, oder du betrittst räumlich neue Welten im Innern der Erde ...

4. *Du kannst auch hinspüren zu dem, was nicht im Innern, sondern an der Oberfläche der Erde geschieht, auf ihren Feldern, in ihren Wäldern. Begleite sie dorthin oder lasse dich von ihr dorthin führen und schaue dir an, was da geschieht und wie es geschieht im Wechsel der Jahreszeiten.*

5. *Beende die Übung, wie oben unter den Punkten 5 und 6 beschrieben.*

Teil III:

1. *Beginne die Meditation, wie oben unter den Schritten 1 und 2 (und eventuell 3) beschrieben.*

2. *Statt dich ins Herz der Erde hineinfallen zu lassen oder an deiner Nabelschnur hinabzusteigen, lasse deine Nabelschnur durch das Herz der Erde hindurch weiterwachsen, bis sie aus dem Erdkörper wieder austritt. Lasse sie noch weiter wachsen, bis in den Himmel, bis in den Kosmos hinein und rufe die Qualität oder die Qualitäten des Urweiblichen zu dir, die du gerade brauchst. Spüre, wie diese Qualitäten aus dem Kosmos von deiner Nabelschnur magnetisch angezogen werden und mit ihr verschmelzen. Visualisiere, wie deine Nabelschnur noch weiterwächst und über dein Scheitelchakra wieder in dich eintritt, so daß sie einen riesigen Kreis bildet, der dich mit dem Herzen der Erde, dem Kosmos und den Qualitäten des Urweiblichen verbindet.*

3. *Spüre, wie die urweiblichen Qualitäten über deine Nabelschnur in dich einfließen. Du kannst sie an eine bestimmte Stelle lenken, sei es in deinen physischen oder in deine feinstofflichen Körper, zum Beispiel um einem Organ oder auch einer »wunden Stelle« in deinem Emotionalkörper ihre Heilkräfte zukommen zu lassen. Du kannst aber einfach auch das Gefühl der Ganzheit, des Einsseins mit den höchsten Quellen deiner Weiblichkeit genießen.*

4. *Wenn du das Gefühl hast, die Qualitäten des Urweiblichen genügend in dir verankert zu haben, lasse mit tiefen Atemzügen deine Nabelschnur langsam wieder zum Ende der Wirbelsäule zurückwachsen: lasse den großen Kreis sich allmählich zurückentwickeln, vom Scheitelchakra über den Kosmos und den Erdmittelpunkt hinein in dein Wurzelchakra. Hole deine Nabelschnur mit deinem Atem wieder in dein Wurzelchakra zurück und nimm dabei auch die Qualitäten des Wesens Erde mit in dich hinein.*

5. *Versuche in darauf folgenden Zeit, spielerisch und ohne Verkrampfungen, deine Alltagshandlungen ganz bewußt mit dieser oder jener Qualität auszuführen: zum Beispiel kochen mit der Qualität des* Nährenden, Schützenden und Bewahrenden *oder duschen mit der Qualität der* Hingabe *oder Aufräumen mit der Qualität des* Hortenden und Verschlingenden* *und so fort. Oder du versuchst umgekehrt, in deinen Alltagshandlungen die jeweils vorherrschende Qualität des Urweiblichen zu erspüren.*

---

* *Siehe nachfolgende Kapitel.*

Die urweibliche Qualität des
Nährenden, Schützenden und Bewahrenden

Ich habe viele Namen, und so ist es nicht ganz einfach, mich euch vorzustellen. Ein Name, der euch wahrscheinlich etwas sagen wird, ist der der Göttin Demeter. Auch verkörpere ich einen Aspekt beispielsweise der Göttin Isis, der Göttin Hekate oder auch der Göttin Ischtar.

Ich bin voller Licht und voller Wärme, und mein Strahlen erhält alles Leben und läßt es keimen und wachsen. Ich bin das Getreide und das kleine Kind, ich bin die Weide, die sich im Wind wiegt und ihre Zweige übers Wasser zieht, und ich bin die Greisin, die am Spinnrad sitzt. Ich bin das Verströmen. Ich bin das, was keine Grenzen hat und sich immer wieder aus sich selbst heraus erneuert. Ich bin der Aspekt, der das Leben auf der Erde überhaupt erst hervorbringt. Ohne meine Qualität würde der Same in der Erde liegen bleiben, ohne zu keimen, ohne sich seinen Weg durch die Erdkruste hindurch an die Luft, an das Licht, an die Wärme zu bahnen. Ich bin die Sonne, ich bin das Meer, ich bin die Himmelsbläue.

Danke für diese schöne, poetische Einführung. Wir haben dich so verstanden, daß wir dich hauptsächlich in der Natur finden und in der Betrachtung der Natur – wo können wir dich in unserem weiblichen Körper finden?

Ihr findet mich zunächst einmal in euren Geschlechtsorganen, wo ich für einen gleichmäßigen Fluß, ein gleichmäßiges Geschehen sorge. Ich schaffe die Voraussetzungen, daß die weibliche Eizelle, in der die weibliche Empfängnisenergie gebündelt ist, bereit ist, die männliche Energie zu empfangen und aufzunehmen. In diesem hochempfindlichen Kreislauf halte ich die Dinge im Fluß und die Bereitschaft wach, aufzunehmen und zu empfangen. Und es geht hier auch darum, störende Einflüsse, die in diesem Bereich meist aus dem Emotionalkörper kommen, fernzuhalten.

Ihr findet mich auch in euren Brüsten, insbesondere in den Milchdrüsen. Ihr könnt mich spüren, wenn ihr selbst oder ein anderer Mensch liebevoll eure Brüste berührt.

Und ihr findet mich in euren Händen, wenn ihr Dinge tut, die etwas hervorbringen. Ihr findet mich in euren Füßen, wenn ihr euch bewußt seid, daß sie auf der *Erde* stehen und daß es die *Erde* ist, die eure Füße am Boden hält. Wenn ihr also den Kontakt genießt, ihn bewußt spürt und erfahrt.

Ihr begegnet mir auch in der Leber, und ihr begegnet mir in der Schilddrüse. Die Leber bringe ich dazu, daß sie geduldig alles aufnimmt und verarbeitet, daß sie die Stoffe durch sich hindurchgehen läßt und sie in diesem Prozeß transformiert und sich dabei selbst transformieren läßt. Die Leber steht für den Prozeß des Aufnehmens und Durch-sich-hin-durch-gehen-Lassens. Und indem Stoffe hindurchgehen, weil die Leber sie hindurchgehen *läßt*, werden sie gereinigt und transformiert.

In der Schilddrüse, die ein sehr heikles Organ ist, weil dort eine Vielzahl von Prozessen abläuft, sorge ich dafür, daß der Austausch mit dem Gehirn auf eine liebevolle Weise geschieht, in einem möglichst gleichmäßigen Fluß. Ich sorge dafür, daß dieser Fluß so wenig wie möglich durch Streßfaktoren unterbrochen, gestört oder umgeleitet wird.

Auch euer Haar hat viel von meiner Energie.

Es geht eigentlich überall um einen Kreislauf und darum, dafür zu sorgen, daß der Kreislauf funktioniert. Daß er an allen Stellen gleich stark ist, daß er keine Schwachstellen bekommt und daß er nicht aufhört, nicht anhält, sondern unvermindert mit gleichmäßiger Kraft weiterläuft.

Bist du eine Qualität des Urweiblichen, die in besonders starker Weise mit unserem Mutterplaneten Erde verknüpft ist?

Meine Energie schafft die Voraussetzung dafür, daß Leben auf der Erde überhaupt möglich ist, daß also Körper überhaupt ernährt und am Leben erhalten werden können. Insofern bin ich mit der Erde eng verbunden, was aber nicht heißt, daß ich mit anderen Orten des Universums nicht gleichfalls eng verbunden wäre. Aber auf der Erde hat meine Energie eben diese Ausformung des Wachsen- und Gedeihenlassens von Nahrung. Die Erde ist nicht identisch mit der urweiblichen Kraft des Nährenden und Schützenden, da ihr Bewußtsein eher vegetativ ist, aber die nährende und schützende Qualität als Ausformung des Urweiblichen ist in eurem Mutterplaneten sehr stark ausgeprägt und vorhanden. Man kann auch sagen, die Erde bedient sich in erster Linie dieser Qualität, und das ist es auch, was ihr Menschen an der Erde vor allem wahrnehmt: sie ist an ihrer Oberfläche äußerst fruchtbar, wodurch sie euch nährt und schützt, und im Kreislauf der Jahreszeiten sowie im Kreislauf des Aussäens, Wachsens und Erntens ist ebenfalls wieder Energie enthalten. Die Erde selbst ist wiederum Teil eines größeren Kreislaufs, denn sie dreht sich immerwährend um sich selbst und um die Sonne.

Wie können wir dich finden in uns, als Teil des Urweiblichen?

Jener Teilaspekt des Urweiblichen, der sich durch mich manifestiert, hat, um es noch einmal zu sagen, mit der Sorge darum zu tun, daß alles im Fluß bleibt, daß der Kreislauf beziehungsweise die verschiedenen Kreisläufe fortdauern und sich immer wieder erneuern. Ihr könnt mich und damit auch einen Teil von euch finden, indem ihr eure Aufmerksamkeit darauf richtet, wo in eurem Körper solche Kreisläufe stattfinden. Es ist eine zutiefst weibliche Qualität, Kreisläufe, dieses sich ewig wiederholende Geschehen, zulassen zu können. Dies steht ganz und gar im Gegensatz zur männlichen Energie, die linear ist und sich auf ein Ziel richten möchte und deshalb gar nichts zu tun hat mit einem Geschehen, das immer wiederkehrt.

Aber es gibt darüber hinaus viele andere Kreisläufe, die ihr entdecken könnt. Auch der Jahreszeitenkreislauf ist etwas sehr Weibliches, damit könnt und dürft ihr euch durchaus identifizieren. Eigentlich ist jedes zyklische Geschehen weiblich und findet damit auch einen Widerhall in euch selbst, in eurer Weiblichkeit. Auch die Kreisform ist weiblich.

Du sagst, ohne das ewige Kreislaufgeschehen könnte es kein Leben geben. Dies steht jedoch sehr im Gegensatz zu dem vehementen Fortschrittsglauben, der uns beherrscht. Inwieweit sind denn Kreisläufe für uns heilsam und kraftspendend?

Es ist schlicht eine Tatsache eures Lebens, daß ihr nicht alles mit eurem Willen beeinflussen könnt. Dieser Glaube, ihr *könntet* alles beeinflussen, ist aber mehr und mehr verbreitet. In eurer hochtechnologisierten Welt haben die Menschen immer weniger direkt miteinander zu tun, und es hat sich eine große Fremdheit untereinander breitgemacht, die ihrerseits mit der Verherrlichung des freien Willens zu tun hat, denn dadurch ist ein sehr starkes Konkurrenzdenken eingetreten. Die Verherrlichung des freien Willens führt zu Leid, weil ihr, obwohl die gegenteilige Erfahrung allgegenwärtig ist, glaubt, ihr hättet persönlich versagt, wenn die Dinge nicht so laufen, wie ihr euch das vorstellt. Dabei könnt ihr in Wirklichkeit natürlich euer Leben lenken – nur ist die

Quelle, aus der ihr dies tun könnt, eine andere als das, was ihr unter dem freien Willen versteht.

Nun ist das Kreislaufgeschehen insofern heilsam, als es euch die Möglichkeit eröffnet, aus eurem *Teufels*kreis von Gedanken, die alle um euer Ego kreisen und darum, wie ihr eure Vorstellungen und euren freien Willen verwirklichen könnt, herauszukommen. Voraussetzung ist, daß ihr euch der tiefen Weisheit, die in den Kreisläufen liegt, öffnet und ebenso der tiefen Wahrheit, daß die Kreisbewegung eine der fundamentalen Bewegungen von Leben überhaupt ist. Und ihr als Frauen habt – weil ihr mit eurem Menstruationszyklus so ganz offensichtlich einem Kreislaufgeschehen unterworfen seid – im Unterschied zu den Männern eine sehr gute Möglichkeit, euch Kraft und Gewicht zu geben, indem ihr euch diesem Immer-weiter-Wollen, dieser linearen Bewegung, entzieht. Das Heilsame des Kreislaufgeschehens liegt einfach darin, *daß es so ist*. Oder anders ausgedrückt: Es muß nicht immer etwas geschehen, es muß nicht immer Bewegung »nach vorn« sein, sondern kann sich einfach auch »auf der Stelle« bewegen, und das ist genauso richtig und hat genauso seine Berechtigung. Dadurch werdet ihr auch von Schuldgefühlen befreit. Ihr könnt anders mit beiden Beinen auf dem Boden stehen und dort stehenbleiben, wenn ihr nicht glaubt, einem Befehl gehorchen zu müssen, der da lautet »Marschiere weiter«.

Kannst du uns sagen, welche Aspekte von Demeter, Isis, Hekate, Ischtar du bist?

Jene Aspekte, deren Aufgabe es ist, wie ich schon sagte, die Dinge im Fluß zu halten oder genauer ausgedrückt, den fortwährenden Kreislauf zu erhalten.

Demeter ist ja ihrerseits ebenfalls ein Aspekt oder eine Ausformung der Urweiblichkeit, der Gesamtheit der Großen

Göttin, und dieser Aspekt betrifft bei Demeter im besonderen den Kreislauf der Natur und noch weiter eingegrenzt den Kreislauf der Feldfrüchte. Als Demeter werde ich also gerufen, um meine Kraft den Feldern zu geben und überhaupt allem, was ihr anbaut und eßt. Als Demeter werde ich gerufen, um meine Kraft, die aus dem großen Kreislauf kommt, auf diesen kleineren Kreislauf zu übertragen.

Bei Hekate ist es ein ähnlicher Aspekt, aber es kommt noch stärker das dazu, was ihr als »Mütterlichkeit« kennt, das heißt, ein bewußtes Sorgen und sich Kümmern um Lebewesen – seien es nun Kinder oder Tiere oder Pflanzen. Was mich in der Ausprägung als Hekate unterscheidet von Demeter, ist das bewußte Sorgen für ein anderes Lebewesen. Demeter sorgt eigentlich nicht für ein anderes Lebewesen, sie sorgt für die Erfüllung eines kosmischen Gesetzes, nämlich dem Gesetz des Kreislaufs. Und als Hekate kommt ein etwas persönlicherer Aspekt dazu.

Warum ist in bezug auf Hekate ausgerechnet das Mütterliche betroffen? Immerhin wurde Hekate, zumindest in späterer Zeit, vor allem in ihrem Aspekt als »Altes Weib«, als Todesgöttin mit dem Hundekopf, als Herrin der Kreuzwege und als Zauberin verehrt.

Du sagst ganz richtig, »in späterer Zeit«. Urprünglich war Hekate ein Name für die heilige Trinität der Großen Göttin, und sie wurde als fruchtbare Muttergöttin verehrt. Als solche wurde sie mit magischen Worten beschworen, um Kindersegen herbeizuflehen, und jene magischen Beschwörungen, die der Hekate galten, haben sie dann zur Göttin der Hexen werden lassen. Ihre Verehrung als Todesgöttin hat damit zu tun, daß sie gerufen und beschworen wurde bei Kinderlosigkeit. Wenn dann auch nach der Beschwörungszeremonie keine Schwangerschaft zustande kam, war dies die andere Seite der Hekate, die andere Ausprägung, nämlich die Macht, Leben auch zu nehmen oder festzuhalten, das heißt, nicht keimen zu lassen. Und daraus wurde Hekate als Todesgöttin, die im besonderen die neugeborenen Kinder holte. Auch hier gab es ganz spezielle Beschwörungszauber und Amulette, um Hekate fernzuhalten. In diesem Aspekt der »Kinderfresserin« ist Hekate einerseits verwandt mit der indischen Kali (es wurden auch Aspekte der Kali auf Hekate übertragen), und auf der anderen Seite ist hier der Bezug zur semitischen Lilith, der Dämonin, die die Kinder holt, zu finden.

Soweit meine Qualität in der ägyptischen Göttin Isis angesprochen ist, betrifft sie hier mehr das göttliche Gesetz. Da ist der Bezug zur Materie, zur physischen Rübe, die da im Boden steckt, nicht so ausgeprägt. Sondern es geht mehr um das kosmische Gesetz des Kreislaufs, das bei Isis im Mittelpunkt steht.

Zu Ischtar ist zu sagen, daß es hier ebenfalls um den Kreislauf geht, aber bei ihr ist vor allem der Kreislauf von Oberwelt und Unterwelt angesprochen, das heißt, der ewige Kreislauf von Leben und Sterben. Wobei meine Kraft oder die Ausformung der Göttin, die ich verkörpere, bei Ischtar zu gleichen Teilen die Tagwelt und die Unterwelt ist. Ischtar war natürlich die »große Hure Babylon« mit dem fruchtbaren Leib und den vielen nährenden Brüsten, aber sie ist auch diejenige, die in die Unterwelt hinabgestiegen ist. Sie muß hinabsteigen, um beim Aufsteigen wieder fruchtbar sein zu können. Und umgekehrt muß sie, um fruchtbar sein zu können, in die Unterwelt hinabsteigen. Ischtar ist einerseits sehr ausgewogen dadurch, daß sie die Unterwelt mit einbezieht, anderseits schwingt hier ein Aspekt von Grausamkeit mit hinein.

Kannst du uns ein Symbol geben, um dich zu rufen und dich in unserem Körper zu erwecken?

Mein Symbol sind zwei Früchte oder zwei Samen oder zwei Getreidekörner, die aneinander stoßen:

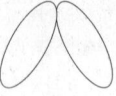

Ich wünsche euch, daß die vielen keimenden Samen, die ihr in euch tragt und die ihr jeden Tag neu dazupflanzt, alle aufgehen mögen. Ich möchte euch versichern, daß ich mit meiner Kraft alles dazu tun werde, damit dies geschieht. Und ich wünsche euch alle Kraft.

Übungen zum Erfahren der Qualität des *Nährenden, Schützenden und Bewahrenden*

1. *Stelle dich entspannt mit beiden Beinen direkt auf die Erde, auf Gras oder auf den Waldboden. Öffne dich dann in den Füßen, im Anus und im gesamten Bauch-Beckenraum für die aufsteigende Energie, die dir ihre Informationen über die ewige Wiederkehr des Kreislaufgeschehens zukommen lassen wird. Spüre in der Folge, wie sich die urweibliche Energie des* Nährenden, Schützenden und Bewahrenden *in vielen Schichten wie eine Kugel in dir und um dich herum ausformt, zu pulsieren beginnt, sich ausdehnt und wieder zusammenzieht. Beobachte, wie du dich dabei fühlst.*
Die tiefe Wahrheit des Kreislaufgeschehens in dir zuzulassen und ihm in dir selbst nachzuspüren wird dich im Alltag diesem Aspekt deiner Weiblichkeit näher bringen.

2. *Eine weitere Möglichkeit, diese Qualität zu erfahren, ist das Anbauen von Pflanzen, insbesondere natürlich Nahrungspflanzen, damit du das Keimen, Wachsen, Fruchttragen und Wiederverwelken beobachten kannst.*

3. *Du kannst deine Wahrnehmung für deinen Menstruationszyklus verstärken, indem du jeden Tag für fünf Minuten dem Mond deine Aufmerksamkeit schenkst. Schaue ihn an, wenn er am Himmel steht, beobachte, in welcher seiner Phasen er sich gerade befindet und wo er sich bewegt. Wende dich ihm einfach ein paar Minuten lang zu. Der Mond ist in seinem zyklischen Geschehen ein wunderbares Abbild für den Kreislauf, der in dir selbst stattfindet.*

4. *Du kannst deine Aufmerksamkeit aber auch auf jedes andere zyklische Geschehen in deinem Körper richten, zum Beispiel deinen Blutkreislauf. Setze dich auf den Boden, ziehe in deiner Vorstellung einen Kreis um dich herum und horche in dich hinein auf alles, was da im Fluß ist, was sich im Kreis bewegt. Du kannst auf diese Weise auch darauf stoßen, was sich in deinem Emotionalkörper im Kreis bewegt. Und du hast dann die Möglichkeit, selbst zu entscheiden, ob du diesen Kreislauf in deinem Emotionalkörper weiter beibehalten willst oder ob du deine männlichen Qualitäten dazu benutzt, diesen Kreislauf zu durchbrechen, wenn du findest, daß dies besser für dich, daß dies an der Zeit ist.*

5. *Mit dem Kreislaufgeschehen eng verbunden sind Tätigkeiten, die du verrichtest im Zusammenhang mit dem Nähren und Bewahren deiner selbst in deinem Alltag, also das Einkaufen, das Kochen und Essen, das In-Ordnung-Halten deiner Wohnung und das Waschen deines Körpers und deiner Kleidung. Versuche, diese Tätigkeiten nicht unter dem Aspekt stumpfsinnig sich wiederholender Handgriffe zu betrachten, sondern als Rituale zu vollziehen, die im Einklang stehen mit der weiblichen Qualität des Kreislaufgeschehens. Wenn du für andere Menschen, etwa für eine Familie, zu sorgen hast, so tue dies so bewußt wie möglich und spüre deine Verbundenheit mit der Qualität des* Nährenden, Schützenden und Bewahrenden *im Akt der Fürsorglichkeit.*

6. *Du lebst in einer Umwelt, in der im Unterschied zu historisch früheren oder andersgearteten gegenwärtigen Kulturen nicht jeder direkt für sich selbst sorgt, indem er Wild jagt oder Getreide anbaut – du gehst statt dessen in den Supermarkt. Versuche auch dort, dir zu vergegenwärtigen, wo diese Dinge herkommen und auf welche Weise sie entstanden sind. Versuche, dir ihren Weg zu vergegenwärtigen, bis sie in die Verpackung und ins Regal gelangt sind. Schließe dich geistig an diesen Kreislauf an, wenn du nicht selbst Nahrungsmittel anbaust, und sei auch bewußt bei der Nahrungsaufnahme selbst.*

Göttinnen, die der Qualität des *Nährenden, Schützenden und Bewahrenden* zugeordnet sind

Demeter ist eine griechische Göttin; ihr Name setzt sich zusammen aus *Meter*, Mutter, und *De*, dem Delta oder Dreieck, dem Symbol für das weibliche Geschlechtsorgan. Demeter war eine uralte Personifikation der Großen Göttin und beinhaltete als solche deren heilige Trinität: Jungfrau (Kore), Mutter (Pluto) und altes Weib (Persephone) als Symbole für die schöpferische, erhaltende und zerstörerische Kraft der Göttin[12]. Pluto bedeutet »Überfluß«, und der Name, der später auf einen männlichen Gott der Unterwelt übertragen wurde, bezog sich ursprünglich auf den Reichtum, der sich aus den Brüsten der Muttergottheit über die Welt ergoß.

Wir kennen von Demeter den Mythos, in dem ihre Tochter Kore – ursprünglich der jungfräuliche Aspekt Demeters – von Hades, dem Herrscher der Unterwelt, in sein Reich entführt wird.[13] Demeter macht sich auf die Suche nach der Verschwundenen und kümmert sich nicht mehr um das Wachstum auf Erden, so daß die Menschen Hunger leiden. Zeus interveniert und schickt Hermes, der Kore aus der Unterwelt wieder heraufholt, doch Hades hat das Mädchen mittlerweile zu seiner Gemahlin gemacht und ihr einen Granatapfel[14] zu essen gegeben, so daß Kore von der Unterwelt nicht mehr loskommt. Zeus entscheidet, daß sie fortan ein Drittel (man denke an die Trinität der Göttin und an die drei Mondphasen) des Jahres in der Unterwelt verbleiben, das restliche Jahr jedoch bei ihrer Mutter verbringen dürfe. In einer späteren Version des Mythos heißt Kore Persephone, ursprünglich der Aspekt Demeters als »Altes Weib«, als Zerstörerin.

Nach Erich Neumann ist das Wesentliche an diesem Mythos das Wiederfinden von Mutter und Tochter, das heißt die Wiedervereinigung von jungfräulichem und mütterlichem Aspekt der Göttin. Das Jungfräuliche muß in die Unterwelt gehen und »sterben«, um als verwandeltes Mädchen, als in das Mysterium des Todes eingeweihte »Zerstörerin« Persephone, wieder auf die Erde gelangen zu können. Kore muß aus der Unterwelt wieder auf der Erde auftauchen – das archetypische Frühlingsmotiv – und sich dort mit der Mutter wiedervereinigen, auf daß im Akt der Verschmelzung zweier entgegengesetzter Pole (Ober- und Unterwelt, Leben und Tod) neues Leben entstehe. Reifen, Fruchttragen, Verfall und Wiederaufstehung – der ewige Kreislauf, den zu erhalten unsere Quelle, die Qualität des *Schützenden, Nährenden und Bewahrenden* als ihre wesentliche Aufgabe nannte.

Um das Wiederfinden von Tochter und Mutter und damit um den Aspekt der Auferstehung nach dem Tode ging es auch in den Demeter-Persephone geweihten Eleusinischen Mysterien, die in der mykenischen Stadt Eleusis (›Ankunft‹[15]) gefeiert wurden. Wir haben von unserer Quelle des *Nährenden, Schützenden und Bewahrenden* zwei an der Spitze miteinander verbundene Samenkörner als Symbol bekommen, und eine Ähre spielte auch eine wichtige Rolle in jenen höchst geheimen und »dunklen« Eleusinischen Mysterien. »Demeters ekstatische Priesterschaft erfüllte symbolisch ihr Liebesverhältnis mit Iasios – oder Triptolemos oder Zeus – in einer inneren Kammer des Heiligtums, indem sie einen phallischen Gegenstand in einem Frauenschuh auf- und abbewegte. ... Dann traten die Anführer der Mysterien als Schafhirten verkleidet mit freudigem Geschrei ein und zeigten eine Wiege mit dem Kind[16] Brimos, Sohn der Brimo (›die Zornige‹), der Frucht dieser rituellen Hochzeit. Brimo war ein Beiname der Demeter und Brimos ein Synonym für Plutos; ...«[17] Das Element der Fruchtbarkeit der Kornfelder tauchte auf in den – neben den singenden Schafhirten – zu den Mysterien gehörenden Auftritten von Kuhhirten im Dienste der Göttin Io (der Mondgöttin in ihrer Kuhgestalt), die das Saatgut bewässert, und von Schweinehirten im Dienste der Schweinegöttin Kerdo, die das Korn sprießen ließ; beide Göttinnen sind zumindest »verwandt« mit Demeter, wenn nicht Aspekte von ihr mit anderem Namen (die genauen Beziehungen der Göttinnen beziehungsweise Aspekte der Göttin zueinander lassen sich heutzutage nicht mehr mit Sicherheit rekonstruieren, obwohl Ranke-Graves hier sehr verdienstvolle Arbeit geleistet hat).

Hekate[18] ist eine der ältesten griechischen Versionen der Großen Göttin. Sie stammte ursprünglich aus Ägypten, wo sie sich aus der *heq*, der Stammesmutter des vordynastischen Ägyptens, zur Göttin der Geburtshelferinnen, Heqit, Heket oder Hekat, entwickelte. Heq war eine weise Frau, die die *hekau* oder »mütterlichen Worte der Kraft« beherrschte.[19] Über Hekate ist kein großer Mythos überliefert (wie zum Beispiel über Demeter und die meisten anderen »rein griechischen« Ausformungen der Großen Göttin), was wohl einerseits auf ihr Alter, andererseits auf ihren ägyptischen Ursprung zurückzuführen ist.

Wie Ranke-Graves berichtet, ist Hekate bei Hesiod die ursprüngliche Dreifaltige Göttin, die im Himmel, auf Erden und im Tartaros herrschte. »Die Hellenen betonten jedoch ihre zerstörende Macht und vergaßen darüber ihre schöpferische Kraft. Schließlich wurde sie nur noch in verbotenen Riten der schwarzen Magie, besonders auf Plätzen, an denen sich drei Straßen trafen, angerufen.«[20] Hekate besaß als Königin der (thessalischen) Hexen eine Gabe, welche nicht einmal Zeus der alten dreieinigen Göttin zu nehmen wagte: sie hatte die Macht, Wünsche der Sterblichen zu erfüllen. Hekate besitzt drei Körper: den eines Löwen, den eines Hundes und den eines Pferdes, die sich wohl auf das dreigeteilte Jahr der alten (matriarchalen) Zeitrechnung beziehen, wo jeder Zeitabschnitt einem dieser Tiere zugeordnet war. Von hier aus läßt sich eine Verbindungslinie zu Kerberos oder Zerberus, dem dreiköpfigen »Höllenhund«, ziehen, der wohl ursprünglich Hekate in ihrem Aspekt als Altes Weib, das heißt als Todesgöttin, war.

Hekate ist also eng mit der Unterwelt verknüpft und unterhält ebenfalls eine enge (Freundschafts-)Beziehung zu Persephone, und die beiden wurden einander auch oft gleichgesetzt. Da Hekate – wie Demeter – eine griechische Version der Dreifaltigen Göttin ist (die beiden sich möglicherweise sogar »überschneiden«), ist es nicht weiter verwunderlich, daß auch Hekate, ähnlich wie Demeter-Kore, bisweilen als Mutter mit Tochter erscheint: »In den frühesten historischen Überlieferungen wird sie mit Artemis gleichgesetzt. Artemis und Hekate sind eins; sie verkörpern eine Mondgöttin des Lebenszyklus mit ihren zwei Aspekten: Artemis steht am Anfang des Zyklus, Hekate am Ende; die eine ist jung, rein und schön und wird mit dem beginnenden Leben verknüpft, die andere ist grauenerregend und steht mit dem Tod in Verbindung.«[21] So wird die Trinität Hekate in einigen Überlieferungen im Himmel als Hekate Selene, der Mond, auf Erden als Jägerin Artemis und in der Unterwelt als Zerstörerin Persephone verehrt.[22]

Nach Erich Neumann fußt die Verehrung Hekates als »Herrin der Kreuzwege« auf der tieferen Bedeutung, daß sie damit Herrin *aller* Wege ist, »das Weib mit Phallus, die Einheit von Gebärendem und Zeugendem«. Als solches ist die Beherrschung des Weges nach unten der Schlüssel (eines des Symbole der Göttin) zur »phallischen Eröffnungskraft des Männlichen«[23].

Isis ist der ägyptische Name der Großen Göttin. Sie war die Gebärerin des großen Sonnensterns und trug den Beinamen »Spenderin allen Lebens«[24]. Dem römischen Schriftsteller, Redner und zeitweiligen Isis-Priester Apuleius offenbarte sie sich als »Mutter der Natur, Herrin aller Elemente, Keimzelle der Geschlechter – Geisterfürstin, Totenkönigin, Himmelsherrin –, Inbegriff der Götter und Göttinnen«[25]. Auch der Isis-Kult umschloß sowohl das Diesseits wie das Jenseits. In die Mysterien der Isis eingeweiht zu sein bedeutete ein gesegnetes und ruhmvolles Erdenleben und einen privilegierten Status im Reich der Toten.

Der Erlösergott Osiris, Symbol für die Wiederauferstehung und das Leben (und somit unmittelbares Vorbild für Jesus Christus), wurde von Isis verschlungen und als Knabe Horus wiedergeboren.[26] Dieser wurde alljährlich in Stücke gerissen – ein Symbol für das sterbende und wieder von vorn beginnende Jahr – und wieder neu zusammengesetzt. Sein Penis allerdings fehlte, und es bedurfte der schöpferischen und lebenspendenden Kraft der Isis, die aus Ton einen neuen Penis formte und ihm Leben einhauchte. Der auf diese Weise auferstandene und neu belebte Osiris hielt Hochzeit mit Isis, und das Leben ging weiter.

Ischtar ist der babylonische Name für die Dreifaltige Göttin und bedeutet »Stern«. Der Aspekt des Lebenspendenden hatte bei Ischtar eine explizit sexuelle Komponente, woher ihr biblischer Name »das große Babylon, die Mutter der Hurerei« (*Offenbarung des Johannes*) rührt. Männer suchten ihre Tempel auf, um ihren Ratschluß mittels der sexuellen Praktiken der Tempelprostituierten zu erfahren.

Ähnlich wie bei Isis ist es bei Ischtar keine Tochter, die sie der Unterwelt entreißt, sondern ein Sohn, Tammuz. Ansonsten jedoch ist der Mythos vom Abstieg Ischtars zu ihrer Schwester Ereschkigal, der finsteren Göttin der Unterwelt, dem von Demeter und Persephone (und vielen anderen Mythen von Tod und Auferstehung) so ähnlich, daß er als ursprüngliche Quelle angenommen werden kann. Es zeigt sich hier, in diesem historisch früheren Mythos, daß die Unterwelt ursprünglich von einer weiblichen Gottheit beherrscht wurde – erst im späteren griechischen Mythos ist es ein männlicher Gott, dem das Reich der Toten unterstellt ist. Jene Reise in die Unterwelt wurde als jährlich wiederkehrendes heiliges Fest gefeiert, das drei Tage dauerte und bei dem am dritten, dem Freudentag, der Gott wieder zum Leben erweckt wurde.[27]

Die urweibliche Qualität des *Hortenden und Verschlingenden*

Das verschlingende Prinzip steht zum Phänomen der Ausdehnung und Ausweitung, wie es euch in der urweiblichen Qualität des *Nährenden, Schützenden und Bewahrenden* begegnet ist, in Polarität. So wie es kein Ausatmen ohne Einatmen gibt, gibt es keine Ausdehnung ohne Zusammenziehung. Und diese Zusammenziehung ist jener Aspekt des Urweiblichen, den ihr als die »Qualität des Verschlingenden« angerufen habt. Er begegnet euch in verschiedenen Phänomenen, wie dem Verwittern in der Natur, im Sterben allgemein bei Menschen, Tieren und Pflanzen oder auf kosmischer Ebene als Schwarze Löcher im Weltraum.

Aber auch das Verwertende gehört zur urweiblichen Qualität des Verschlingenden, und zwar einerseits das Verwerten von »Material« jeder Art, um es dem Prozeß der Transformation zuzuführen, andererseits das Verwerten im Sinne von Sammeln, Horten und Anhäufen zum Zweck der Schaffung von Reserven für Notzeiten. Ihr könnt dies an eurem Körper beobachten, wenn viel von der Nahrung, die ihr »verschlingt«, ausgewertet und verwertet wird. Das, was euer Körper tut, wenn er Reserven ansammelt und Fettdepots anlegt, und das, was ihr mit eurem Geld macht, indem ihr Sparkonten anlegt, gehört zum hortenden Aspekt der Qualität des Verschlingenden.

Ebenso gehört zu meiner Qualität die Kraft in euren Körpern, die euch befähigt, euch der Erdanziehung auszuliefern, euch mit der Erde zu verbinden, euch auf ihre Schwere einzulassen. Ich wirke in euch unbewußter Weise mit eurer Seelenenergie zusammen und halte sie in eurem Körper, und den Körper wiederum halte ich auf dem Wege der Schwerkraft mit der Erde in Verbindung. Darum ist es ein Irrtum anzunehmen, ihr könntet mit eurem festhaltenden Ego mehr Schwerkraft und mehr Hiersein bewirken. Eure Seele ist so lange mit meiner erdenden, schweren Kraft in Verbindung, wie sie es für nötig hält, in einem Körper zu sein. Und ihr seid nicht mehr *da*, je dicker ihr seid, und auch nicht weniger da, je dünner ihr seid. Beides sind Phänomene der gleichen Angst.

Ich bin absolut unpersönlich und wirke als polare Kraft innerhalb des Seinsprinzips: Ohne mich würde der Gegenpol der Auflösung, Ausdehnung, des Ausatmens, der Leichtigkeit, des Fliegens nicht existieren, ohne mich gäbe es keine Erhaltung eures Körpers und auch nicht seine Erneuerung.

Du hast davon gesprochen, daß du Teil des Reservenanlegens, des Hortens bist. Wir würden gerne wissen, ob im Augenblick auf unserer Erde nicht zuviel gehortet wird? Denn durch das Horten entsteht ja auch die Angst, das Gehortete wieder zu verlieren, und daraus kann viel Leid erwachsen.

Mein negativer Aspekt tritt dann in Kraft, wenn ein Festhalten über das Maß hinaus einsetzt. Dieses unverhältnismäßige Festhalten ist dem Menschen und dem domestizierten Tier eigen. Denn es ist die Persönlichkeit eines Menschen, sein persönlicher Wille, oder der Emotionalkörper eines Tieres, die festhalten und konservieren wollen, aus Angst, sich dem natürlichen Kreislauf und dem natürlichen Fluß zu überlassen. All das, was Menschen anhäufen an Fett, Geld oder Besitz über das hinaus, was sie brauchen, führt zu Destruktivität und Stagnation. Es ist das Ich in eurer Struktur, das sich aus Angst am liebsten fest verpanzern würde, damit es nicht zerstört wird oder »stirbt«, das sich am liebsten einmauern würde in Güter, Essen, Habenmüssen und Habenwollen. Dieses ängstliche Festhalten über jedes Maß hinaus ist ein Mißbrauch meines Prinzips und hat mit meiner Kraft an und für sich nichts zu tun.

Gibt es eine Möglichkeit für einen Menschen, der zu viele (Fett-)Depots angelegt hat, deine Energie wieder im richtigen, das heißt, im ursprünglich gemeinten Sinne zu gebrauchen?

Meistens ist ein Mensch, dessen Organismus dazu neigt, zuviel zu speichern und zu horten, ein ängstlicher Mensch und nicht gut verankert in seinem Körper. Und daher will er ihm durch körperliche Schwere Gewicht verleihen. Für diesen Menschen besteht eigentlich nur eine Möglichkeit, nämlich daß er sich hinterfragt, warum er so viel horten muß und sich so auf *einen* Pol des Lebens fixiert. Warum er so wenig Vertrauen hat, daß er fürchtet verlorenzugehen, wenn er los- und das Angehäufte gehen läßt, warum er glaubt, sich wärmen, schützen oder bewahren zu müssen vor dem Verhungern, vor Auflösung oder vor dem Verlust der Schwerkraft. Diesen Fragen muß er sich stellen, denn der Körper reagiert auf die psychische Struktur eines Menschen. Und wenn er diesen Irrtum in seiner Struktur geklärt hat, kann er das Zuviel wieder abgeben.

Gibt es Bereiche in unserem menschlichen Körper, wo wir dir im – für uns – positiven Wirken deiner Energie begegnen?

Ich wirke in allen Organen, die eine gewisse Speicherfunktion haben, zum Beispiel in der Galle oder im Bereich der Speicherfähigkeit eures Gehirns. Ebenso wirkt meine Qualität in der Speicherfähigkeit eurer Zellen für genügend Flüssigkeit, damit ihr nicht austrocknet, und allgemein in allen Funktionen in euerm Körper, die mit Speichern zu tun haben. So sind auch die Leber als Energiespeicher und der Uterus als Speicher für eure weibliche Energie betroffen.

Können wir deine Kraft des Verschlingens und Speicherns für uns ganz persönlich nutzen?

Wie du vorhin schon deinen Eindruck geschildert hast, daß Menschen häufig zuviel Materielles horten, so gilt dies auch im emotionalen Bereich. Ihr tendiert auch hier zum Festhalten, und es würde euch guttun, wenn ihr mehr Fließen in eure Emotionalkörper bringen würdet. So neigt ihr beispielsweise dazu, die Energie von alten, schlimmen Erlebnissen festzuhalten, da ihr glaubt, dieses Festhalten bewahre euch davor, noch einmal denselben Fehler zu machen. Gerade hier wäre es aber sinnvoll, die alten Energien abzugeben.

Auch in eurem Mentalkörper neigt ihr dazu, Gedankenmuster endlos festzuhalten. Eure Speicherkapazität ist zwar ungeheuer groß, dennoch belastet ihr eure Mentalkörper unnötig mit Müll. Jene Gedankenmuster, die euch nicht mehr dienlich sind, könnt ihr ganz bewußt hinaus in den Kosmos schicken oder sie mit höherfrequenter Energie auflösen. Sie sind unnötiger Ballast, und ihr habt als Menschen die freie Wahl: ihr braucht nichts festzuhalten, das ihr nicht wollt. In all euren feinstofflichen Körpern gibt es solche unnötigen Anhäufungen.

Um nun mit meiner Energie adäquat umzugehen, gilt es, ganz genau hinzuspüren: Was *braucht* euer Körper wirklich, und was *glaubt* euer Emotionalkörper (eure Psyche), wieviel an Nahrung ihr *verschlingen* müßt? Auf mentaler Ebene handelt es sich um Gedankenmuster und Konditionierungen, auf materieller Ebene um Besitz. Anhäufungen von Dingen, die euch nicht mehr dienlich sind und euch erinnern an Zeiten, die längst vorbei sind, und nicht selten auch an traurige oder schmerzliche Ereignisse, solltet ihr einfach entsorgen und (es) euch so leichter machen.

Gibt es archaische oder antike Göttinnen, in denen sich deine Kraft manifestiert?

Ja, alle verschlingenden, dunklen, zerstörerischen Ausformungen der Großen Göttin, wie Kali, oder auch die archetypischen Märchengestalten der bösen Hexen mit ihren dämonisierten Tieren oder der bösen Stiefmütter und alle Darstellungen des Todes als Alte Frau. Auch die Gestalt des Teufels, obwohl er größtenteils männlich dargestellt wird, hat etwas mit diesem Prinzip zu tun. Wie überhaupt alles Dunkle, Angstmachende, alle Unterweltsgöttinnen, wie etwa Ereschkigal.

Sie alle sind Ausformungen des einen Pols. Es ist jedoch unsinnig und krankmachend, diesen einen Pol abspalten und verdammen zu wollen. Das ist, als ob ihr bei einer Penduluhr verhindern wolltet, daß das Pendel nach beiden Seiten ausschlägt. Denn ohne diesen einen Pol kann es den anderen nicht geben. Und so stagniert auch die menschliche Entwicklung und das Lebensprinzip schlechthin, sobald ihr einen Pol auszugrenzen versucht.

Ebenso unsinnig ist es, euch vor dem verschlingenden Aspekt eures Mutterplaneten zu fürchten, denn in Wirklichkeit ist nichts an ihm feindlich. Es ist nur eure Vorstellung, die hier das vermeintlich Negative verdammen will und dadurch eine Abspaltung bewirkt. Die unpersönliche Liebe der Erde mag euch erschrecken, da eure Persönlichkeit (euer Ego) Angst hat zu sterben. Ihr könntet aber nicht in solchen Massen auf dem großen Leib der Erde sein, wenn da nicht ihre starke Liebesenergie für die Menschheit wäre, ihre große Duldsamkeit. Und deshalb könnt ihr Mutter Erde getrost alle alten Schmerzen, die euch an die Vergangenheit ketten, alle traurigen alten Erlebnisse, die ihr in eurem Innern immer wieder neu belebt, übergeben. Ihr könnt sie einfach abwerfen wie ein altes Kleid, und dieses alte Kleid übergebt ihr dem großen Recycling.

Grundlegende Übung zur Erfahrung der Qualität des *Hortenden und Verschlingenden*

Für die Erfahrung der Qualität des Verschlingenden ist keine Meditation vonnöten. Vielmehr geht es darum, daß du deine Wahrnehmung schärfst und immer wieder einmal kurz innehältst – beim Essen, falls dein Körper dazu neigt, Fettdepots anzulegen, oder beim Abstauben, wenn du feststellst, daß da so viele ungenutzte Dinge herumliegen. Frage dich, was wirklich nötig ist an Anhäufung. Überprüfe dich selbst immer wieder: Brauche ich dies oder jenes wirklich, oder kann ich es gehen lassen und dem großen Kreislauf übergeben? Was glaube ich zu brauchen, und was steckt hinter diesem Glaubenssystem? Oder glaubst du, daß du von einem anderen Menschen Energie benötigst und dir einverleiben mußt? Was steckt hinter deinem mangelnden Vertrauen darauf, daß der Kosmos alle Energie für dich bereithält, die du zum Überleben und zum Wohlbefinden brauchst?

Übung, um mit Hilfe der Qualität des *Hortenden und Verschlingenden* zu überprüfen, ob dir bestimmte Gegenstände oder Lebewesen (noch) guttun

1. *Um herauszufinden, ob ein Gegenstand oder Lebewesen gut für dich ist oder ob du dich von ihm verabschieden solltest, ist keine spezielle Meditations-*

erfahrung nötig, wohl aber eine gewisse Sensibilität für die Resonanzen, die ein anderer Energiekörper in Verbindung mit dir erzeugt. Voraussetzung für diese Resonanzprüfung ist deshalb, daß du dich in einen entspannten, erweiterten, liebevollen Zustand versetzen kannst, damit du die Resonanz auch wirklich spürst, die ein Gegenstand oder ein anderes Wesen in deinen Körpern erzeugt. Wenn du nämlich in einem energetischen Ungleichgewicht bist, kannst du diese Resonanz nicht gut feststellen. Tue also folgendes.

2. *Nimm den fraglichen Gegenstand, zum Beispiel ein Kleidungsstück oder ein Buch, in die Hand und prüfe, wie du dich damit fühlst. Oder denke an einen bestimmten Menschen und prüfe, wie du dich fühlst in Verbindung mit ihm. Immer dann, wenn du dich mit und in der Erde verankert fühlst und sich gleichzeitig eine Leichtigkeit im Herzen einstellt, ist dieser Gegenstand, dieser Mensch, dieses Tier oder diese Pflanze förderlich für dein derzeitiges Befinden und Entwicklungsniveau.*

3. *Es ist wichtig, daß du mehrmals hinspürst, insbesondere wenn du die Resonanz zu einem anderen Lebewesen prüfen willst: Ist da Liebe im Herzen, ist da Freude, und ist da auch Verankerung in der Erdenergie und das Gefühl von Kraft? Erst wenn du nach wiederholtem Hinspüren – aus einem entspannten, liebevollen Zustand heraus – den Eindruck hast, daß der betreffende Kontakt zu beschwerlich wird, dich zu sehr festmacht und dir das*

Gefühl von etwas Totem oder Stagnierenden vermittelt, ist der Punkt erreicht, an dem du entweder etwas Wesentliches an dieser Beziehung ändern oder sie ganz loslassen mußt. Wenn du also festgestellt hast, daß es sich bei der betreffenden Bindung um etwas wirklich Altes, Überkommenes handelt, dann wirf es von dir und übergib es dem großen Recycling. Denn so kann Neues zu dir kommen, das deinem Entwicklungsstand angemessener ist, das dich mehr nährt und bereichert.

Übung zum Entsorgen »aurischen Mülls« mit Hilfe der Qualität des *Hortenden und Verschlingenden*

»Aurischer Müll« entsteht aus immer wieder neu belebten, uralten Schmerzen oder überkommenen, aber weiter beibehaltenen Gedankenmustern. Aurischer Müll im Emotionalkörper vermittelt dir das Gefühl, du wärest in diesem Bereich in modrige Dunkelheit, in beschwerendes Grau getaucht. Aurischer Müll kann sich auch in deinem Mentalkörper, den du hauptsächlich um deinen Kopf und deine Schultern herum wahrnehmen kannst, angesammelt haben, wo er sich anfühlt wie Teerklumpen und dir den Eindruck von Schwernis und Verklebungen in deiner Gedankenenergie vermittelt. All jene emotionalen und mentalen Energien, die dich schwer machen, dir das Gefühl von Mühsal geben, das Gefühl, eine überflüssige Bürde im Rucksack schon viel zu lange getragen zu haben oder in einen alten, mottenzer-

fressenen Mantel oder ein Kleid gehüllt zu sein, das mittlerweile einem zerschlissenen Kohlensack gleicht, all jene alten, dir nicht mehr dienlichen Energien sind das, was mit »aurischer Müll« gemeint ist. Um ihn zu entsorgen, wende folgendes Verfahren an.

1. *Visualisiere eine Nabelschnur, die, ausgehend von deinem Steißbein (erstes Chakra), tief in die Erde hineinwächst und sich im Zentrum der Erde mit ihrem Herzen verbindet. Rufe die göttliche Qualität des* Verschlingenden *in der Erde an. Wenn du spürst, daß sich ihre geduldige, dunkle Weite unter dir auftut, lasse den aurischen Müll um dich herum einfach abfließen, ohne daß du dich besonders darum kümmern müßtest, wo genau er sich befindet. Du kannst ein tiefes, gleichmäßiges Ausatmen zu Hilfe nehmen. Auch die Vorstellung, mit feinstofflichem Wasser gewaschen zu werden, kann hilfreich sein: Du sitzt unter einer Dusche, die von deinem siebten Chakra (oberhalb des Scheitels) ausgeht, und wirst von oben nach unten gereinigt. Und alles fließt ab in das sanfte Dunkel der Erde. Wenn es dich nicht ängstigt, kannst du ihr dumpfes Malmen hören und wahrnehmen, wie sie diese Energien weiterverarbeitet.*

2. *Du kannst aurischen Müll aber auch – buchstäblich – im Schlaf loswerden. Richte kurz vor dem Einschlafen die Bitte oder Aufforderung an die urweibliche Qualität des* Verschlingenden *in der Erde, daß sie deinen aurischen Müll in sich aufnimmt, um ihn für ihre Umstrukturierungen und Transformationen*

> *zu benutzen. Und daß sie dir, während du schläfst, ihre Heilkräfte zur Verfügung stellt. Wenn du magst, kannst du auch die Farbe dieses heilenden Erdbalsams visualisieren: ein nachtblaues Glitzern, so wie ein Fluß im Mondenschein. Wenn du diese Übung eine Zeitlang machst, wirst du merken, daß du tiefer schläfst und erfrischter aufwachst. Bei diesem Prozeß sind vor allem die Ebenen deiner Chakren betroffen, und so kann sich dein physischer Körper nachts besser regenerieren.*

Göttinnen, die der Qualität des *Hortenden und Verschlingenden* zugeordnet sind

Kali verkörpert die indisch-hinduistische göttliche Trias als Göttin der Schöpfung, Göttin der Bewahrung und Göttin der Zerstörung. Drei heilige Farben entsprechen ihren drei Aspekten: weiß für den jungfräulichen, rot für den mütterlichen und schwarz für den lebennehmenden, todbringenden Aspekt. Diese Dreiheit offenbart sich in vielen verschiedenen verehrungswürdigen Formen, beispielsweise in den drei Phasen des Mondes, den drei Lebensabschnitten oder den drei Teilen des Kosmos (Himmel, Erde, Unterwelt). Stärker als bei anderen Ausformungen der Großen Göttin ist bei Kali das Werden betont, das Sein als beständiges Fließen, das »in unendlichen Zyklen alle Dinge entläßt und wieder aufnimmt«[28], wobei das Wiederaufnehmen dem *Horten* und das Entlassen der Dinge dem *Verschlingen* der Qualität des Urweiblichen des vorangehenden Kapitels entspricht. Auch Kali hat, wie die Große Göttin aller Kulturen, eine Vielzahl von Namen, die ihre verschiedenen Aspekte ansprechen, so wird sie etwa als *Shakti* angerufen, was »Kraft« oder »Macht« bedeutet. Besondere Kraft wird dem Schöpfungswort der Kali zugeschrieben, dem Mantra *Om*, »eine Bezeichnung ihres eigenen ›schwangeren Bauches‹, die vielleicht von der stöhnenden Atmung einer Frau bei der Geburt herrührt, denn Kali gab das Wort Om von sich, als sie das Universum hervorbrachte«[29].

Die Brahmanen, die hinduistische Priesterkaste des patriarchalischen Gottes Brahma, versuchten, eine vollkommen männlich bestimmte Gesellschaftsordnung zu etablieren und schrieben die drei Funktionen Kalis drei männlichen Göttern zu: Brahma, dem Schöpfer, Vishnu, dem Bewahrer, und Shiva, dem Zerstörer. Doch der heute noch in Indien, Nepal, Bhutan, Tibet und zunehmend auch im Westen praktizierte Tantrismus, der von dem Grundgedanken ausgeht, daß Frauen mehr spirituelle Energie besitzen als Männer, führte dazu, daß die alte matriarchale Göttin nicht nur »als Shakti, als weibliche Urkraft durchgebrochen (ist), sondern sich ganz allgemein ihren Platz als Große Mutter und als ›Großes Rundes‹ zurückerobert hat«[30].

Obwohl, wie Ernst Neumann bemerkt, »im Laufe der späteren Entwicklung zu den patriarchalen Werten, zur Herrschaft der Licht- und Sonnengötter, das Negative-Große Weibliche verdrängt wurde«[31], ist Kali in der westlichen Kultur interessanterweise nahezu ausschließlich in ihrem zerstörerischen, lebennehmenden Aspekt bekannt. Als Herrin über den Tod wird sie dargestellt mit heraushängender, giftiger Zunge und einer Kette aus Totenschädeln um den Hals. »In ihrer ›grauenerregenden Gestalt‹ (ghora rûpa) führt die Göttin als

›Kâli‹, die ›Dunkle‹, die Schädelschale voll dampfenden Bluts an die Lippe; ihr Schaubild für innere Andacht zeigt sie blutrot gewandet auf einem Boot in einem Meer von Blut stehend: inmitten der Lebensflut, des Opfersaftes, dessen sie bedarf, um in ihrer huldvollen Erscheinung (sundara-mûrti) in unablässiger Zeugung als Weltmutter (jagad-ambâ) neuen Lebensgestalten das Dasein zu schenken, um sie als Weltamme (jagad-dhâtri) an ihren Brüsten zu säugen und ihnen als die ›Speisevolle‹ (anna-pûrnâ) Nahrung zu spenden.«[32] Zwar ist es der okzidentalen Denkweise ausgesprochen fremd, Zerstörung als unverzichtbaren Teil des Seins zu begreifen, doch der westliche Betrachter berauscht sich offenbar gern (etwa in anthropologischen Museen) an den grauenerregenden Darstellungen der Göttin als Verschlingerin von Mensch und Tier. Teil der Faszination ist sicherlich, daß hier Sexualität als sowohl lebengebend wie auch verschlingend dargestellt ist: Kalis warmer, strahlender Schoß wandelt sich zum finsteren Schlund, zum fressenden Maul, das gierig alles Lebendige in sich hineinschlingt, zerstückelt, zermalmt, vernichtet und es der Verdauung, der Fäulnis und Verwesung, anheimgibt. Kali ist aber »in ihrem positiven nicht furchtbaren Aspekt eine geistige Gestalt, deren Freiheit, Überlegenheit und Unabhängigkeit im Abendlande nichts Gleichartiges an die Seite zu stellen ist«[33].

Ereschkigal ist die babylonische Göttin der Unterwelt und damit die unterirdische Gegenspielerin ihrer Schwester Ischtar[34]. Wie alle Unterweltsgöttinnen ist auch Ereschkigal ursprünglich eine Ausformung der göttlichen Trinität, nämlich des lebennehmenden Aspekts der Großen Göttin. Als solche ist Ereschkigal mit der griechischen Persephone, der indischen Kali-Uma, der ägyptischen Nephthys und anderen Totengöttinnen verwandt.

Wie überall im Weltbild der Großen Göttin spielte auch bei den frühen Babyloniern das, was bei den patriarchalen monotheistischen Religionen im Mittelpunkt steht, keine Rolle: die Vorstellung einer persönlichen und durch persönliche Verdienste zu erringenden Unsterblichkeit. Die Große Göttin ist in ihrem todbringenden Aspekt »dieselbe Schicksalsgöttin, die das Leben gibt, seine Dauer bestimmt und es wieder nimmt, wenn die Zeit gekommen ist. Sie tut dies, weil sie über die Länge des Lebenszyklus entscheidet. Die Todbringerin verhängt keine Strafen über die Menschen, weil sie gesündigt oder schlecht gehandelt hätten; sie erfüllt lediglich ihre notwendige Pflicht. Der Prozeß der Erneuerung beginnt im Augenblick des Todes, im Körper der Göttin, in ihrem feuchten Uterus, der in tierischer Gestalt als Fisch, Frosch, Schildkröte, Igel, Hase oder als Stierkopf dargestellt wird.«[35] In späteren Zeiten jedoch, als in Babylonien bereits männliche Götter, wie Marduk, die Herrschaft übernommen hatten, gab es eine ausgeprägte Vorstellung, wie das Dasein jenseits des Todes beschaffen sei: »Im allgemeinen war die babylonische Auffassung eines anderen Lebens der griechischen ähnlich: Die Toten – Heilige und Schurken, Genies und Idioten, alle ohne Unterschied – kamen in ein dunkles und schattiges König-reich, im inneren Schoß der Erde, und keiner von ihnen sah je wieder das Licht. Es gab einen Himmel, aber der blieb den Göttern vorbehalten; der Arallu, wohin die Verstorbenen gelangten, war ein freudenloser Ort, an dem man oft Strafe erlitt.«[36] Wenn man sich dieses schaurige Jenseitsbild vor Augen hält, ist es kein

Wunder, daß die von den monotheistischen Religionen in Umlauf gesetzte Vorstellung eines Paradieses, in das nach dem Tode jeder eingehe, der sich im Leben durch besondere Tugenden ausgezeichnet hatte, rasch an Popularität gewann ...

Teufel. Eine der ältesten Ausgestaltungen des Teufels ist Lilith, ursprünglich die Große Mutter seßhafter, Ackerbau treibender Stämme und Adams erste Frau, die später von der christlichen Kirche zum Dämon, also zur Botin oder Dienerin eines bestimmten Teufels, erklärt wurde. Lilith ist »teuflisch« nicht im Sinne der klassischen Definition des Teufels als »des Bösen« schlechthin, des Widersachers des christlichen Gottes. Vielmehr verkörpert sie – wie andere Göttinnen, weibliche Dämonen oder Sirenen, die nackt und mit unverhüllt sexuellem Aspekt, etwa als auf einem ebenfalls nackten Mann reitender Incubus, dargestellt werden – »die berückend-verführende, orgiastisch-traumhafte Form des Weiblichen, deren zweideutiger Charakter für das Ich des Menschen da beginnt, wo die allzugroße Macht und Faszination des Numinosen bewußtseinsauflösend wirkt und deswegen als negativ und destruktiv erfahren wird«[37].

Ebenso wurde von den patriarchalen monotheistischen Religionen, und insbesondere vom Christentum, nicht nur die Große Göttin an sich entmachtet, sondern vor allem ihr Aspekt als lebennehmende und Leben erneuernde Kraft »verteufelt«. »Die Todbringerin und Regeneratrix, die Gebieterin über die zyklische Lebenskraft, die Verkörperung des Winters und die Mutter der Toten entwickelte sich allmählich zur Hexe der Nacht und Magie. Zur Zeit der Inquisition galt sie als Jüngerin des Satans.«[38] Da die Kirche alles Weibliche verachtete und erniedrigte, konnte einem weiblichen Prinzip jedoch nicht so viel Macht zugeschrieben werden, daß es den Widersacher Gottes hätte verkörpern können.

Der Teufel des Christentums ist aber kein einheitliches Wesen, sondern ein aus vielen Versatzstücken zusammengesetztes Konstrukt (ebenso wie die Jungfrau Maria[39]), das durchaus auch ursprünglich weibliche oder mit dem Weiblichen verbundene Elemente beinhaltet: »Zu seinen Attributen zählten die Ziegenhörner und die Hufe der Satyrgötter, wie Pan, Marsyas und Dionysos, der Dreizack[40] von Neptun, Hades oder Shiva, die Reptiliengestalt des Leviatan, des Python und des Ouroboros, die Feuergestalt des Agni oder Helios, die Brüste der Astarte-Ischtar, das Wolfsgesicht von Dis, Feronius oder Fenris, die vierfachen Flügel der babylonischen Cherubim und die Vogelklauen der Urpriester, der *aves*.«[41] Der Teufel war also die Summe all dessen, was der Ausbreitung des christlichen Eingottes im Wege stand und deshalb kurzerhand als verdammenswert hingestellt wurde. Ebenfalls verdammenswert waren natürlich die »heidnischen« Gottheiten an sich, und so wurden unterschiedslos weibliche Gottheiten, wie Venus oder Minerva, und männliche, wie Jupiter, Merkur oder Zeus, als Ausgestaltungen des Teufels bezeichnet – auch wenn sich hinter ihnen, wie etwa hinter Zebaoth oder Emanuel, der Christen eigener Gott verbarg ...

Ursprünglich stammt die Idee eines personifizierten Bösen aus Persien, wo Ahriman, die Große Schlange, der Herr der Dunkelheit war und damit der (gleichberechtigte) Gegenspieler des Sonnengottes, seines Zwillingsbruders. Die patriarchalische Religion Zarathustras machte aus Ahriman den Teufel, obwohl das ursprüngliche indo-iranische Wort *daeva* (das später die

Bedeutung von »Dämon« annahm) »Götter« bedeutete.[42] Mit Hilfe der *daevas*, deren Anführer er war, erhob Ahriman sich gegen seinen Bruder, und der Krieg endete mit dem Sturz der *daevas* in die Unterwelt – eine Mythe, die in der Bibel im Fall Luzifers aus dem Himmel weiterlebte. Man kann diese Geschichte auch als den Sieg des Patriarchats und seines Eingottes über das Matriarchat und die Dreieinige Göttin sehen, denn die Große Schlange war in alten Zeiten ein Attribut oder Beiname der Großen Göttin gewesen: »In Ägypten war wie in Indien die erste Schlange eine Totemform der Großen Mutter selbst. (...) Die ägyptische Uräus-Schlange war eine Hieroglyphe für ›Göttin‹. (...) Die Geburts- und Todesgöttinnen Isis und Nephthys wurden mit der zweifachen Schlangen-Mutter des diesseitigen und des jenseitigen Lebens gleichgesetzt. (...) Die akkadische Göttin Ninhursag wurde ebenfalls ›Herrin der Schlangen‹ genannt und war eine weitere Variante der Kadru oder Kadi [der indischen bzw. babylonischen Schlangengöttin].«[43] Falls man dieser Interpretation zustimmen will, wird also mit der Entmachtung des Herrn der Schlangen auch das Weibliche entmachtet und in die Unterwelt, die christliche Hölle, verbannt – was ja (für die Kirche) angesichts der Verderbtheit des Weibes aufgrund der Ursünde auch nur folgerichtig ist.

Jene christliche Hölle aber, die als Macht- und Drohmittel eine Erfindung der Kirchenväter war, hat ebenfalls einen weiblichen Ursprung: die Höhlenwohnstatt der altnordischen Unterweltgöttin Hel, auch als Holla oder als Frau Holle aus dem Märchen bekannt. »In frühen Vorstellungen war die ›Hölle‹ anscheinend ein gebärmutterartiger heiliger Hügel oder eine heilige Höhle der Wiedergeburt, was der altnordische Begriff *hellir* andeutet.«[44] Auch die Vorstellung von Hel als einem mit reinigendem Feuer gefüllten Kessel-Schoß war weit verbreitet. Es bedurfte also keiner großen Phantasie der Priesterschaft, um diese mittel- und nordeuropäische Vorstellung vom Aufenthaltsort der Verstorbenen für ihre eigenen Zwecke umzuformen – wohl aber einer großen Portion perfider Grausamkeit. Darüber hinaus gibt es »Grund genug zu der Annahme, daß die widerlichen Höllenmartern in erster Linie zur Einschüchterung der Frauen erfunden wurden, damit sie den neuen patriarchalischen Gesetzen gehorchten.«[45] Zwar gab es auch in der Religion Zarathustras und bei den Juden bereits eine Hölle (in die Männer nur dann kamen, »wenn sie überflüssige Konversation mit ihren Ehefrauen betrieben oder den Rat einer Frau angenommen hatten«[46]), doch war sie bei weitem nicht so grausam, und selbst die dem männlichen asketischen Ringen mit der Qual sehr zugetanen Perser »glaubten nicht, daß die Qualen der Hölle ewig währten. Diese Vervollkommnung der Grausamkeit blieb den Christen überlassen[47].«

Dennoch ist es nicht vollständig gelungen, das Weiblich-Göttliche zu verteufeln und auszurotten. In Märchen und Sagen ist es – wenn auch zumeist in der Figur der abstoßenden Hexe – überliefert worden. Und daß selbst hinter dem Teufel eine weibliche Macht steht, klingt in der Gestalt von des Teufels Großmutter in den Märchen der Gebrüder Grimm an, neben der sich jener eher wie ein dummer, unmündiger Bub ausnimmt, als daß er als mächtige Gestalt erschiene. Wie Marija Gimbutas schreibt, ist das »Bild ... der Zerstörerin und Erneuerin ... bis heute im baltischen und slawischen Volksglauben lebendig geblieben. Im litauischen und lettischen Volkstum wird es durch Ragana und im russischen Märchen durch Baba Jaga verkörpert. Das Bild ist uns auch aus dem Märchen der Gebrüder Grimm wohlbekannt: eine buckelige, alte Frau, gelblich und mager, mit großer Hakennase, deren Spitze bis zum Kinn hinunterreicht[48]. Es ist keine andere als die zur Hexe degradierte Göttin Holle.«[49] Die Stärke Frau Holles liegt in ihren Zähnen und ihrem Haar. »Sie ist die Kraft, die den Schnee und das Wetter macht, die Natur zu neuem Leben erweckt und die Sonne hervorbringt. Einmal im Jahr erscheint sie als Taube und wird zum Segenszeichen, das Fruchtbarkeit sichert.«[50]

Die urweibliche Qualität der *Hingabe*

Meine Energie ist weich und rund, ein quecksilbriges Fließen, sehr leicht, fröhlich und heiter. Sie erstreckt sich auf alles, was ist, auf Menschen, Tiere, Pflanzen, auf das Wasser, die Luft – einfach auf alles, was ihr in der Wahrnehmungswelt eurer physischen Sinne, aber auch eurer nicht direkt an den physischen Körper gebundenen Wahrnehmungsorgane findet. Meine Qualität ist, sich erstrecken, sich ausdehnen zu können, über alles zu fließen. Sie ist Teil dessen, was ihr Liebe nennt. Meine Energie ist einerseits sehr weiblich, was damit zusammenhängt, daß sie auf gewisse Weise mit der weiblichen Ur-Energie verbunden oder ihr verwandt ist. Andererseits ist sie jedoch nicht weiblich in dem Sinne, wie ihr es zu sehen gewohnt seid. Auch Männer haben diese Hingabeenergie. Allerdings ist der Emotionalkörper der Ratio, dem Verstand, der Logik nur teilweise zugänglich, und deshalb mißtrauen Männer weit häufiger als Frauen den Schwingungen oder Informationen, die von ihrem Emotionalkörper kommen. Männer neigen zu der Angst, sich zu verlieren, unterzugehen oder ins Nirgendwo abzudriften und zu verschwinden, wenn sie auf der Welle der Hingabe dahingleiten. Insofern haben Frauen es leichter mit meiner Energie, da sie eher zu dem paßt, was der gegenwärtigen Definition von Frau bei euch entspricht.

Kannst du uns sagen, ob und wie du uns in unserem menschlichen Körper oder in unseren Energiekörpern begegnest?

In eurem physischen Körper begegne ich euch in dem, was schnell fließt. Also in einem gesunden Blutkreislauf, in einem gesunden Kreislauf der Lymphe, etwas weniger im Wasserkreislauf, das heißt in den Flüssigkeiten, die abgeleitet werden.

Stärker begegne ich euch im Emotionalkörper. Hier bin ich die Kraft, die dafür sorgt, daß ihr nicht in euch abgeschlossen bleibt, sondern die Fähigkeit habt, euch mit eurem Empfinden, mit eurer Gefühlswelt anderen Menschen zu öffnen und zuzuwenden. Ich sorge dafür, daß die Dinge im Fluß bleiben, daß sich nicht allzuviel festsetzen und verhaken und verklumpen kann. Denn es ist ein charakteristisches Merkmal der Zeit, in der ihr lebt, daß die Dinge – entgegen dem äußeren Anschein – zu stark ins Stocken geraten, weil ein zu großes Bedürfnis nach Festhalten besteht. Ich sorge nun dafür, daß innerhalb des Emotionalkörpers das, was dort ist, durcheinander gewirbelt wird – ihr könnt euch das vorstellen wie eine Waschmaschine, durch deren Fenster ihr das Durcheinanderwirbeln der Wäsche beobachten könnt. Und ich sorge auch dafür, daß Altes gehen und Neues aufgenommen werden kann. Meine wichtigste Aufgabe in euren Emotionalkörpern ist die, dafür zu sorgen, daß Fröhlichkeit und Freude erhalten bleiben. Ihr würdet nämlich sonst dazu neigen, den Pol der negativen Gefühlserfahrungen überzubewerten und mehr negative Erfahrungen zu horten als positive. Und ihr würdet – um bei dem Bild der Waschmaschine zu bleiben – eure negativen Erfahrungen zusammenballen wie einen Klumpen alter, grauer Socken, und dieser Klumpen würde dann in eurem Emotionalkörper herumrauschen und dort für eine krankmachende Unwucht sorgen. Um dies zu verhindern, bin ich da. Ich bin dazu da, um euch in Momenten, da ihr dies nötig habt, daran zu erinnern und euch vor Augen zu führen, daß euer Leben nicht nur aus Kümmernissen und Trauer, sondern zu einem mindestens ebenso großen Teil aus Freude und Spiel und Spaß besteht, und daß ihr Erlebnisse, die ihr habt, und Erfahrungen, die ihr macht, auch von der Warte der Freude und des Spaßes aus beurteilen könnt, statt immer nur von der Warte her, wie sehr ihr verletzt werden könntet.

Auch sorge ich dafür, daß zwischen eurem Emotionalkörper und eurem Mentalkörper ein Austausch stattfindet. Das heißt, ich mache eurem Geist eure Erlebnisse zugänglich, so daß sie zu einer Erfahrung werden, über die ihr verfügen könnt: über die ihr sprechen oder schreiben oder euch sonstwie mitteilen könnt.

In euren Mentalkörpern habe ich mit allem zu tun, was gemeinsame geistige Arbeit betrifft, und zwar kreative Arbeit, bei der gemeinsam Ideen entwickelt werden und wo es nicht so sehr darum geht, logisch-rational zu planen. Ich bin da, wo ein schöpferisches Element vorhanden ist, wobei das schöpferische Element immer auch eine Schwingung der Liebe in sich trägt – und deshalb bin ich dort zu finden. Auch in euren Mentalkörpern sind die grauen Socken vorhanden, leider nicht ganz so konkret und faßbar wie im Emotionalkörper, vor allem wahrscheinlich deshalb, weil sie, um es mal humorvoll auszudrücken, in einiger Auflösung begriffen sind und die lose herumhängenden Fäden die einzelnen Socken miteinander verknüpft haben, so daß sie ein unregelmäßig dichtes Gewebe aus Socken verschiedener Altersstufen und Größen bilden, das wiederum in sich löcherig ist ... Wie beim Emotionalkörper geht es auch hier darum, die Schwingung der Freude einkehren zu lassen. Ich möchte hier ein Gegensatzpaar aufstellen, und zwar einerseits die zerlöcherten alten Socken, die die überkommenen Vorstellungen in eurem Mentalkörper symbolisieren, und auf der anderen Seite die neuen Ideen, also das, was ihr kreiert. Dieses Kreieren von Ideen oder Bildern hat viel mit Freude und auch mit Liebe zu tun – allerdings nur dann, wenn ihr euch bewußt seid, daß ihr sie nicht allein aus euch selbst heraus erschafft, sondern mit Hilfe verschiedenster kosmischer Energien und häufig auch mit Hilfe der Energien eurer Mitmenschen.

Auch in euren spirituellen Körpern wirkt meine Kraft, indem sie die Verbindung des spirituellen Körpers und der Seelenenergie zum Mentalkörper, vor allem aber zum Emotionalkörper herstellt. Diese Verbindung, die ich zwischen eurem spirituellen Körper, eurer Seelenenergie und euch selbst herstelle, ist jedoch etwas, das jenseits des für euch Faßbaren geschieht.

Wie können wir deine Kraft der Hingabe in unserem Alltag nutzen?

Zunächst einmal ist ein Unterscheidungs- oder Bewußtwerdungsprozeß notwendig. Sehr viel von dem, was ihr unter »Hingabe« versteht, ist nämlich eigentlich nur die beschönigende Bezeichnung für einen Tauschhandel. Ihr sagt »Hingabe« und meint: »Ich gebe dir etwas, und dafür möchte ich gefälligst etwas von dir zurückbekommen.« Diese Art von »Hingabe« ist meine Energie nun gerade nicht, da sie höher schwingt, eine höhere Frequenz hat als das, was ihr üblicherweise unter Hingabe versteht. Und sie ist auch nicht das, was ihr als *Verzeihen* kennt. Denn Verzeihen beinhaltet, daß man sich erst einmal hat kränken lassen und sich dann bemüht, über diese Kränkung hinwegzukommen oder hinwegzusehen. *Hingabe* dagegen ist die Schwingung, die es euch gestattet, euer Herz ganz weit zu öffnen, so daß es gar nicht erst zu einer Kränkung kommen kann, sondern daß ihr jeder »Kränkung« mit einem Lächeln begegnen könnt.

Ihr könnt meine Energie für euch einsetzen, indem ihr versucht zu erspüren, daß in eurem Emotionalkörper noch mehr ist als nur die Erfahrungen und Erlebnisse, die eure Psyche – in der Art ihrer jeweiligen individuellen Struktur – gespeichert hat. Es ist in euren Emotionalkörpern eine spirituelle Qualität enthalten, Kosmisches, das über eure Individualität hinausgeht und eure Emotionalkörper untereinander verbindet. Es ist wichtig, daß ihr euch zunächst einmal darauf einlaßt, daß in euren Emotionalkörpern eine kosmische Kraft waltet und damit etwas, das nicht ganz allein euch gehört und nicht ganz allein von euch kreiert wurde. Meine quecksilbrige, fröhliche, liebevolle Energie kann euch helfen, in bezug auf emotionale Erlebnisse und Erfahrungen einen erweiterten Standpunkt einzunehmen. Es ist meine Energie, die es euch beispielsweise ermöglicht, über Schwächen und Fehler eures Partners hinwegzusehen und statt dessen mit ihm »ins große, rosarote Meer der Liebe zu springen«, um dort ein erfrischendes Bad zu nehmen. Meine Energie hilft euch, über euren recht engen Horizont hinwegzusehen, oder besser gesagt, hinwegzufühlen, und bewahrt euch davor, euch ausschließlich in eure Vorstellungen und inneren Vorgaben, zum Beispiel wie euer Partner zu sein, wie er sich zu verhalten und mit euch umzugehen hätte, zu verbeißen.

Um es noch einmal zu wiederholen: es geht darum, im Emotionalkörper wie im Mentalkörper wesentlich mehr Freude einziehen zu lassen und mit der Freude das Ganze stärker in Fluß zu bringen. Um euch dafür wieder ein Bild zu geben: jetzt sind eure Emotionalkörper einem großen, träge dahinfließenden Fluß vergleichbar, und es geht darum, ihnen die Schnelligkeit und »Eigensinnigkeit« eines Gebirgsbachs zu verleihen, der einfach so dahinhüpft und dahinfließt und alles umfließt und überspült. Und mit diesem schnelleren Fließen werden Emotionalkörper und Mentalkörper ganz automatisch in einer höheren Frequenz schwingen, und dieses Schwingen in einer höheren Frequenz an sich wird die Empfindung der Freude verstärken und vertiefen. Füllt eure feinstofflichen Körper aus mit dieser rosaroten, quecksilbrigen, fließenden Energie!

Meine »Empfehlung« lautet: Lernt, lieber einmal mehr zu lachen als einmal zuviel zu seufzen. Geht lieber einmal mehr in Gedanken an den Strand und schaut euch den Sonnenaufgang über dem Meer an, das glitzernde Wasser und die Delphine, die darin springen, als daß ihr aus dem Fenster starrt, an dem der herabströmende Regen euch jegliche Aussicht versperrt.

In welchen Namen der Göttin trittst du uns entgegen?

Im Namen der Göttin Aphrodite oder ihrer römischen Schwester Venus. Auf den Mentalkörper bezogen, verkörpere ich auch Aspekte des Gottes Merkur, speziell den Aspekt der quecksilbrigen Hingabe und Transformation, der eines der weiblichen Elemente der Alchemie darstellt.

Bist du auch in Maria, der Mutter Jesu Christi, enthalten?

Nicht direkt, denn Maria wird ja nicht als eigenständige Gottheit verehrt, sondern als Mutter des Gottes Jesus Christus. Und sie besitzt keine Sexualität, während in meiner Energie sehr wohl der Aspekt der Vereinigung und damit auch der sexuellen Vereinigung mitschwingt. Natürlich trägt

Maria einen gewissen Teil meiner Energie in sich, aber *die* Marien-Energie isoliert zu fassen ist nicht möglich, da Maria sich »zusammensetzt« aus vielen Schichten, die ihr im Laufe der Jahrhunderte dazugegeben wurden. Die Bedeutung der Figur der Maria und ihrer Verehrung liegt eher darin, eine spirituelle Beziehung wachzuhalten, nachdem Gottvater und sein Sohn Jesus Christus von der Kirche zu stark instrumentalisiert und für Machtzwecke eingesetzt und auch in diesem Sinne uminterpretiert worden waren, so daß das spirituelle Element der Kirche vollkommen verloren zu gehen drohte. An diesem Punkt trat, sozusagen, Maria auf den Plan. Maria ist eher eine Art spiritueller Konstruktion als ein Mensch aus Fleisch und Blut, auf den meine Energie zutreffen oder in dem sich meine Energie finden lassen würde.

Ist deine Qualität auch in Isis enthalten?

Isis ist eine sehr komplexe Gottheit, die sich aus vielen verschiedenen Aspekten des Urweiblichen zusammensetzt, und so bin ich nur ein Teil von ihr. Isis hat einen starken sexuellen Aspekt, und in diesem bin ich enthalten. Die Göttin beinhaltet ein hohes Maß an Energie der Fröhlichkeit, oder man könnte auch sagen, es geht bei ihr um den heiteren Ernst des sexuellen Akts als Ritus, der bei Isis untrennbar mit dem Religiös-Spirituellen verbunden ist.

Du hast den sexuellen Aspekt deiner Energie angesprochen – wie manifestiert sich deine Kraft in der weiblichen Sexualität?

In der weiblichen Sexualität, vor allem im emotionalen Bereich und auch beim direkten Empfinden und Spüren von Haut auf Haut, fließt meine Energie. Zumindest, solange es sich bei der Sexualität um ein Spiel handelt und nicht die

Zeugung eines Kindes gewollt ist, oder um einen Geschlechtsakt, bei dem tatsächlich ein Kind gezeugt wird. In einem solchem Fall treten dann andere Energien stärker in den Vordergrund.

Meine Energie wirkt, speziell im weiblichen Körper, einfach als Lust, sich aufzulösen, sich davontragen zu lassen, zu berühren und berührt zu werden, als Lust an Zärtlichkeit. Wobei ich Zärtlichkeit als Selbstzweck meine und nicht als Instrument des Vorspiels, um sexuelle Erregung hervorzurufen.

Meine Energie in eurem Emotionalkörper zu spüren macht euch die Erfahrung des Verschmelzens zugänglich. Glücklicherweise berührt dies auch sehr stark den Emotionalkörper eures männlichen Partners, so daß seine Zurückhaltung oder »Starre« aufgelöst wird. Häufig glaubt ein Mann nämlich, sich einen »Gefühlspanzer« zulegen zu müssen, wenn er mit einer Frau schläft, doch ist dies nichts anderes als ein Ausdruck von Angst. Ob es zu einer vollständigen Verschmelzung kommt, hängt allerdings von beiden ab. So ist es wohl nicht möglich, daß eine Frau, auch wenn sie sich des Vorhandenseins meiner Energie sehr stark bewußt ist, allein die ganze Abwehrhaltung und sämtliche Ängste in ihrem Partner auflösen oder wegschwemmen kann. Wichtig ist dabei, daß ihr diese quecksilbrige Energie tatsächlich *spürt*. Und sie hilft nicht nur Männern, sondern sie hilft auch euch Frauen, eure Ängste zu überwinden und eure Vorstellungen, zumindest für den Moment, zu vergessen, die ihr von Sexualität im allgemeinen und dem Sexualakt mit diesem Mann im besonderen habt.

Die Energie der Hingabe ist auch die Energie der Hingabe an den Augenblick. Sie hilft euch zu spüren, wie die Zeit sich auflöst oder ausdehnt, wie ihr Teil der Zeit werdet und sie Teil von euch, so daß sich der Augenblick unendlich ausdehnt und die Unendlichkeit sich in einem Augenblick zusammenfassen läßt.

Übungen zum Erfahren der Qualität der *Hingabe*

1. *Öffne dich zunächst einmal der Erfahrung, daß diese rosafarbene, quecksilbrig fließende Hingabeenergie in dir vorhanden ist. Lerne zu spüren und zu akzeptieren, daß in deinem Emotionalkörper mehr ist als das, was du »hineingetan« hast. Denn selbst wenn du als spiritueller Mensch das Vorhandensein von nicht-materiellen Körpern akzeptierst, neigst du vielleicht zu der Vorstellung, sie seien ähnlich begrenzt und in sich abgeschlossen wie dein physischer Körper und trügen nur Inhalte, die ausschließlich von dir stammen.*

2. *Eine Übung, die du immer dann machen kannst, wenn du dich gerade über jemanden geärgert hast, ist folgende. Wenn du zum Beispiel im Straßenverkehr von einem anderen Autofahrer geschnitten wurdest, dann »funke« deinen Emotionalkörper und damit die in ihm enthaltene und wirksame Qualität der* Hingabe *an. Durch den Kontakt mit der Qualität der* Hingabe *kannst du dir nun erlauben, großzügig zu sein und dich hinzugeben: du kannst dich an das Leben verströmen und brauchst dich nicht damit aufzuhalten, kleinlich irgendwelche Verhaltensweisen oder Kränkungen, die man deinem Ego zugefügt hat, gegeneinander aufzurechnen.*

3. *Eine dritte, sehr konkrete Übung besteht darin, daß du die Hände unter fließendes Wasser hältst und*

spürst, wie dieses Fließen sich als Im-Fluß-Sein in deinem Emotional- und auch in deinem Mentalkörper ausbreitet und dort etwas auflöst, was allzu verhärtet ist.

Diese Übung ist nicht nur für jede Art von »emotionalem Stau« geeignet, sondern auch sehr hilfreich für Menschen, die mit Computern zu tun haben. Wenn du viel am Computer arbeitest, mache regelmäßig (ungefähr alle Stunde) diese Übung, um die energetischen Störfelder des Geräts aus deiner Aura herauszuwaschen. Auch wenn du längere Zeit vor dem Fernseher gesessen hast, ist diese Übung hilfreich.

Übung zum Umschalten auf die Frequenz der Freude mit Hilfe der Qualität der *Hingabe*

1. *Wenn du ein Erlebnis hast, das dich emotional negativ berührt, dann versuche einmal, dieses Erlebnis auf zwei Arten zu betrachten. Die eine Art ist deine antrainierte und gewohnte: von der »Trauerkloßwarte« aus beurteilst du das Geschehen einzig im Hinblick darauf, wie sehr es dich verletzt und bedroht und dir weh tut. Und dann versuche »umzuschalten« und zu erspüren, wie du das Erlebnis vom Blickwinkel der Freude her auffassen könntest. Funke deinen Emotionalkörper an, rufe die Qualität der Hingabe und sage: »Hallo, du, hilf mir, dieses Erlebnis von der Frequenz der Freude aus anzunehmen*

und zu verarbeiten, und nicht von der Frequenz des Bedrohtseins aus.«

2. *Es hilft dir immer, wenn du bei diesem Anfunken die Farbe rosa visualisierst und dir vorstellst, daß sie dich ganz und gar durchdringt, daß sie überall um dich herum ist, und daß sie auch die Menschen umgibt, mit denen du gerade in Konflikt bist. Du kannst dir auch fröhlich spielende Delphine vorstellen oder ein Meer, das von der aufgehenden Sonne rosa bestrahlt wird und im Sonnenlicht funkelt.*

3. *Du wirst spüren (vielleicht nicht gleich beim ersten Mal, aber nach ein wenig Übung), daß du, wenn du zur Freude umschaltest, dein Herzchakra zum Vibrieren bringst, und wie du dich damit an eine kosmische Kraft anschließt. Nach einiger Zeit werden sich von selbst einige der grauen Socken in den unendlichen Weiten des Universums verlieren – und vielleicht als unbekanntes Flugobjekt an der einen oder anderen Stelle für Aufsehen sorgen ...*

4. *Diese Übung mag dir, solange du sie noch nicht ausprobiert hast, vorkommen wie die Anweisung, einfach eine rosarote Brille aufzusetzen. Dies ist jedoch nicht gemeint. Denn während die rosarote Brille, von außen aufgesetzt, unterschiedslos alles einfärbt, kommt die Schwingung der Freude von innen, und du erlebst sie als* dein Eigenes *von innen her.*

Übung zur Befreiung
deines Mentalkörpers von überkommenen Vorstellungen mit Hilfe der Qualität der
Hingabe

1. *Stelle dir täglich etwa eine Viertelstunde lang (oder so lange es dir eben Freude bereitet) vor, du seiest eine Forscherin von der Venus und hättest keine Ahnung, was sich auf der Erde abspielt. Versuche nun, dir aus diesem völlig unvoreingenommenen Blickwinkel zu erklären, was denn diese seltsamen Gegenstände, all diese seltsamen Phänomene, die dich da umgeben – etwa die Art zu sprechen und auch die Art zu denken und zu fühlen – bedeuten könnten.*

2. *Du wirst feststellen, daß dieses Spiel riesigen Spaß macht und daß sich vieles für dich verändert. Und du wirst feststellen, daß du durch dieses Spiel den unvoreingenommenen Blick der Forscherin von der Venus auch auf deine eigenen alten, grauen Socken werfen kannst und imstande bist, sie zu nehmen und einfach in den Mülleimer zu schmeißen.*

Göttinnen, die der Qualität der *Hingabe* zugeordnet sind

Aphrodite ist ebenfalls ein Name für die Trinität der Großen Göttin, und so ist »die Schaumgeborene« keineswegs nur eine griechische Liebesgöttin, als die sie heute zumeist (miß)verstanden wird. »Aphrodite ist die gleiche weitherrschende Göttin, die sich aus dem Chaos erhob und auf dem Meere tanzte und die in Syrien und Palästina als Ischtar oder Aschtaroth verehrt wurde. Die bekannteste Stätte ihres Kultes war Paphos [auf Zypern], wo noch immer das ursprünglich weiße, gesichtslose Abbild der Göttin in den Ruinen des grandiosen römischen Tempels gezeigt wird. Jeden Frühling badeten dort ihre Priesterinnen im Meer und tauchten verjüngt wieder auf.«[51] Der Name der Göttin rührt daher, daß sie sich nackt aus dem Schaum des Meeres erhob und auf einer Muschel zum Ufer ritt, was wiederum eine Metapher ist für ihre Herrschaft über das Meer, den Urgrund allen Seins. Der griechische Autor Hesiod behauptet zwar, Aphrodite sei dem Schaum entsprungen, der sich um die Genitalien des entmannten Uranos sammelte, die dessen Sohn Kronos ins Meer geworfen hatte. Doch diese Variante ist offensichtlich Hesiods Bemühungen entsprungen, in seiner *Theogonie* den undurchsichtigen Wirrwarr des griechischen Götterhimmels in einen eindeutig patriarchalischen Stammbaum mit »Göttervater« Zeus und der ehemals mächtigen dreifaltigen Großen Göttin Hera an der Spitze zu überführen, wobei letztere nun zur Bedeutungslosigkeit der getreuen beziehungsweise zur Witzfigur der eifersüchtigen Ehefrau herabgesunken war (immerhin ist noch ein Anklang ihrer alten Macht in dem Umstand zu erkennen, daß Zeus Heras Zwillingsbruder war).

Entsprechend ihrer vielschichtigen Funktionen und des weiten Verbreitungsgebietes ihrer Anbetung hatte Aphrodite eine Vielzahl weiterer Namen, und sie bezogen sich keineswegs ausschließlich auf Aphrodites Schönheit und Charme. »In Athen galt sie als älteste der Schicksalsgöttinnen und Schwester der Erinyen; anderwärts nannte man sie Melainis (›die Schwarze‹), da der Großteil ihrer Liebesaffären sich in der Nacht abspielte ...; oder auch Skotia (›die Dunkle‹); Androphonos (›Männer-Töter‹); und sogar ... Epitymbria (›aus den Gräbern‹).«[52]

Als ursprüngliche Große Göttin besaß Aphrodite, obwohl von Zeus mit dem lahmen Schmiedegott Hephaistos (römisch: Vulcanus) verheiratet, die Freiheit, sich jeden Mann, ob Gott oder Sterblicher, zum Liebhaber zu nehmen, der ihr gefiel. Daß dies nicht mit den Maximen des Patriarchats vereinbar war, liegt auf der Hand, ist doch eine unverzichtbare Voraussetzung der patrilinearen Erbfolge die absolute Treue der Ehefrau. Und so mußte zwangsläufig eine Umdeutung stattfinden: »Die späteren Hellenen setzten das Ansehen der ... lange herrschenden Großen Göttin des Mittelmeeres herab, indem sie sie unter männliche Aufsicht stellten und ihre feierlichen Orgien als ehebrecherischen Leichtsinn verpönten.«[53] Homer berichtet von einer leidenschaftlichen Affäre, die Aphrodite mit Ares, dem Kriegsgott, unterhielt und die darin gipfelte, daß Hephaistos, der Ehemann, die beiden in einem spinnwebfeinen, eigens für diesen Zweck geschmiedeten Netz fing, das sich über die gemeinsame Liebesstatt senkte. Doch dieses Netz, in dem Aphrodite gefangen wurde, »war ursprünglich ihr eigenes Requisit in ihrer Rolle als Göttin des Meeres«[54]. Ebenfalls zur Herabsetzung der Großen Göttin trug bei, daß Aphrodite in Gegenwart sämtlicher männlicher Bewohner des Olymp (die Göttinnen waren aus Scham daheim geblieben) in flagranti ertappt wurde. Bei dieser Gelegenheit war Hermes so geblendet von ihrer Schönheit, daß er ihr in aller Öffentlichkeit unverblümt Avancen machte. Aphrodite fühlte sich geschmeichelt von seinen Komplimenten und gewährte ihm ein Schäferstündchen, woraus Hermaphroditos entsprang, ein Zwitterwesen mit männlichen Genitalien, weiblichen Brüsten und langem Haar. Ein solches Zwitterwesen läßt sich auch auf der weiblichen Seite finden, nämlich Androgyne, die »Mannfrau«, die weibliche Genitalien und einen Bart besitzt. Nach Ranke-Graves sind dies keine zufälligen Abnormitäten der Natur, sondern sie haben »beide ihren Ursprung als religiöse Begriffe im Übergang vom Matriarchat zum Patriarchat. Hermaphroditos ist der Heilige König, der die Stelle der Königin vertritt und der künstliche Brüste trägt. Androgyne ist die Mutterkönigin einer prähellenischen Sippe, die, im Zeitalter des Übergangs zum Patriarchat, ihre richterliche Gewalt behalten wollte. (...) Bärtige Göttinnen, wie die kyprische Aphrodite, und weibische Götter, wie Dionysos, entsprechen den verschiedenen Übergangsstufen der Gesellschaft.«[55]

Aphrodite wurde auch als *Mari*, die See, angerufen, und so nannten die Ägypter die Insel Zypern, in deren Stadt Paphos eine Hauptkultstätte der Göttin lag, Ay-Mari. Die zypriotische Bevölkerung hielt an der Verehrung ihrer Großen Göttin bis ins christliche Zeitalter fest, weshalb *Aphrodite Marina* recht umstandslos in die Jungfrau Maria, die Mutter Jesu, umgewandelt wurde, die auf der Insel allerdings bis heute unter dem Namen *Panhagia Aphroditessa*, »Allheilige Aphrodite«, verehrt wird.[56]

Venus, deren Name aus dem Lateinischen kommt und mit »Anmut« oder »Liebreiz« übersetzt werden kann, wird im allgemeinen als das römische Pendant zu Aphrodite angesehen. Dies ist jedoch nicht ganz zutreffend, denn in der Römerzeit war der Prozeß der Patriarchalisierung der Gesellschaft und somit die Herabsetzung und Marginalisierung der ursprünglich alleinig existierenden Großen Göttin bereits weit vorangeschritten. Folglich ist uns von Venus' anderen Funktionen, der Herrschaft über Geburt und Tod, noch weniger bekannt als im Zusammenhang mit Aphrodite, und die römische Venus ist nahezu ausschließlich als Liebesgöttin überliefert.

In Venus' Heiligtümern wurden unter der Aufsicht der *venerii*, der heiligen Tempelprostituierten-Priesterinnen, sexuelle Praktiken gelehrt, die – ähnlich dem indischen Tantra-Yoga – durch die Steigerung der spirituellen Energie im sexuellen Lustempfinden den Weg zur Teilhaftigwerdung des Göttlichen eröffnen sollten. Es ist nicht weiter verwunderlich, daß die körperfeindliche frühchristliche Priesterschaft die Göttin als »den stinkenden Teufel« betrachtete und in ihren Adepten nicht mehr zu sehen vermochte als »Jünger der Unkeuschheit«[57].

In der Renaissance mit ihrer Vorliebe für allegorisch-mythologische Darstellungen nimmt die Figur der Venus eine wichtige Rolle in der Kunst ein. Allerdings ist sie nun ausschließlich Liebesgöttin, Sinnbild der weiblichen Verführungskunst, die die Männer umgarnt und ins Verderben stürzt, weil sie sie hold lächelnd zerreißenden Triebkräften aussetzt: »Die Große Göttin ist mit der Entwicklung des Patriarchats zur Liebesgöttin geworden, und die Macht des Weiblichen ist auf die Macht der Sexualität reduziert. Denn fasziniert sind die Männer von dem strahlenden Schoß der Göttin, deren obere Glorie sichtbar, aber unwirksam ist.«[58]

Maria. »Die Väter der christlichen Kirche setzten der Verehrung Marias erheblichen Widerstand entgegen, denn sie waren sich darüber im klaren, daß Maria aus einer Mischung verschiedener althergebrachter Göttinnen bestand; zu diesen Göttinnen gehörten Mariamne, die semitische Gottesmutter und Himmelskönigin, Aphrodite-Mari, die syrische Version von Ischtar, Juno, die gesegnete Jungfrau, Isis als Stella Maris, Stern des Meeres, Maya, die orientalische Jungfrau-Mutter des Erlösers, die Moiren oder dreifachen Schicksalsgöttinnen und viele andere Versionen der Großen Göttin.«[59]

Die christlichen Kirchenväter befanden sich, was das Bedürfnis der Gläubigen anbelangte, eine Muttergottheit zu verehren, doppelt im Hintertreffen: Zum einen galt es, sämtliche althergebrachten heidnischen Göttinnen (und Götter) so gründlich wie möglich aus dem allgemeinen Bewußtsein zu eliminieren, zum zweiten widersprach die Verehrung einer weiblichen Gottheit sämtlichen Dogmen, da die christliche Kirche dem mit der Erbsünde behafteten und daher minderwertigen Weibe einen vollkommen untergeordneten Rang zugewiesen hatte. »Laßt den Vater, den Sohn und den Heiligen Geist anbeten[60], aber laßt niemanden Maria anbeten«[61], verfügte der Patriarch Epiphanius. Folglich wurde an allen Fronten gegen dieses volkstümliche Bedürfnis gekämpft: abwechselnd wurde Maria die Mütterlichkeit abgesprochen (da Jesus nicht geboren worden wäre, sondern sich plötzlich vor Maria materialisiert hätte), weshalb sie nicht als Heilige Mutter verehrt werden konnte, oder im Gegenteil ihre Mutterschaft als Beweis hergenommen, daß sie nicht göttlich sein könne, denn durch den Vorgang des Gebärens sei sie mit der Erbsünde behaftet.

Dennoch gab es auch Gegenströmungen. »Die christliche Gestalt der Maria entstand in den ersten vier Jahrhunderten der christlichen Ära Stück für Stück aus Versatzstücken und Teilen der Großen Göttin, die in allen Tempeln der alten Welt ›Söhne Gottes‹ und Heilande empfing.«[62] Im 4. Jahrhundert fand Helena, die Mutter des Kaisers Konstantin, unter dem Aphroditetempel in Jerusalem angeblich das wahre Kreuz Christi. Und der Patriarch von Konstantinopel, Germanus, veröffentliche 717 eine Schrift, in der er die Auffassung vertrat, »daß niemand gerettet werden oder das Geschenk der Gnade empfangen könne außer durch sie, weil Gott ihr, ›als seiner wahren Mutter, durch alles und in allen Dingen‹ gehorche.«[63] Das Moment der Barmherzigkeit war es auch, das Maria schließlich und endlich zur Kanonisierung verhalf. Denn der Herrschaftsanspruch der Kirche erforderte es, daß die Kleriker, obwohl sie an sich ein Evangelium der Liebe zu verkünden hatten, Gott im Sinne ihrer Zwecke als verurteilende und strafende Instanz darstellen mußten: »Holzschnitte aus dem frühen 16. Jahrhundert zeigten Gott, wie er Pfeile der Pestilenz, des Krieges und des wirtschaftlichen Niedergangs auf die Welt verschoß, während die Inschrift Maria bat, ihn zurückzuhalten.«[64] Gegen diese (von der Kirche behauptete) gnadenlose und strafende Allmacht des Vatergottes konnte nur Maria, Inbegriff der Barmherzigkeit, helfen, und allein ihr Einfluß beim Jüngsten Gericht ließ dem Gläubigen den Himmel überhaupt erreichbar erscheinen. »Marias Barmherzigkeit erwies sich oft als größer als die von Gott oder Jesus. Sie wurde gelegentlich dargestellt, wie sie an der Waage lehnte, um die wenigen guten Taten eines Sünders schwerer zu machen als seine schlechten Taten und ihn vor der Verdammnis zu retten.«[65] Wollte die Kirche nicht riskieren, daß die Gläubigen ihr entweder davonliefen oder aber im geheimen nicht-sanktionierte religiöse Riten um die Muttergottheit praktizierten, mußte sie jene kanonisieren. Man einigte sich darauf, Maria zwei von drei grundlegenden Kennzeichen der Göttlichkeit zuzugestehen: sie war aufgrund der unbefleckten Empfängnis frei von Sünde (die in der Bibel erwähnten, nicht göttlichen Geschwister Jesu wurden tunlichst ignoriert), und sie war zum Himmel aufgefahren, also unsterblich. Letzteres wurde allerdings erst im Jahre 1950 von Papst Pius XII. offiziell zu einem Glaubensartikel erklärt; Maria sei, so verkündete der Papst, »mit Körper und Seele in die himmlische Herrlichkeit übernommen worden, als ihr Leben auf der Erde abgelaufen war«[66]. Damit fanden die rund tausendjährigen Querelen um die Madonna vorerst ihr Ende.

Die Kirche hatte ein Wesen geschaffen, das sie akzeptieren konnte – vor allem, weil es ihr gelungen war, die mit der Großen Göttin untrennbar verbundene Sexualität restlos zu eliminieren. Während die sterbliche Frau nach Ansicht des Klerus dreifach verflucht ist – nämlich ihr Schoß, wenn sie unfruchtbar ist, sie selbst, wenn sie schwanger ist wegen der Empfängnis nach Art der Ursünde, und ihr Körper, wenn er die Schmerzen des Gebärens durchleiden muß –, wurde ihr in Gestalt der christlichen Jungfrau Maria ein Kunstwesen, ein völlig unerreichbares Ideal entgegengehalten. Schlußendlich hatte die Kirche es mit einem bewundernswert geschickten Winkelzug geschafft, das Bedürfnis der Frauen nach einer weiblichen göttlichen Identifikationsfigur zu integrieren und den schwachen Widerhall der einst so mächtigen Großen Göttin so umzumünzen, daß die christlichen Frauen sich nicht nur dem Manne unterlegen, sondern sich auch noch schuldig fühlen mußten, weil sie so gar keine Möglichkeit hatten, dem Ideal von Weiblichkeit jemals nahezukommen.

Ernst Neumann schreibt über das tief verwurzelte Bedürfnis, eine weibliche Gottheit zu verehren: »Es ist im Unbewußten der gebärenden und nährenden, schützenden und wandelnden weiblichen Kraft der Tiefe eine Weisheit wirksam, die der Weisheit des Tagesbewußtseins unendlich überlegen ist und die, als Ursprung von Vision und Symbol, Ritual und Gesetz, Dichtung und Wahrheitsschau, erlösend und richtunggebend, gerufen und ungerufen, in das menschliche Leben eingreift.«[67] Und deshalb hat, genau betrachtet, die katholische Kirche natürlich vollkommen recht, wenn sie beharrlich bei ihrem Dogma bleibt, Frauen müsse das Priesteramt verschlossen bleiben. Das Prinzip des Männlichen ist linear und gerichtet, es ist also eigentlich von Grund auf ungeeignet, den zyklischen Ablauf einer Liturgie zu repräsentieren. Das Zyklische ist das Prinzip des Urweiblichen, und deshalb gab es über viele Jahrtausende hinweg ausschließlich weibliche Priesterinnen (zumindest hatten Männer keinen Zugang zu den zentralen Mysterien der Großen Göttin, die sich um Tod und Wiederauferstehung drehten[68]), denn es entspricht dem Weiblichen, für den immer gleichen Ablauf des Ritus zu sorgen und über seine genaue Einhaltung zu wachen, auf daß das segenspendende Wirken der Gottheit in den entsprechenden irdischen Bereichen seine Macht entfalten möge. Wenn also männliche Priester die Macht über den religiösen Ritus übernahmen, so maßten sie sich urweibliche Funktionen an, ein Umstand, dem die katholische Kirche getreulich Rechnung trägt: ihre Würdenträger und

Amtspersonen tragen lange Gewänder, die Frauenkleidern gleichen, und sie dürfen nicht heiraten. Täten sie es und zeugten sie Kinder, gäben sie sich eindeutig als *Männer* zu erkennen – und dem linear-gerichteten Männlichen, wie gesagt, ist alles Zyklische, worauf jede Liturgie basiert, fremd. Würden nun Frauen wieder in das Amt der Priesterin eingesetzt, würde sich – durch den unmittelbaren Vergleich, den die Gemeindemitglieder zwischen Weiblich und Männlich ziehen könnten – das Ganze sofort als das entpuppen, was es ist: als ein großer Schwindel, als eine (ungewollt komische) Travestie, die mit Spiritualität wenig zu tun hat.

Die urweibliche Qualität des *Chaos*

Das Chaos ist einerseits eine der weiblichsten Ausprägungen überhaupt, und andererseits ist es auch wieder ganz und gar neutral. Das Chaos ist der Zustand, in dem sämtliche Möglichkeiten schlummern, in dem noch nichts sich zur Form gedrängt, verdichtet, manifestiert hat. Es ist ein Urzustand, in dem alles in größtmöglicher Verteilung vorliegt, bevor es zu irgendeiner Art von Figurierung oder Zusammenballung bestimmter, gleichgearteter Teilchen kommt, die sich dann zu einer Form strukturieren.

Dies ist insofern weiblich, als auch im weiblichen Körper die Möglichkeit schlummert, eine neue Form, ein Kind, hervorbringen zu können. Da es sich um einen lebendigen Organismus handelt, ist im weiblichen Körper natürlich eine Struktur vorhanden und eine Gerichtetheit, doch das Ruhige und Abwartende oder das in sich Ruhende, das die weibliche Eizelle kennzeichnet, bringt sie in Verbindung mit dem Chaos. Im männlichen Samen ist natürlich ebenfalls die

Möglichkeit verborgen, ein Kind zu zeugen, doch ist dieser ganze Bereich beim Mann eher umschlossen, eher abgegrenzt, während es bei der Frau etwas zugleich Fließendes, in gewisser Weise Zeitloses ist und auch etwas Wunschloses und Willenloses – wohlgemerkt, von der Ebene der Eizelle aus betrachtet. Selbstverständlich ist eine Frau, die darüber entscheidet, ob sie ein Kind haben will oder nicht, ein unendlich viel komplexeres Wesen, und in diesem Sinne kann man sicher nicht sagen, eine Frau wäre dem Chaos vergleichbar oder befände sich auf einer Ebene mit dem Chaos. Aber sie trägt auf eine gewisse Art und Weise »das Chaos in sich«.

Das Chaos ist verwandt, wenn auch nicht gleichzusetzen mit der Fähigkeit der Erdmutter, hinzunehmen, aufzunehmen und zu verarbeiten, wobei es beim Chaos weniger um einen Transformationsprozeß geht als darum, den Urgrund bereitzustellen, aus dem dann irgend etwas entstehen kann. Insbesondere bei euch auf der Erde ist es so, daß Chaos und Zerfall miteinander zu tun haben, da die Zersetzung fester Struktur, fester Materie die Voraussetzung ist, damit ein Chaos sich bilden kann. Dennoch sind dies verschiedene Energien. Obwohl es nicht so scheinen mag, liegt dem Zerfallsprozeß eine recht zielgerichtete Energie zugrunde, während das Chaos eine Übereinanderschichtung, ein Verwobensein vielfältigster Energien – man kann sogar soweit gehen zu sagen: aller Energien – ist, aber eben der Energien in ihrer Potentialität, das heißt, noch nicht ausgeprägt, quasi im Ruhezustand.

Ihr könnt es euch vielleicht leichter vergegenwärtigen, wenn ihr euch eine Kiste mit Legobausteinen vorstellt, jeder Größe, jeder Farbe und wild durcheinander. Aber so ungeordnet und so durcheinander, wie sie sind, läßt sich doch aus ihnen ein Haus oder ein Auto oder ein Schloß oder was auch immer bauen.

Chaos ist insofern göttlich zu nennen, als es eines der Grundprinzipien der Existenz überhaupt ist – doch ist es sozusagen »eine Stufe tiefer«, näher an der Materie, und damit auch an der Polarität und Dualität, als es das Tao ist, die göttliche Ur- oder All-Einheit. Das Chaos ist natürlich ein Teil dieser göttlichen Ur-Einheit, weil aus ihr entstammend und somit auch selbst göttlich. Es ist auch deshalb göttlich, weil es, zum Beispiel von Menschenhand, nicht erschaffen werden kann. Das Chaos ist ein Urgrund, etwas, was zuerst da sein muß, damit aus ihm etwas entstehen kann. Menschen können Strukturen und Ordnungen zerstören, und sie können dieses Werk der Störung oder Zerstörung oder Auflösung nicht nur auf materieller, sondern auch auf feinstofflicher Ebene betreiben, aber sie können niemals diesen Urgrund herstellen, der das Chaos ist.

Gehört zum Chaos das Schöpferischsein?

Um aus dem Chaos irgendeine Form entstehen zu lassen, bedarf es des Bewußtseins. Das Bewußtsein – und mit ihm der schöpferische oder göttliche Funke – muß hinzukommen, um aus dem Chaos eine Gestalt erstehen zu lassen. Zufällige Zusammenklumpungen oder Struktur- oder Musterbildungen von Materie fallen wieder auseinander, weil ihnen der Sinn fehlt. Es ist der schöpferische Funke, der erst der Gestaltung *G*ehalt verleiht und damit auch die Energie, *zusammen*zuhalten.

Dieses Schöpferische, der schöpferische Funke, ist eigentlich weder männlich noch weiblich, es ist neutral. Aber der *Wille*, eine Form oder Struktur zu bilden, ist eher dem Männlichen analog als dem Weiblichen, weil die weibliche Energie eher zum Geschehenlassen tendiert. (Mit »weiblich« und »männlich« sind die energetischen Urformen dieser Polaritäten gemeint, die natürlich nichts damit zu tun haben, wie sich männliche und weibliche Energien im jeweiligen individuellen Menschenwesen verteilen und ausprägen). Das heißt auf eurer Ebene, aber auch auf kosmischer Ebene, jedoch keineswegs, daß Schöpferischsein eine ausschließlich der männlichen Energie vorbehaltene Tätigkeit wäre. Das ist sie schon allein deshalb nicht, weil es im gesamten Kosmos nichts gibt, das ausschließlich männlich oder ausschließlich weiblich wäre. Das Entscheidende, um aus dem Chaos etwas entstehen zu lassen, ist, wie gesagt, der schöpferische oder göttliche Funke. Und dieser, weil er göttlich ist, ist weder männlich noch weiblich. Er entspringt einem Quell jenseits der Polarität.

Du sagst, das Schöpferische erfordere Bewußtheit – kann man dann sagen, daß Chaos unbewußt ist?

Chaos besitzt sehr wohl ein Bewußtsein, nicht jedoch die Fähigkeit, aus sich selbst heraus zu erschaffen. Wenn wir das Beispiel der Legosteine als Bild für Chaos nehmen, so hat das der Gesamtheit dieser Legosteine innewohnende Bewußtsein nicht die Fähigkeit, durch eigene Kraft und eigene Willensanstrengung eine geordnete und dauerhafte Form hervorzubringen.

Es wäre auch vollkommen sinnlos, wenn dem so wäre, da es ja gerade *nicht* die Funktion des Chaos ist, Form hervorzubringen. Vielmehr ist es sein »Daseinszweck«, gerade das Gegenteil davon zu sein, also eben keine Form, sondern, bildlich gesprochen, die Vielzahl der Legosteine in ihrer Verschiedenheit, aus denen dann praktisch jede Form entstehen kann. Wenn Chaos überhaupt Formen der Kraft oder Macht hat, dann ist es die Kraft oder Macht, dafür zu sorgen, daß das Chaos erhalten bleibt, daß sich nicht Form und Struktur bilden, wo Form und Struktur nicht sein sollen, das heißt, wo sie zufällig – und das wiederum heißt, durch Einwirkung anderer Kräfte als der Kräfte des Schöpferischen oder göttlichen Funkens – entstanden sind. In diesem Sinne hat Chaos auch etwas unerbittlich Zerstörerisches an sich, weil immer diese Grundmöglichkeit vorhanden sein muß, dieser Urgrund, aus dem etwas entstehen kann.

Welche Bedeutung hat die urweibliche Qualität des Chaos für uns Frauen?

Eine schwierige Frage. Da ihr strukturiert und geformt sein müßt, um überhaupt einen lebensfähigen Organismus zu bilden, ist Chaos eher eine Qualität, mit der ihr nicht unmittelbar zu tun habt. Das Prinzip des Chaos äußert sich am ehesten noch in der Sexualität, allerdings auch hier in den eher seltenen Fällen, da es sozusagen vollkommen gleichwertig ist, ob eine Zeugung geschieht oder nicht. Wenn die Frau sich in dem vollen Bewußtsein hingeben kann, daß es keinen Unterschied macht, ob sie schwanger wird oder nicht, daß beides vollkommen in Ordnung ist, dann kann sie die Qualität des Chaos als des Vorliegens von Möglichkeiten wahrscheinlich am ehesten spüren.

Ein kleines Chaos »im Handtaschenformat« könnt ihr erleben, wenn ihr euch beim Flirten in dem Stadium befindet, in dem alles möglich und noch nichts entschieden ist und ihr völlig offen seid für das Spiel. Wo ihr euch nicht gleichzeitig mit Fragen herumschlagt, ob ihr diesen Mann jetzt mit nach Hause nehmen oder ihn wegschicken sollt, oder was euch in einer solchen Situation noch alles im Kopf herumspuken kann. Wenn ihr das Spiel der Möglichkeiten spielt, dann ist das auch eine kleine Form des Chaos.

Es besteht bei den meisten Menschen ein gewisses Bestreben, eine Art persönliches Chaos herzustellen, indem man zum Beispiel seine Sachen herumliegen läßt oder Verabredungen nicht einhält oder Geburtstage von nahestehenden Menschen vergißt oder ähnliches. Das ist aber nicht die Qualität des *wirklichen* Chaos. Es ist vielmehr das Bestreben, einen Ausgleich herzustellen zwischen allzu starkem Eingeengtsein einerseits und dem Bedürfnis nach persönlicher Freiheit. Es geht also viel mehr um einen Ausgleich zwischen diesen beiden Polaritäten als um den Wunsch, einen Urgrund zu schaffen, von dem aus alles möglich wäre.

Mit der Menschenfrau auf Erden hat das Chaos also recht wenig zu tun, auch wenn es eine Qualität des Urweiblichen ist. Solange ihr lebt, könnt ihr das Chaos höchstens indirekt erfahren, weil ihr sofort sterben würdet, wenn ihr in einen Zustand des Chaos gerietet, da sich eure Struktur augenblicklich vollständig auflösen würde. Und so seid ihr auch jetzt nicht direkt an das Chaos angeschlossen, sondern in Kontakt mit der Quelle, die so eng mit dem Chaos verbunden ist, daß ihr mich als »Stimme des Chaos« betrachten könnt.

Gibt es eine Göttinnengestalt, der das Chaos zuzuordnen wäre?

Eigentlich nicht. Das Chaos existierte schon vor Anbeginn der Erde und des Kosmos, und die Göttinnen- und Göttergestalten sind erst nach der Entstehung des Universums und der Erde entstanden, worauf sie sich auch beziehen. Es gibt einen uralten Mythos von einem Paar, das in die Wasser hinabtaucht und dann daraus die Erde erschafft. Darin ist ein teilweiser Rückbezug, eine teilweise Erinnerung an das Chaos enthalten. In späteren Mythologien ist die Erinnerung an das Chaos jedoch verschwunden, und ihr dürft auch nicht vergessen, daß die sogenannte Sintflut ein sehr einschneidendes Ereignis in der Menschheitsgeschichte war, die vieles Alte in Vergessenheit geraten und vieles Neue hat erstehen lassen, das dann die Sintflut zum Bezugspunkt nimmt.

Ihr habt ja, als ihr mit der urweiblichen Qualität des *Nährenden, Schützenden und Bewahrenden* (und mit ihr mit der Göttin Demeter) Kontakt hattet, von der Bedeutung des Kreislaufgeschehens gehört. Auch in das Chaos sind Kreisläufe einbezogen oder gehen aus ihm hervor. Sie unterscheiden sich jedoch von jenen dadurch, daß sie außerhalb der Zeit stehen und deshalb unregelmäßig sind (bildlich gesprochen, gleichen sie eher einem Ei oder einer ausgebeulten und eingedellten Ellipse). Das Eingebundensein in die Zeit setzt erst dann ein, wenn aus dem Chaos Form und Struktur entstehen.

Ich möchte hier noch etwas Wichtiges hinzufügen. Das Wort »Chaos« wird momentan bei euch für jeden Zustand von Unordnung gebraucht, und deshalb ist seine ursprüngliche Bedeutung vollkommen verwässert worden. Es hat sicherlich nichts mit Chaos im eigentlichen Sinne zu tun, wenn an einer großen Kreuzung ein Verkehrsstau entsteht und es nicht mehr weitergeht, und es hat auch nichts mit Chaos zu tun, wenn ein Fluß über seine Ufer tritt und Verwüstungen anrichtet, und auch ein Wirbelsturm hat nichts mit Chaos zu tun. Das alles sind Zustände der Unordnung, der Zerstörung und auch der Auflösung von Strukturen und festen Formen, aber kein *Chaos*, denn das Chaos bedeutet die Gesamtheit aller Möglichkeiten, die Gesamtheit des ganzen Potentials. Und das würde, zum Beispiel bei einer durch einen Wirbelsturm zerstörten Siedlung, heißen: Wenn dort wirklich ein Chaos wäre, würde dort etwas vollkommen anders Geartetes, gänzlich Neues entstehen und es würden nicht einfach wieder menschliche Strukturen, das heißt Häuser, aufgebaut werden. Es wäre gut für euch, wenn ihr lerntet, die Begriffe wieder voneinander zu trennen und euch der eigentlichen Bedeutung des *Chaos* zu öffnen.

Grundlegende Übung
zum Erfahren der Qualität des
Chaos

Wenn du dich dem Chaos öffnen willst, erfordert dies einen Differenzierungsprozeß. Er besteht darin, dich selbst und deine Wahrnehmungsorgane zu sensibilisieren für all jene Phänomene und Situationen, in denen ein wirkliches Chaos vorliegt, das heißt, wo alle Möglichkeiten gegeben sind in ihrer potentiellen Form und noch nichts Gestalt oder Struktur angenommen hat. Du kannst dich dem Chaos nicht direkt nähern, aber du kannst versuchen, dir des Chaos als einer urweiblichen Kraft bewußt zu werden und seine Ruhe und Gelassenheit für dich nutzen.

Du kannst diese Erfahrung in der Naturbeobachtung machen, quasi »auf dem Rücken deiner Mutter Erde«. Beobachte die Prozesse des Verfalls, der Zersetzung und der Verwesung, die besonders im Herbst deutlich zutage treten, und die dann in das Chaos übergehen, beziehungsweise ein Chaos erschaffen. Es sind dies Prozesse, die etwas zur Verfügung stellen oder zugrunde legen (in diesem Falle Humuserde), woraus dann Neues, Andersgeartetes entstehen kann.

Erweiterte Übung
zum Erfahren der Qualität des
Chaos

1. *Du kannst dir der Qualität des Chaos gewahr werden, wenn du deinem Menstruationszyklus Auf-*

merksamkeit schenkst und das Heranwachsen und den Werdegang des Eis mitverfolgst. Denn du trägst in deinen Eierstöcken einen winzigen Teil des Chaos mit dir im Sinne der Möglichkeit, neues Leben entstehen zu lassen. Versuche, seinen Weg und Werdegang zu visualisieren und dann den Tag oder die Stunden, in denen du tatsächlich fruchtbar bist, in möglichst wacher Aufmerksamkeit zu beobachten.

2. *Wenn du herausgefunden hast, wann dein fruchtbarer Tag ist, dann nimm dir eine halbe Stunde Zeit, mache es dir ganz gemütlich (in der Badewanne oder im Bett oder an sonst einem Ort, an dem du dich ganz und gar bei dir und geschützt und geborgen fühlst). Versenke dich in dich selbst und versuche, mit dem Ei in Kontakt zu treten. Wesentlich ist, daß du spürst, welche Kraft in diesem winzigen Stückchen Materie schlummert, und damit auch in dir, da dieses Geschehen in dir stattfindet.*

3. *Spüre, daß du durch diesen Vorgang deshalb der Kraft und der Macht des Chaos nahe kommst, weil du im Grunde Herrin bist über sämtliche Möglichkeiten – du bist Herrin darüber, ein Kind entstehen zu lassen oder keines. Wenn das Ei nicht befruchtet wird, dann steht dir gerade in dieser Zeit eine ganz besondere Kraft zur Verfügung, anstelle deiner Physis etwas Geistiges oder Emotionales in dir befruchten zu lassen. Das Chaos ist in dir, es stellt dir den Urgrund alles Potentiellen zur Verfügung, und es liegt nun an dir zu entscheiden, was du da befruchten lassen möchtest.*

Das »künstliche Chaos«

Das »künstliche Chaos« ist eine Technik, die du benutzen kannst, wenn du vor wirklich großen Entscheidungen in deinem Leben stehst. Du solltest sie nur dann anwenden, wenn du tatsächlich voll und ganz bereit bist, dich von bestimmten Bindungen zu verabschieden. Denn sie verschafft dir nicht nur einen Überblick über Möglichkeiten, die dir offenstehen, und Klarheit über den Weg, den du einschlagen willst, sondern sie hat auch den Nebeneffekt, daß Bindungen, die obsolet geworden sind, sich tatsächlich auflösen.

1. *Versetze dich in einen geistigen und emotionalen Zustand, in dem alles möglich ist, in dem also Bindung nicht existiert, in dem du frei und vorurteilslos dahinschreitest wie Der Narr im Tarot, der sich überhaupt nicht damit beschäftigt, wohin er geht. Wirf für die Dauer dieser Meditation alle Bindungen, die du hast, über Bord – an Personen, an Dinge, an Gewohnheiten oder an Glaubenssätze. Alle diese Entitäten haben Form und Struktur, und die Bindung daran hindert dich oft genug, klar zu sehen. Stell dir also vor, du hättest keine Bindungen: keine Eltern (und schon gar keine, an die dich schmerzliche Erinnerungen binden), keinen Partner, keine Kinder, keine Freunde, keine Möbel, ja nicht einmal eine Wohnung. Stell dir vor, du säßest auf einem hohen Berg, oder auch – je nach Mentalität –, du wärest ein Sumpfwesen, das sich anschickt, fest umrissene Formen anzunehmen und in ein menschliches Leben zu treten.*

2. *Aus dieser totalen Bindungslosigkeit heraus versuche nun, den Impuls wahrzunehmen, der unweigerlich kommen wird – den göttlichen, schöpferischen Funken, ohne den keine Struktur, keine Form entstehen kann. Er wird dir die Richtung weisen, in die du dich für deine nähere Zukunft wenden wirst. Fühle, an welcher Stelle in deinem Körper oder wo um ihn herum du diesen Impuls wahrnimmst. Ist es ein Gedankenblitz, eine »Erleuchtung« im mentalen Bereich, oder ist es eine Gewißheit, eine Wärme und ein Strahlen in deinem Herzen? Nimm diesen Impuls wahr und verankere ihn in dir, und du kannst sicher sein, daß dieser Impuls der richtige ist. Wenn der Impuls sich nicht sofort in Worte fassen läßt, vertraue darauf, daß du in den darauffolgenden Tagen Klarheit über deine Entscheidung gewinnen wirst.*

Indem du lernst, dich dem Chaos *zu öffnen und auf seine Kraft in dir zu vertrauen, kannst du dich von festgelegten Vorstellungen befreien. Du kannst dann dein Leben als eine Gesamtheit von Möglichkeiten betrachten und selbst mit dem schöpferischen Funken darauf einwirken, welche der Möglichkeiten du Gestalt werden lassen willst und auf welche Weise es weitergehen soll.*

Mythologisches zur Qualität des *Chaos*

Chaos ist das griechische Wort für das undifferenzierte Vorliegen sämtlicher Elemente in der Gesamtheit ihrer

Möglichkeiten. »(Mit ›Chaos‹) war die Göttin selbst in ihrem Zustand des ›ewigen Flusses‹ gemeint, als die Flüssigkeit ihres Schoßes noch nicht zur Bildung einer festen Welt verklumpt war.«[69] Aus der biblischen Schöpfungsgeschichte, der *Genesis*, kennen wir das hebräische Pendant, *Tohuwabohu* oder *tohu bohu*, was »wüst und leer« bedeutet. Nach der Vorstellung vom Weltgericht, die dem hinduistischen Glauben an den zyklischen Wechsel der Universen entstammt (für den die Schöpfer-Zerstörer-Göttin Kali verantwortlich ist), versinkt die Erde vor der Erschaffung und nach der Zerstörung eines jeden der aufeinanderfolgenden Universen immer wieder in den Zustand des Chaos, das sich im Leib der Weltgöttin befindet.

In den ältesten Mythen der Menschheit wird diesem Vor-allem-Anbeginn-da-Sein einer weiblichen Gottheit, die alle Elemente der Welt in sich vereint, Rechnung getragen. Und die Archäologin und Anthropologin Marija Gimbutas zog hinsichtlich ihrer Studien und Forschungen über die Frühzeit der Menschheit das Fazit, daß »die Hypothese der Ureltern und ihrer Spaltung in die Gestalt des Großen Vaters und der Großen Mutter (sich) nicht bestätigt«[70] hat. So ist es beispielsweise im pelasgischen[71] Mythos die Ur-Göttin Eurynyme, die aus dem uranfänglichen Chaos die Welt erschafft: »Am Anfang war Eurynyme, die Göttin aller Dinge. Nackt erhob sie sich aus dem Chaos. Aber sie fand nichts Festes, darauf sie ihre Füße setzen konnte. Sie trennte daher das Meer vom Himmel und tanzte einsam auf seinen Wellen. Sie tanzte gen Süden; und der Wind, der sich hinter ihr erhob, schien etwas Neues und Eigenes zu sein, mit dem das Werk der Schöpfung beginnen konnte. Sie wandte sich um und erfaßte diesen Nordwind und rieb ihn zwischen ihren Händen.

Und, siehe da! es war Ophion, die große Schlange. Euronyme tanzte, um sich zu erwärmen, wild und immer wilder, bis Ophion, lüstern geworden, sich mit ihr paarte. So ward Euronyme vom Nordwind, der auch Boreas genannt wird, schwanger. (...) Dann nahm Euronyme die Gestalt einer Taube an, ließ sich auf den Wellen nieder und legte zu dieser Zeit das Weltei. Auf ihr Geheiß wand sich Ophion siebenmal um dieses Ei, bis es ausgebrütet war und aufsprang. Aus ihm fielen alle Dinge, die da sind: Sonne, Mond, Planeten, Sterne, die Erde mit ihren Bergen und Flüssen, ihren Bäumen, Kräutern und lebenden Wesen.«[72]

In etwas späterer Zeit, in Sumer/Babylonien, finden wir diesen Schöpfungsmythos mit der Göttin *Tiamat* (›Göttin-Mutter‹, lateinisch *Dia Mater*[73]) im Mittelpunkt wieder, »aus deren gestaltlosem Körper bei der Schöpfung das Universum geboren wurde, eine Personifikation der Tiefe oder des Tohuwabohu. Die BabylonierInnen behaupteten, ihr Stadt-Gott Marduk, Tiamats Sohn, hätte aus ihr Himmel und Erde geschaffen – wie später auch Marduks Nachahmer, der Gott der Bibel. Aber die ursprüngliche Teilung, von der der alte pelasgische Mythos ihres ägyptischen Pendants Euronyme berichtet, wurde von der Mutter selbst vollzogen.«[74]

In fast allen Kosmogonien, selbst in der Bibel, geht der Schöpfung das Chaos voraus, das nicht nur gestaltlos, sondern auch finster ist (und erst im Licht lassen sich einzelne Dinge voneinander unterscheiden). Häufig entsteht das Licht dadurch, daß die Geburt (die Schöpfung) den Mutterleib so aufbricht, daß Himmel und Erde entstehen. Und daß das Chaos an sich weiblich ist oder zumindest eine weibliche Ur-Göttin hervorbringt, war lange Zeit unbestritten. In Ägypten war es Temu oder Te-Mut (gleichbedeutend mit der babylonischen Tiamat), die älteste aller Gottheiten, die die Schöpfung bewerkstelligte; sie war auch Nun, Naunet oder Ma-Nu, der große Fisch[75], der das Universum und die Götter gebar. Auch bei den Ägyptern war die Vorstellung aufeinanderfolgender Universen bekannt, und wie in Indien die Kali war es hier Te-Mut, die, wenn es an der Zeit war, das bestehende Universum mitsamt seiner Götterwelt verschlang, um es in verwandelter Form wiederzugebären.

Erst die Bibel hat endgültig mit den an weibliche Gottheiten gebundenen Schöpfungsmythen aufgeräumt. Besonders das Christentum ließ es sich angelegen sein, alles Weibliche, soweit es nicht in Gestalt einer Gattin oder Tochter in der Schrift auftauchte, gründlich zu tilgen. So gibt es etwa innerhalb der frühchristlichen – und aus gutem Grund nicht in den Kanon aufgenommenen – gnostischen Schriften eine Quelle, die Jehova für verblendet erklärt, weil er seine Mutter, die ihm das Leben schenkte, vergessen habe[76]. Und die *Genesis* existiert in zwei Fassungen: in einer ist von mehreren Schöpfergottheiten und Kindern der Göttin, den *elohim*, die Rede, in der anderen gibt es nur *Jahweh elohim*, den alleinigen (männlichen) Schöpfergott. Vor allem in bezug auf Erschaffung und Aufgabe des Menschen unterscheiden sich die beiden Versionen: in der ersteren wurden Adam und Eva gleichzeitig geschaffen, dem Paar wurde die Herrschaft über die gesamte Erde gegeben, und es gab keinen Sündenfall. Der männliche Schöpfergott hingegen erschuf zuerst Adam, danach Eva aus dessen Rippe, die beiden wurden nur als eine Art Verwalter und Gärtner in den Garten Eden gesetzt und schließlich durch den Sündenfall aus ihm vertrieben.[77] Es liegt auf der Hand, warum die christliche Kirche der zweiten Version den Vorzug gab: nicht nur den Eingott und die Minderwertigkeit der Frauen galt es zu etablieren, sondern vor allem die Erbsünde, die einen Erlösergott (Jesus) überhaupt erst notwendig machte.

Unsere heutige Vorstellung von der spirituellen Kraft oder Macht als einer *männlichen* Entität, derer das Chaos bedarf, um Form und Gestalt hervorzubringen, entstammt ebenfalls der Bibel: in der *Genesis* (1,2) ist in diesem Zusammenhang vom Geist, der »über den Wassern« schwebte, die Rede. Geist war im Hebräischen jedoch weiblichen Geschlechts – und auch im Griechischen heißt »die Geistin« *sophia.* »Der männliche Heilige Geist ist ein Produkt der lateinischen Grammatik – *spiritus* ist maskulin – und des frühchristlichen Mißtrauens gegen weibliche Gottheiten oder Quasi-Gottheiten. Die Empfängnis durch ein männliches Prinzip ist an sich unlogisch, und dies ist in der ganzen lateinischen Literatur der einzige Fall, wo sie vorkommt.«[78] Ohne bereits genau zu *wissen,* wie dieses geistige Prinzip, das mit dem Chaos im Akt des Schöpferischen zusammenwirkt, beschaffen sein mag, sollten wir uns doch an den Gedanken gewöhnen, daß unsere diesbezüglichen *Vorstellungen* durch Sprache und Konvention beeinflußt sind und daher höchstwahrscheinlich nicht dem entsprechen, was – im spirituellen, transzendenten Sinne – wirklich *ist.*

Die urweibliche Qualität des *Ekstatisch-Zerstörerischen*

Das Wesen der Ekstase ist die totale Entgrenzung, die zur Verbindung oder Vereinigung mit der Gesamtheit führt. Diese Verbindung kann vollzogen werden mit der Erde, ob mit Blut oder ohne, sie kann jedoch genauso mit dem Himmel, dem Kosmischen vollzogen werden. Letztendlich ist das alles eins, denn in der totalen Entgrenzung, die gleichzeitig die totale Verbindung von allem mit allem herstellt, gibt es kein »Unten« oder »Oben« mehr. Die Entgrenzung ist also die Voraussetzung für die totale Vereinigung, die zu höchster Freude und höchstem Entzücken führt, und dieses Außersichsein ist die Ekstase.

Das Entscheidende an der Ekstase ist die Vereinigung mit dem Kosmischen, mit dem Universum, mit der Ganzheit, und da das Irdische und das Physisch-Menschliche so ist, wie es ist, ist diese Erfahrung unter gewissen Umständen nur über so etwas wie Blutopfer möglich: indem sonst geltende (menschliche) Gesetze für eine Zeitlang außer Kraft gesetzt werden, kann diese Entgrenzung und Vereinigung stattfinden.

Die ekstatische Vereinigung mit den kosmischen wie mit den Erdkräften kann dann auch zu einem regelrechten Blutrausch führen. Die Ekstase, in der reine Formlosigkeit herrscht, in der alles aufgelöst ist, in der die feinstofflichen Körper in Fluß geraten und sich ausdehnen, bis ihre Konturen nicht mehr wahrnehmbar, nicht mehr von dem sie Umgebenden zu unterscheiden sind, kann eben so weit gehen, daß sich auch der Körper auflöst, indem entweder eine Selbstverstümmelung stattfindet oder indem Menschen einen anderen (Menschen-)Körper verstümmeln, zerfleischen, auseinanderreißen.

Bist du auch im Akt des Mordens enthalten, zum Beispiel im Blutrausch eines Menschen, der seine ganze Familie umbringt und anschließend sich selbst? Und gibt es eine Verbindung zwischen Leidenschaft und der Qualität des Ekstatisch-Zerstörerischen?

Dem Blutrausch liegt das Bedürfnis zugrunde, sich mit der Erde zu vereinigen und sich durch diese Vereinigung und das Blut zu reinigen – und zwar sowohl den Mörder als auch die Ermordeten. Einer solchen Tat liegt, gänzlich unbewußt, der Wunsch nach einer grundlegenden Reinigung und Transformation zugrunde, und natürlich ist auch sehr häufig blinde und blindwütige Leidenschaft mit dabei. Diese hat, wenn sie nicht erfüllt wird oder ins Übermächtige anschwillt, eine stark zerstörerische Seite an sich. Und in jener »blinden Leidenschaft«, in dieser zerfleischenden, zerreißenden Seite der Leidenschaft bin ich sehr stark enthalten. Ich bin aber auch in jener Leidenschaft, die die Ekstase der Liebe und vor allem die Ekstase der sexuellen Vereinigung meint, enthalten.

Kannst du uns sagen, ob und wo wir dich in unserem Körper spüren können?

Ich bin als Qualität des Urweiblichen mit dem urweiblichen Vorgang des fraulichen Körpers verbunden, allmonatlich Blut von sich zu geben oder zu »opfern«. Deshalb ist mein Symbol ein Dreieck, dem Schamdreieck gleich, in dunklem Blutrot.

Ihr könnt mich im weiteren Sinne auch in eurem Blutkreislauf spüren, doch ist meine Qualität nicht die des Kreislaufs und nicht die des Pulsierenden; vielmehr könnt ihr sie wahrnehmen, wenn ihr euch zum Beispiel plötzlich in den Finger schneidet. Deshalb ist meine Qualität auch in Operationen, bei denen viel Blut fließt, enthalten.

Ich bin im Sinne der Opferung von Organischem auch in der blutreichen Leber vorhanden, und zwar unter dem Aspekt des Reinigens und Von-sich-Weggebens. Am stärksten aber bin ich für euch spürbar in eurer monatlichen Blutung.

In prähistorischer Zeit stand das Menstruationsblut in engem Zusammenhang mit Opferriten, bei denen Blut fließt, und bei einigen sogenannten Naturvölkern hat sich dies bis in die heutige Zeit erhalten. Jenen Zeremonien liegt das Bewußtsein der Einheit des Planeten Erde mit seinen menschlichen, vor allem seinen weiblichen, Bewohnern zugrunde, und daraus entspringt das tief empfundene Bedürfnis, dem Erdenplaneten zu gewissen Zeiten zu opfern. Denn beim Blutopfer entsteht eine besonders starke Verbindung mit der Erde, da Blut Eisen enthält und das Magnetfeld der Erde auf Eisen reagiert. Insbesondere die weibliche Menstruationsblutung steht im Zusammenhang mit diesem Opfer- und Verschmelzungsritus, und meine ekstatische Qualität hat ebenfalls mit ihm zu tun: das Feste, Geformte soll zerstört, zerfetzt, aufgelöst werden, um die Erde mit dem Geopferten »aufzutanken« und ihr Kraft zurückzugeben. Dies ist ein Aspekt, der besonders bei den Azteken und auch bei den Maya von großer Bedeutung war.

Gibt es Göttinnen, die deine Qualität symbolisieren?

Es sind dies sehr alte Göttinnen, die meine Qualität vertreten. Ia-Hu ist der Name einer solchen Göttin. Die urweibliche Qualität des Ekstatisch-Zerstörerischen wurde in uralten Ritualen verehrt, die in einer Zeit stattfanden, als es ausdifferenzierte Göttinnengestalten mit genau unterschiedenen Funktionen im religiösen Ritus und Kultus noch nicht gab. Diese Rituale wurden in den Kultus späterer Göttinnen mit aufgenommen, und das betrifft alle Gottheiten, die mit dem Mutterdasein oder zumindest mit der geschlechtsreifen Frau zu tun haben, beispielsweise Hekate oder Isis. Bei allen diesen Mysterien geht es darum, durch Menstruationsblut eine rituelle Verschmelzung mit der Erde durchzuführen, wobei die Blutung Zeichen dafür ist, daß eine Eizelle nicht befruchtet und damit »geopfert« wurde.

All dies sind sehr archaische Riten, von denen ihr euch in eurem Alltagsleben (zumindest scheinbar) weit entfernt habt. Deshalb kann ich euch im Zusammenhang mit der urweiblichen Qualität des Ekstatisch-Zerstörerischen auch keine Göttin nennen, die ihr in eure Alltagsverrichtungen, in eure tägliche Lebenspraxis mit aufnehmen könntet. Der Versuch, sich ohne rituelle Zeremonie mit dem Ekstatisch-Zerstörerischen zu verbinden, kann nur allzu leicht in einen Amoklauf umschlagen. Meine Qualität ist zu mächtig, zu kraftvoll für euch; und die Gefahr, daß in der Verbindung mit ihr euer Verstand und all eure Kontrollmechanismen außer Kraft gesetzt werden, so daß ihr den unbändigen Zwang verspürt, alles um euch herum einschließlich eurer selbst zu zerstören, ist sehr groß.

Welcher Aspekt von Isis bist du?

Ich bin der Boden oder die Wurzel von Isis, das, was das Himmelswesen Isis mit der Erde verbindet. Ich bin der fraulich-körperliche, weibliche, auch verletzliche Aspekt von Isis. Also das, was Isis, wenn ihr so wollt, »menschlich« macht. Isis ist ein sehr himmlisches Wesen, und wenn sie nicht diese Wurzel oder Basis hätte mit meiner Qualität, würde sie »abheben« vom Boden. Ihr könnt euch das vorstellen wie ein hohes, schlankes Gefäß, das umfallen würde, hätte es nicht einen sehr dicken Boden oder wäre es nicht am Boden mit etwas Schwerem gefüllt – und dieses Schwere ist meine Qualität. Es gäbe für Menschenfrauen keinen Grund, sich in fraulichen und menschlichen Dingen an Isis zu wenden, hätte sie diese Basis nicht.

Wie können wir deine Qualität des Ekstatisch-Zerstörerischen für uns persönlich nutzen?

Im Alltag könnt ihr, wie ich schon sagte, die Verbindung mit mir in euren Menstruationszyklen spüren, wie ich generell im weiblichen Unterleib, und zwar speziell im Vaginal- und Gebärmutterbereich, vorhanden bin und euch von dort aus mit der Erdmutter verbinde. Als »Alltagsgöttin« bin ich der Aspekt des Urweiblichen in euch, der euch mit dem weiblichen Aspekt der Erde verbindet.

Was ihr darüber hinaus tun könnt, ist, euch – bildlich gesprochen – die Kleider vom Leib zu reißen und mit den Kleidern auch alle Attribute eures Wohlstands, euch also »nackt« mit der nackten Erde zu verbinden, tief mit ihr zu verschmelzen. In dieser unmittelbaren Körperlichkeit und Nacktheit habt ihr die Möglichkeit, all das zu zertrümmern, zu zerschneiden, zu zerfleischen, zu zerstören, zu zerstückeln und der Erde zu opfern, was ihr als aufgesetzt, »künstlich«, als nicht ursprünglich zu euch gehörig und damit hinderlich erkennt. Das Vorgehen ist einer Operation vergleichbar, wenn eine Geschwulst weggeschnitten wird. Ihr könnt den körperlich spürbaren Befreiungsaspekt, der einer solchen Handlung innewohnt, mit meiner Kraft sehr deutlich erfahren.

Außerdem könnt ihr meine Kraft zum Zaubern benutzen, denn sie ist immer dabei, wenn es um Magie, um die Anwendung von Hexenkraft geht, zum Beispiel im Voodoo-Zauber. Ihr könnt das Prinzip des Voodoo-Zaubers auch verwenden, wenn ihr in der ganz physischen, materiellen Ausprägung die Erfahrung machen wollt, etwas loszuwerden.

Meditation zur Zeit deiner Menstruation mit der Qualität des
Ekstatisch-Zerstörerischen

1. *Verbinde dich mit dem Herzen der Erde, wie du es bei der Meditation mit der Erde* gelernt hast. Rufe*

die urweibliche Qualität des Ekstatisch-Zerstörerischen *an, indem du dich auf ihr Symbol, das blutrote (Scham-)Dreieck, fokussierst.*

2. *Spüre deine tiefe Verbundenheit mit der Erde und die starke, weibliche Kraft, die dein Wurzelchakra und den gesamten Bauch-Becken-Raum durchströmt. Spüre, wie deine unteren drei Chakren in dieser Kraft pulsieren.*

3. *Auf der physischen Ebene wirkt diese Meditation stärkend und kräftigend auf deine Blutplasma-Zusammensetzung, was du besonders spüren wirst, wenn du dich durch deine Periodenblutung schwach und kraftlos fühlst.*

4. *Beende die Meditation, wie es in der* Meditation mit der Erde *beschrieben ist.*

---

* *Siehe Seiten 39 ff. in Teil I dieses Buches*

Meditation zur allgemeinen Selbstüberprüfung in der Zeit deiner Menstruation mit Hilfe der Qualität des *Ekstatisch-Zerstörerischen*

1. *Verbinde dich mit dem Herzen der Erde, wie du es bei der* Meditation mit der Erde *gelernt hast. Rufe die urweibliche Qualität des* Ekstatisch-Zerstörerischen *an, indem du dich auf ihr Symbol, das blutrote (Scham-)Dreieck, fokussierst.*

2. *Spüre deine tiefe Verbundenheit mit der Erde und mit der urweiblichen Qualität des Ekstatisch-Zerstörerischen. Spüre die starke, weibliche Kraft, die dein Wurzelchakra und den gesamten Bauch-Becken-Raum durchströmt.*

3. *Gehe nun im Geiste alle Bereiche deines Lebens durch (oder auch nur die Bereiche, von denen du den Eindruck hast, hier sei etwas nicht ganz in Ordnung) und frage dich: Wo ist etwas zu künstlich geworden, zu überfrachtet, wo ist zuviel von außen Aufgesetztes? Welche Gedanken, welche Gefühle, welche Gegenstände trennen mich von meiner Unmittelbarkeit, von meiner »Nacktheit«?*

4. *Diese Meditation ist eine sehr gute allmonatlich wiederkehrende Möglichkeit, dich selbst einer Prüfung zu unterziehen. Die Verwurzelung mit der Erde und die Verbindung mit der Qualität des Ekstatisch-Zerstörerischen helfen dir, dich zu fokussieren, dich auf das Wesentliche zu konzentrieren und dich nicht ablenken zu lassen durch die Einflüsterungen deiner Persönlichkeit.*

5. *Wenn du während des Meditierens auf einen Glaubenssatz stößt, den du als nicht mehr dienlich erkennst, kannst du ihn mit dem nachfolgend beschriebenen Ritual verabschieden.*

6. *Beende die Meditation, wie es in der* Meditation mit der Erde *beschrieben ist.*

Alte Glaubenssätze loswerden mit Hilfe der Qualität des
Ekstatisch-Zerstörerischen:

1. *Verbinde dich mit dem Herzen der Erde, wie du es in der Meditation mit der Erde gelernt hast. Rufe die urweibliche Qualität des Ekstatisch-Zerstörerischen an, indem du dich auf ihr Symbol, das blutrote (Scham-)Dreieck, fokussierst.*

2. *Formuliere klar und eindeutig den Glaubenssatz, den du loswerden möchtest. Sprich ihn mehrmals laut aus und erfühle die energetische Resonanz, die er in deinem physischen und in deinen feinstofflichen Körpern hervorruft. Überprüfe genau, wie der Satz sich »anfühlt«, denn es gibt durchaus auch Glaubenssätze, die du zwar nicht magst, die jedoch helfende oder schützende Funktion haben, zum Beispiel ein Satz, der dich vor überstürzten Handlungen bewahrt. Fahre mit dem Ritual nur fort, wenn du dir vollkommen sicher bist, daß der Glaubenssatz dir wirklich in keinem Bereich deines Lebens mehr dienlich ist.*

3. *Gib diesem Satz eine physische Form und Gestalt, indem du ihn zeichnest, ihn aus Lehm, Ton oder Teig formst oder ihn aus Wolle oder Stoff gestaltest. Es bleibt dir überlassen, welches Material du als deinem Glaubenssatz am meisten entsprechend wählst, doch soll es ein natürliches Material sein, das die Erde zersetzen kann.*

4. *Grabe den geformten Glaubenssatz in die Erde ein, im Bewußtsein deiner tiefen Verbundenheit mit ihr, und bitte das Wesen Erde, die Energie dieses Satzes an sich zu nehmen und sie in ihrem Sinne zu transformieren. Danke ihr für ihre geduldige Bereitschaft, alles aufzunehmen und zu verarbeiten, was du ihr gibst, und verabschiede dich liebevoll von ihr.*

5. *Genieße das Gefühl der Freiheit und der neuen Kraft, das dich nun durchströmt, da du dich einer Bürde, nämlich des nicht mehr dienlichen Glaubenssatzes, entledigt hast.*

6. *Da diese Art der Verabschiedung von überkommenen Glaubenssätzen so sehr in der Physis, in der Materie geschieht, ist sie äußerst wirkungsvoll, was du in der folgenden Zeit spüren wirst.*

Göttinnen, die der Qualität des *Ekstatisch-Zerstörerischen* zugeordnet sind

»Die Feier des Lebens ist das Leitmotiv im Ideenleben des Alten Europa. (...) Das heißt nicht, daß der Tod ignoriert wurde. (...) Die Sterblichkeit war ein Thema, mit dem sich die Menschen sehr ernsthaft befaßten, aber gleichzeitig bildete sich ein starker Glaube an die Lebenserneuerung im Augenblick des Todes heraus[79], das sich auf die Erfahrung der stetig wiederkehrenden Zyklen der Natur stützen konnte, des Mondzyklus beispielsweise oder des Zyklus des weiblichen Körpers. Es gab für sie nicht den Tod als solchen, nur das Zusammenspiel von Tod *und* Erneuerung.«[80] Aus dieser Vorstellung vom Einssein und sich gegenseitig Bedingen von Leben und Tod, Sterben und Erneuerung sind, wie man mutmaßen kann, die blutigen Riten um die zyklische Erneuerung des Jahres entstanden. Das Jahr besaß zwei herausragende Fix- und Wendepunkte: Sommersonnenwende im Juni und Wintersonnenwende im Dezember. Beide Perioden – Winter und Frühling, Sommer und Herbst – wurden jeweils durch einen Sakralkönig symbolisiert. Dieser war – als Vertreter des männlichen Pols – dem Sonnengestirn zugeordnet, während die Priesterkönigin als Vertreterin der Großen Göttin in Verbindung mit dem Mond stand. Nach Ablauf seiner siebenmonatigen Regierungszeit (das alte Mondjahr umfaßte dreizehn Monate) wurde der Sakralkönig rituell – und auf für unser Empfinden unvorstellbar grausame Weise – geopfert. Die unsterblichen Anteile des Geopferten wurden jedoch von der Göttin in ihrem Aspekt als Todesgöttin in Empfang genommen, und sie verlieh ihm die Ehre, ihn in einen Orakelheros zu verwandeln. In diesem Sinne ist auch der Mythos um Herakles zu verstehen, dessen Name »Ruhm der Hera« bedeutet – und Hera war eben ursprünglich ein frühgriechischer Name der dreifaltigen Göttin in ihrem Aspekt als Altes Weib, als Verschlingerin und Todesgöttin.

»Zu Mittsommer, am Ende einer halbjährigen Herrschaftsperiode, wird Herakles mit Met betrunken gemacht und in die Mitte eines Kreises von zwölf Steinen geführt; diese stehen um eine Eiche, vor der sich der Steinaltar befindet. Die Eiche ist so behauen, daß ihre restlichen Äste eine T-Form bilden. An diese Eiche wird er mit Weidenruten in ›fünffachen Banden‹ gefesselt, wobei Handgelenke, Hals und Knöchel zusammengebunden sind; seine Gefährten schlagen ihn bewußtlos, und dann wird er gehäutet, geblendet, kastriert, mit einem Mistel-Ast gepfählt und zuletzt auf dem Altarstein in Stücke geschnitten. Sein Blut wird in einem Becken aufgefangen und dann über die ganze Stammesgemeinschaft verspritzt, um sie stark und fruchtbar zu machen. Die Glieder werden über Zwillingsfeuern aus Eichenscheitern geröstet, und diese wurden mit einem heiligen Feuer entzündet, das von einer vom Blitz getroffenen Eiche bewahrt oder durch das Drillen eines Erlen- oder Kornelkirschenstabes in einem Eichenscheit angefacht worden war. Dann wird der Stamm entwurzelt und zu Reisern gespalten, die den Flammen übergeben werden. Die zwölf berauschten Männer rasen in einem wilden Achter-Tanz um das Feuer, singen ekstatisch und zerreißen mit den Zähnen das Fleisch. Die blutigen Reste werden im Feuer verbrannt – außer den Genitalien und dem Kopf. Diese werden in ein Boot aus Erlenholz gelegt und auf einem Fluß zu einer Insel überführt; auch wird das Haupt manchmal mit Rauch gebeizt und für Orakelzwecke verwahrt. Sein Stellvertreter wird Nachfolger und regiert für den Rest des Jahres, wonach er von einem neuen Herakles in einer Opferhandlung getötet wird.«[81] Der Stellvertreter des Herakles entzündet den Scheiterhaufen und erbt die Pfeile seines Vorgängers, und er erlangt »die Königswürde durch die Ehe mit der Königin, der Stellvertreterin der Weißen Göttin, sowie durch den Verzehr eines edlen Teils vom Körper des Toten[82] – Herz, Schulter oder Schenkel. Er wird wiederum abgelöst vom Neujahrs-Herakles, einer Reinkarnation des Ermordeten, der ihn enthauptet und offenbar seinen Kopf verzehrt. Dieses abwechselnde

Opfer begründete die Kontinuität des Königtums, wobei alle Könige nacheinander Sonnengott und Geliebter der regierenden Mondgöttin waren.«[83]

Auch bei den Mysterien im Zusammenhang mit der Göttin *Ia-Hu*, die uns unsere Quelle, die *Qualität des Ekstatisch-Zerstörerischen*, genannt hat, geht es um die Riten, die die zyklische Aufeinanderfolge von Absterben und Erneuerung im Jahresablauf feiern.

»(Der göttliche Name) Ia-Hu ist ... wohl zusammengesetzt aus *Ia*, ›die Erhabene‹, der Muttergöttin als Kuh, und *Hu*, der gleichen Göttin als Taube. Von Plutarch wissen wir, daß Isis, die goldene Mond-Kuh, bei den Mysterien der Mittwinter-Sonnwende den Sarg des Osiris siebenmal umkreiste – zur Erinnerung an die sieben Monate von Sonnenwende zu Sonnenwende; und wir wissen auch, daß der orgiastische Eichenkult, der mit der Tauben-Göttin zusammenhing, zur Sommersonnenwende seinen Höhepunkt fand. Also steht Ia-Hu für die Mondgöttin als Herrscherin des ganzen Zyklus des Sonnenjahres. Es war ein stolzer Titel, und Set beanspruchte ihn anscheinend für sich selbst, als sein eselsohriges Szepter in Ägypten zum Symbol der Königswürde wurde. Doch das Kind Horus, die Reinkarnation des Osiris, triumphiert alljährlich über Set, und es ist ein Gemeinplatz, daß triumphierende Könige die Titel ihrer unterworfenen Feinde annehmen. Horus war also ebenfalls Iahu, und seine Gegenstücke, der kretische Dionysos und der kanaanitische Bel, wurden zu IACCHUS bzw. (in einem ägyptischen Dokument) IAHU-BEL.«[84]

Ia-Hu, die »Erhabene Taube« wurde bei den Pelasgern als aus dem Chaos entstandene Weltenschöpferin Euronyme, deren Name übersetzt »Weites Wandern« bedeutet, verehrt.

Die orgiastischen Sonnwendfeiern setzten sich auch im antiken Griechenland fort, wenngleich der Ritus sich längst mit der Schlachtung von Opfertieren als Symbol für den Tod einer Jahreshälfte begnügte und das kannibalistische Element nur mehr im Mythos enthalten war. So kennen wir die Erzählung von den Mänaden im Gefolge des Weingottes[85] Dionysos und Agaue, die, vom Wein berauscht, ihren eigenen Sohn Penteus zerfleischte.[86] Dionysos, als dessen Mutter sowohl Demeter als auch Io angegeben werden, ist, ebenso wie der ursprüngliche Herakles, ein Sakralkönig. »Dionysos war anfangs eine Art Heiliger König, den die Göttin im siebenten Monat nach der Wintersonnenwende mit einem Blitz tötete und den ihre Priesterinnen verschlangen. So erklären sich seine verschiedenen Mütter: Dione, die Eichengöttin [da die Zeremonie häufig in Eichenhainen abgehalten wurde], Io und Demeter, die Korngöttinnen, und Persephone, die Todesgöttin.«[87] Bekannter jedoch ist die Mythe, nach der Dionysos einer Liebschaft zwischen Zeus und Semele, der Tochter des Königs Kadmos aus Theben, entsprang, wobei die eifersüchtige Hera Semele eingeredet hatte, sie solle doch ihren verkleideten Liebhaber überreden, sich in seiner wahren Gestalt zu zeigen, und Zeus sich dann tatsächlich mit Donner und Blitz offenbarte, die Semele verzehrten. Hermes rettete den sechsmonatigen Embryo Dionysos, indem er ihn in Zeus' Schenkel einnähte, was Dionysos die Unsterblichkeit sicherte. Der historische Hintergrund ist nach Ranke-Graves das Wintersonnwendfest in Athen, die *Lenaia*, während dessen Semele angebetet wurde. »Dies war das Fest der Wilden Frau, bei dem ein einjähriger Stier, der Dionysos vorstellte, in neun Teile zerlegt und ihr geopfert wurde. Ein Teil des Stieres wurde verbrannt, die übrigen wurden von den Teilnehmern roh verzehrt. *Semele* wird gewöhnlich als eine Form von Selene (›Mond‹) erklärt, und neun war die traditionelle Zahl der orgiastischen Mondpriesterinnen, die an diesen Festen teilnahmen.«[88]

Dem Blut, das bei all jenen orgiastischen Riten reichlich floß, wurde magische Kraft zugeschrieben. Insbesondere aber galt das Menstruationsblut als mystisch-magische Flüssigkeit. Eine Vielzahl von Kosmogonien basiert auf der Vorstellung, die Welt und all ihre Erscheinungsformen seien aus dem verklumpten oder geronnenen Menstruationsblut der Göttin entstanden. Es stand in direkter Verbindung mit dem Mond, dem die Kraft zugeschrieben wurde, das aus dem Menstruationsblut Entstandene wachsen zu lassen. Die mesopotamische Große Göttin Ninhursag erschuf den Menschen, indem sie einen Lehmklumpen mit ihrem Menstruationsblut bestrich und ihm Leben einhauchte. (Dasselbe Verfahren wendet der jüdisch-christliche Schöpfergott an, wie in Kapitel 2.7 der *Genesis* nachzulesen.) Die präislamische Göttin Al-Lat (die später zu Allah vermännlicht wurde) bildete den Menschen »aus fließendem Blut«.

Da Blut als jene heilige und magische Essenz galt, die Leben entstehen ließ, ist es einleuchtend, daß Zeremonien, die der Beschwörung der Lebenerneuerung galten, wie die rituelle Tötung des Sakralkönigs, mit Blut verbunden sein mußten. Auch die Vorstellung, daß das Blut der Göttin (möglicherweise als Mutter Erde) von Zeit zu Zeit durch Menschenopfer aufgefrischt werden müsse, steht damit in Zusammenhang.

Die Farbe (Blut-)Rot war aus diesem Grund seit uralten Zeiten eine heilige Farbe. Die Lehre des Tantra verbindet Rot mit Frauen, Blut, sexueller Potenz und kreativer Kraft, und das weibliche Prinzip gilt als aktiv und kreativ, während dem männlichen Pol die Eigenschaften »passiv« und »still« zugeschrieben werden und die Farbe Weiß, die mit Männern, Samen, negativen Einflüssen und Tod assoziiert wird.[89] Wie Marija Gimbutas berichtet, hatten steinzeitliche Gräber die Form einer Vulva und waren gänzlich mit rotem Ocker bemalt, was die Auferstehung aus der Gebärmutter der Erdmutter ermöglichen sollte.[90] Auch Ostereier rühren ursprünglich aus dieser Vorstellung her: »(Diese) klassischen Gebärmuttersymbole der Göttin Eostre wurden traditionellerweise rot bemalt und zur Stärkung der Toten auf die Gräber gelegt.«[91]

Auch die Totenflüsse Griechenlands und Palästinas, Styx und Jordan, wurden mit dem Blut der Göttin in Verbindung gebracht: »(Die Styx) wand sich siebenmal durch das Innere der Erde und tauchte in einem yonischen[92] Heiligtum nahe der Stadt Clitor (griechisch *kleitoris*) wieder auf, das der Großen Mutter geweiht war. Die Styx war der Blutstrom aus der Vagina der Erde; ihrem Wasser wurden die gleichen fruchtbaren Kräfte wie dem Menstruationsblut zugeschrieben.«[93] Die griechischen Mystiker glaubten, sie würden aus der Styx wiedergeboren, und deshalb wurde auch mit den Wassern der Styx getauft, ein Akt, der Tod und Wiedergeburt symbolisierte. So mußte auch Jesus, bevor er sein Werk beginnen konnte, mit den Wassern des Jordan, das heißt eigentlich: mit dem Blut aus dem Schoß der Großen Göttin, getauft werden.

Das herrschende weibliche Schönheitsideal – Hintergrund und Bedeutung

Es fällt uns nicht zuletzt deshalb schwer, ein eigenes Identitätsgefühl, ein eigenständiges Bild von Frausein zu entwickeln, weil Weiblichkeit in unserer Gesellschaft vorrangig über die äußere Erscheinung definiert wird. Welche Bedeutung hat es, daß es überhaupt ein solches allgemein verbindliches Schönheitsideal gibt? Und warum ist das derzeit in unserer Gesellschaft propagierte weibliche Schönheitsideal ein Kind mit großen Brüsten, das mit den naturgegebenen Körperformen der meisten Frauen absolut nichts zu tun hat?

Mamouth: Was ihr als Schönheitsideal vorgeführt bekommt und worauf ihr euch bezieht, ist ein künstlich erschaffenes Wesen. Es wurde und wird von der Werbung und den Medien erzeugt, und diese künstliche Frauengestalt ist ein natürlicher Teil jenes vollkommen künstlichen Systems, in dem ihr lebt.

Dieses wiederum gehört zu einem weiteren »künstlichen System«, nämlich eurem von Menschenhand geschaffenen Wirtschaftssystem, das seine Künstlichkeit vor allem daher bezieht, daß kein konkret erfahrbarer Zusammenhang mehr besteht zwischen den einzelnen Teilen eines menschlichen Lebens (zumindest in der von euch so bezeichneten Ersten Welt). Ihr seid zum Beispiel keine Nomaden, und die meisten von euch sind auch keine Bauern, sondern ihr geht in den Supermarkt, wenn ihr euch etwas zu essen besorgen wollt. Auch geht ihr nicht auf einen Marktplatz, um dort mit Menschen, die ihr kennt, Dinge auszutauschen, die ihr produziert habt, gegen Dinge, die sie produziert haben. Sondern ihr habt ein übergeordnetes Äquivalent, nämlich Geld, und mit diesem Mittel regelt ihr all eure Beziehungen untereinander.

Dieses sehr unsinnliche System ruft auf der anderen Seite eine große Sehnsucht nach Unmittelbarkeit, Ursprünglichkeit und Direktheit hervor – doch das von euch geschaffene System kann und soll dieses Bedürfnis nicht erfüllen. Also wurde eine Symbolfigur für dieses Bedürfnis erschaffen, eben jene, die ihr »weibliches Kind mit Busen« nennt. Sie ist ebensowenig wirklich und ebensowenig erreichbar wie diese bunte Bilderwelt, die euch in der Werbung, im Fernsehen entgegenlacht und euch anlocken soll. Es geht mit diesem Schönheitsideal darum, eine Vielzahl von Wünschen zu kanalisieren und zu lenken – hin auf ein real nicht existierendes Artefakt. Und dieses Artefakt funktioniert gerade deshalb so gut, weil es ein Symbol und damit nicht Wirklichkeit ist, weil es nicht erfüllbar ist, es sei denn von einigen wenigen Frauen oder, besser gesagt, jungen Mädchen, die es auf sich nehmen, entsprechende Operationen durchführen zu lassen oder sich zumindest strikten Diäten zu unterwerfen.

Eine weitere Funktion des unerreichbaren weiblichen Schönheitsideals besteht darin, das System der »Entfremdung« zu unterstützen, also jede Form von Unmittelbarkeit zu verhindern und einen Keil zu treiben zwischen das eigene unmittelbare Empfinden von Weiblichkeit, und das, was als Weiblichkeit empfunden oder *ge*funden werden soll. Um es weniger kompliziert auszudrücken: Eine Frau, die feststellt, daß ihre Brüste, gemessen an der Abbildung auf dem Werbeplakat, wohl zu klein sind, wird sich vielleicht zu einer kostspieligen Operation entschließen und damit das System weiter nähren und in Schwung halten. Eine andere Frau wird von dem Werbeplakat zu dem Urteil verleitet, sie sei zu dick, und fühlt sich dann veranlaßt, in ein Wäschegeschäft zu gehen und sich ein Mieder zu kaufen – und auch damit ist der Keil zwischen die Persönlichkeit und ihr unmittelbares Empfinden geschoben.

Das sind die beiden Funktionen, die das Schönheitsideal »weibliches Kind mit Busen« hat: einerseits dem System Nahrung zu geben und andererseits den Keil zwischen das unmittelbare Empfinden und die Persönlichkeit zu schieben, indem eine direkte, unmittelbare, unverfälschte Lebensfreude unmöglich gemacht oder zumindest sehr erschwert wird. Und an ihre Stelle wird die Behauptung gesetzt, es bedürfe gewisser Mittel, um diese Lebensfreude empfinden zu können oder überhaupt empfinden zu *dürfen*.

Vielleicht hilft euch das, was wir gesagt haben, dabei, euch von dieser Symbolfigur »weibliches Kind mit Busen« zu trennen und sie als das zu betrachten, was sie ist, nämlich eine Konstruktion. Und zwar eine Konstruktion, die, entgegen aller Behauptungen, ganz und gar nicht die Kombination aller häufigsten und sehnlichsten Männerwünsche ist. Vielmehr ist sie, wie wir gesagt haben, etwas, das in der Realität nicht existiert und das infolgedessen von Männerseite aus nicht zu *besitzen* und von Frauenseite aus nicht zu *sein* ist.

Sirius-Kollektiv: Da unserer Energie ein starkes Befreiungspotential innewohnt, möchten wir näher auf die Frage eingehen, wie ihr Frauen euch von jenem übergestülpten Schönheitsideal befreien könnt. Tatsächlich ist es, angesichts des euch bevorstehenden großen Bewußtseinssprungs, ein wichtiger Schritt zu eurer individuellen Befreiung wie zur Befreiung des gesamten menschlichen Kollektivs, daß ihr immer mehr solcher künstlich geschaffener Abbilder immer schneller und immer prägnanter zu erkennen und für euch zu dekreieren vermögt. Ohne ein klares Bewußtsein über kollektive Zwänge und die Befreiung aus ihnen ist der Bewußtseinssprung eigentlich gar nicht zu schaffen. Indem ihr die Unbeseeltheit dieser Folien und Formen erkennt, fällt es euch um so leichter, eine derartige Form aus eurem Mentalkörper wieder zu entfernen. Und jede Frau, die dies tut, erweist damit auch dem Kollektiv einen Dienst: Sie erleichtert es allen anderen Frauen, die keine Lust haben, sich weiterhin so in ihrer Lebensfreude einschränken zu lassen, diesen Sprung und diese Befreiung zu schaffen.

Für die nun folgenden Übungen möchten wir euch die Energie des Spiels und der Lust an diesem Spiel mitgeben. Ihr solltet sie nicht tierisch ernst betreiben, mit einer Art flammender Empörung im Bauch wie Marianne zu Zeiten der französischen Revolution, sondern mit spielerischer Leichtigkeit. Übt mit Neugier und Leichtigkeit, die Fremdinformationen aus euren Körpern zu entfernen und andere Potentiale einzusetzen, die aufgrund eurer Seelenfrequenz viel lustvoller für euch und liebevoller sind und andere Energien damit abhalten.

Übung zum Selbstverlieben *(Mamouth)*

Diese Übung hilft dir, dich resistent zu machen gegen die Einflüsterungen der Werbeindustrie, du müßtest anders aussehen, als du es tust.

1. *Stelle dich jeden Morgen nach dem Duschen vor den Spiegel und betrachte dich: freue dich an deinen weiblichen Formen, freue dich an deiner Schönheit. Höre auf, dein Spiegelbild mit dem Bild, das du vom*

Model Sowieso oder von der Plakatwand gegenüber deines Fensters hast, in Übereinstimmung zu bringen. Mache dir bewußt, daß das, was dich zuallererst daran hindert, mit dir selbst glücklich und zufrieden zu sein, die Bilder dieser Kunstfiguren sind, die in deinem Kopf herumschwirren.

2. *Ersetze aufmerksam, liebevoll und bewußt diese Bilder durch dein eigenes, das dir aus dem Spiegel entgegenstrahlt und das du selbst bist. Sage dir laut, daß du ganz richtig und vollkommen in Ordnung bist, so wie du bist. Wärest du nicht so in Ordnung, wie du bist, würdest du anders aussehen. Das ist einfach so.*

3. *Wenn es dir nicht gleich gelingt, dich in dein Spiegelbild zu verlieben, weil es dir schwerfällt, die Plakatwand-Bilder aus deinem Kopf zu vertreiben, dann kannst du auch Bilder anderer Frauengestalten zu Hilfe nehmen. Wichtig ist, daß du dich nicht an ihrem Äußeren orientierst, sondern deine Wahl im Hinblick auf die Qualitäten, die sie verkörpern, triffst. Es ist dabei völlig dir selbst überlassen, zu welcher Art von Frauengestalt du dich hingezogen fühlst – es kann eine Schriftstellerin, eine Malerin oder eine Politikerin aus neuerer Zeit sein oder auch die uralte Abbildung einer archaischen Muttergottheit oder die Statue einer afrikanischen Göttin. Suche dir die Qualitäten, die dich faszinieren und die du in dir verstärken möchtest. Vergegenwärtige dir diese Qualitäten, bringe sie mit dir selbst in Übereinstimmung und verschmelze sie zu deiner Wirklichkeit.*

4. *Wenn du deine Wirklichkeit gefunden hast, bist du auch nicht mehr anfällig für die »Du sollst-« und »Du mußt-« und »Du darfst nicht«-Botschaften, die diese seltsamen Kunstprodukte von der Plakatwand dir zuzuflüstern versuchen.*

**Übung zum Dekreieren
gesellschaftlicher Bilder
(Sirius-Kollektiv)**

1. Suche dir ein Bild, zu dem du eine besonders starke Resonanz in dir spürst, von einer Frau, die das gängige Schönheitsideal verkörpert (ein Foto in einer Zeitschrift, ein Plakat oder ähnliches).

2. Beobachte mit spielerischer Neugier deine Reaktion auf dieses Bild und versuche herauszufinden, was sich in der Konfrontation mit einem solchen Schönheitsideal in dir abspielt: Welches Körperempfinden stellt sich ein? Welche Gefühle steigen in deinem Emotionalkörper auf? Welche Selbstverurteilungen fällst du in deinem Mentalkörper, welche Glaubenssätze werden aktiviert?

3. Seziere nun kühl und mit analytischem Verstand, aber durchaus mit Humor, was genau dieses Foto, dieses Werbeplakat dir suggerieren will. Was sollst du tun, was sollst du kaufen, wie sollst du sein?

4. *Gehe jetzt zu dir und deiner ureigenen Energie zurück: Schließe die Augen und stelle dir vor, du sitzt in einer Kugel aus goldenem Licht. Nimm ein paar tiefe Atemzüge und spüre, wie du ruhig wirst. Atme mit jedem Ausatmen alles, was nicht zu dir gehört, von dir weg, und mit jedem Einatmen holst du deine eigene Energie wieder zu dir zurück. Spüre, wie mit jedem Atemzug Selbstakzeptanz und Liebe deine goldene Kugel füllen und wie Selbstkritik, Selbstzweifel und Unzufriedenheit mit dir und deinem Körper, die das Bild in dir auslösten, aus deiner Kugel heraus von dir wegfließen.*

5. *Vergegenwärtige dir die Energie der Botschaft, die das Bild dir zu suggerieren versuchte. Wie sieht sie aus, wie fühlt sie sich an im Vergleich zu deiner eigenen Energie, die dich in deiner goldenen Kugel umfließt? Wo genau stimmt das, was du tun, kaufen oder sein sollst, um angeblich glücklich zu sein, mit deiner eigenen Energie nicht zusammen? Wenn du dies herausgefunden hast, atme die Energie der Botschaft, wo sie nicht mit einer deiner eigenen harmoniert, mit ein paar kräftigen Atemzügen endgültig aus deiner Kugel heraus.*

6. *Spüre, wie die Energie der Selbstliebe und des Einsseins mit dir selbst all jene Stellen in deinem physischen Körper und deinen feinstofflichen Körpern umfließt und anfüllt, die von der Konfrontation mit dem Schönheitsideal besonders betroffen waren.*

7. Wenn du einmal herausgefunden hast, an welchen schwachen Stellen dich solche Außeninformationen treffen, kannst du deinem Potential an Selbstakzeptanz, das du an die Stelle der Suggestionen gesetzt hast, einprogrammieren, daß es all die fremden Informationen umgehend wieder zurückschickt. Mit der Zeit wirst du spüren, daß du in deiner unbedingten Liebe zu dir selbst auf einer wesentlich höheren Frequenz schwingst als zuvor mit all deinen Selbstzweifeln, und dies macht dich schließlich gänzlich unempfänglich für diese Art von suggestiver Information.

Teil II

Die Polarität von Weiblich und Männlich

Die Polarität von Weiblich und Männlich

Was ist das weibliche Prinzip, und was ist das männliche Prinzip?

Mamouth: Das weibliche Prinzip dehnt sich von einem Zentrum in alle Richtungen aus, während das männliche Prinzip auf ein bestimmtes Ziel gerichtet ist oder in eine bestimmte Richtung zielt. Es ist also linear und gerichtet, während das weibliche Prinzip als Bild eher einem sich ausdehnenden Kreis gleicht, ähnlich der Kreise, die sich bilden, wenn man einen Stein ins Wasser wirft.

Die männliche Energie ist heftiger als die weibliche Energie, und sie ist stoßweise. Weibliche Energie kann sich nahezu unbegrenzt (nahezu unbegrenzte Zeit, um in euren Begriffen zu sprechen) auf nahezu unbegrenzt viele Dinge konzentrieren, während männliche Energie weitgehend auf *ein* Ziel beschränkt ist und auf die Erreichung oder Verwirklichung dieses einen Ziels. Die männliche Energie schwingt höher als die weibliche Energie, aber sie ist im Gegensatz zur weiblichen Energie nicht kontinuierlich.

Wir möchten euch jedoch daran erinnern, daß es kein weibliches Prinzip und kein männliches Prinzip in seiner reinen Form gibt, sondern daß immer Mischformen vorliegen. Wenn die weibliche Energie vorherrscht, dann ist es eine Energie, die sich ausdehnt, aber dennoch immer wieder stoßweise Ausformungen erfährt. Und wenn es sich um eine vorherrschend männliche Energie handelt, dann ist es eine gebündelte, hohe, aber begrenzte Energie, die immer wieder Ausweitung und Ausdehnung erfährt, aber eben nicht in dem Maße, wie es die Energie eines Wesens kann, das vorwiegend weiblich ist.

Sirius-Kollektiv: Das urweibliche Prinzip, das ihr auch mit »Göttin« bezeichnet, findet ihr auf allen Ebenen, in allen Schichten, in allen Ausformungen, in jeder Dichte, wobei ihr auf einem der dichtesten Planeten eures Universums seid. Die urweibliche Energie ist ein ewiges Fließen, das niemals stehenbleibt, sich nicht festmacht, sich nicht festlegen läßt.

Das, was in euren physischen Körpern als Flüssigkeit vorhanden ist, ist mit der weiblichen Energie zu vergleichen, während eure Körperorgane teils männlich, teils weiblich sind. Da viel Vermengung und Vermischung, sowohl im einzelnen Organismus wie im Erdkörper selbst sowie in allen Lebewesen, die sich in Erdnähe befinden, vorhanden ist, ist es nicht so einfach abzugrenzen, was das weibliche und das männliche Prinzip ist. So seid ihr etwa in einem weiblichen Körper kein rein weibliches Wesen, da alles, was überhaupt einen Körper besitzt, sei er grobstofflich oder feinstofflich, bereits zusammengesetzt ist aus weiblichen und männlichen Energien. Es gäbe überhaupt keine Erscheinungsform ohne den Zusammenschluß von weiblichen und männlichen Energien. Und so möchten wir, wenn wir eure Körper, eure Geschlechtlichkeit betrachten, sagen, ihr habt zwar einen männlichen oder weiblichen Körper, das Wesen, das darin wohnt, ist jedoch männlich wie weiblich und auch androgyn.

Auch in der höchsten Einheit, die ihr als das Göttliche bezeichnet, ist Männliches und Weibliches enthalten. Wenn wir es zerlegen, kommen wir wieder zur Polarisierung von ewigem weiblichem Fließen und dem männlichen Prinzip, das diesem ewigen Fließen Grenzen und Struktur verleiht. Sei diese Struktur noch so feinstofflich, ist sie doch so beschaffen, daß sie etwas von dem Fließen sozusagen einfängt in eine Form oder in einen Körper.

Und grob vereinfacht ist das, was einfängt, begrenzt, strukturiert, das männliche, und das, was ewig fließen und niemals anhalten würde, das weibliche Prinzip.

Wenn in allem Lebendigen männliche und weibliche Anteile enthalten sind – warum ist (oder war) dann die Festlegung in eine Geschlechterrolle in unserer Gesellschaft so überaus wichtig?

Die Mutter: Es gibt in bezug auf die Festlegung in Geschlechterrollen eine euch unendlich lang erscheinende Tradition, was Frauen und Männer, Mädchen und Jungen sind. Zum einen tun eure Erziehungspersonen das Ihrige, um euch klar zu machen, wie ihr euch zu verhalten, wie ihr zu fühlen und zu sein habt aufgrund eures Geschlechts, zum anderen sickern aus der kollektiven menschlichen Erfahrung zunehmend Informationen in euer Ich-Bewußtsein, in die Ebene eurer Persönlichkeit ein. Und so entsteht ein gewisses Rollenverhalten, das euren weiblichen beziehungsweise männlichen Körpern angemessen erscheint.

Doch empfindet sich ein Kind, obwohl es mit einem weiblichen oder männlichen Körper auf die Welt kommt, erst einmal als *Wesen* und nicht als Mädchen oder Junge. Es spürt noch kaum das, was seinen Körper ausmacht, da es viel mehr hin- und hergeht zwischen den Welten und noch mit ganz anderen Dimensionen verbunden ist. Das Empfinden eines bestimmten Geschlechts tritt erst in Erscheinung, wenn das Bewußtsein über den Körper und über den Unterschied der Körper wächst. Und es geht einher mit der Entwicklung dessen, was ihr mit »Ich« bezeichnet, mit der Persönlichkeit.

Nun hat diese Einschränkung, Prägung oder Festlegung, die euch widerfährt aufgrund des Körpers, den ihr in dieser Inkarnation habt, natürlich einen übergeordneten Sinn. Denn ihr würdet euch innerhalb eurer menschlichen Erfahrungsbereiche nicht entwickeln und nicht wachsen, gäbe es nicht diese lange kollektive Erfahrung und diese Richtlinien, die euch jetzt immer mehr einengen. Gäbe es nicht diese (vorübergehende) Identifizierung mit einem weiblichen oder männlichen Körper innerhalb der Gesamtheit eurer Persönlichkeit, würdet ihr dastehen wie die ersten Menschen auf dem Planeten, mit sehr wenig Bewußtheit und sehr wenig Wissen darüber, wie ihr euch miteinander bewegen und verhalten könnt. Andererseits seid ihr in eurer individuellen und kollektiven Entwicklung nun an einem Punkt angelangt, da ihr die traditionellen Festlegungen in ein Geschlechterrollenschema als einengend empfindet und darüber hinauszuwachsen beginnt.

Mamouth: Die Festlegung in Geschlechterrollen ist daraus entstanden, daß die verschiedenen Zivilisationen im Laufe der Zeit für die urweibliche und für die urmännliche Energie in ihren mannigfaltigen Ausformungen entsprechende Bilder gefunden haben, und diese Bilder führten schließlich zu einer großen Starrheit.

Beispielsweise hat die Tatsache, daß die weibliche Energie sich von einem Zentrum her ausdehnt und sich auf viele Dinge oder eigentlich auf alles, was um sie herum ist, gleichzeitig ausrichten kann, dazu geführt, daß diese Energie mit der Gefühlswelt und den Emotionen gleichgesetzt wurde. Und so ist das Bild oder das Vorurteil entstanden, Frauen seien gefühlsbetonte oder sogar ausschließlich von ihren Gefühlen bestimmte und beherrschte Wesen und deshalb nicht imstande, ihre Ratio zu benutzen. Daraus hat sich die Vorstellung abgeleitet, daß ein Mann im Gegensatz dazu nicht empfinden könnte und auch gar nicht empfinden müßte.

Die Hauptursache für die Trennung der Geschlechter und für die noch bestehenden starren Geschlechterrollen liegt also darin, daß männliche und weibliche Energien nicht als neutrale Qualitäten aufgefaßt werden, die sie in Wirklichkeit sind, als Grundprinzipien allen Lebens, sondern als Verhaltensanweisungen und auch als Verhaltensregeln, die Menschen wie ihr heutzutage als *Maß*regelungen empfinden, als ein Korsett, das allzu eng geworden ist.

Kann eine Seele vor der Inkarnation wählen, ob sie in einem männlichen oder einem weiblichen Körper geboren wird? Und wenn ja, welches sind die ausschlaggebenden Kriterien?

Mamouth: Die Entscheidung, ob eine Seele sich in einem weiblichen oder in einem männlichen Körper auf der Erde inkarniert, gehört zu den Entscheidungen, die für sie am wenigsten wichtig sind. Wenn eine Seele auf dem Weg ist, sich von neuem in einen Körper zu begeben, dann hat sie die Wahl zwischen einer Vielzahl von Möglichkeiten – Aufgaben, die sie bewältigen und Erfahrungen, die sie machen möchte. Natürlich braucht sie dazu einen Körper. Aber wir möchten sagen, daß es eher sekundär ist für die Seele, in welcher Art von Polarisierung, das heißt, in welchem Körper, sie auf die Welt kommt. Das körperliche Gefäß, die Masse extrem verdichteter Materie also, die die Seele auf Erden hat, beeinflußt natürlich die Erfahrungen und die Art der Erfahrungen, die der Mensch dann macht. Aber vorrangig ist die Erfahrung und das Erleben, *überhaupt* einen Körper zu haben. Unter den vielen »Optionen« oder Möglichkeiten, die ihr offenstehen, und unter den vielen Dingen, die es in Erwägung zu ziehen gilt vor einer Inkarnation, steht die Frage nach dem männlichen oder weiblichen Körper nicht im Vordergrund.

Es ist in den meisten Fällen weitaus wichtiger, in diese oder jene Familie hineingeboren zu werden, mit der bereits karmische Verbindungen geknüpft sind, die dann unter Umständen vertieft oder auch bereinigt oder gelöst werden sollen. Ebenso bedeutsam ist das soziale Umfeld, in das hinein sich die Seele inkarniert, und, abhängig von diesen Startgegebenheiten, in welchem sozialen Umfeld der Mensch sich dann bewegt, wenn er erwachsen ist. Das ist wichtig, damit die Seele die Erfahrungen machen kann, die sie machen will, um sich immer weiter entfalten zu können. Beispielsweise will ein bestimmter Mensch in seiner Jugend genügend gefordert sein, um seinen Geist zur Unabhängigkeit von äußeren Einflußnahmen auszubilden, so daß auf der Seelenebene bestimmte Erfahrungen möglich sind.

Wenn es so wenig wichtig ist, welches Geschlecht der Körper hat, den die Seele sich sucht, was ist dann der seelische Hintergrund dessen, daß manche Menschen sich so extrem unglücklich fühlen mit dem Geschlecht, das sie haben?

Mamouth: Das kann die Ursache haben, daß sich die Seele, bevor sie sich inkarniert hat, *zu* wenig mit der Frage auseinandergesetzt hat, welches Geschlecht sie haben möchte. Und daß sie dann mit dem Geschlecht des Körpers, den sie trägt, eben nicht die Erfahrungen machen kann, die sie machen möchte.

Es kann zum Beispiel die Erfahrung umfassender Liebe und selbstloser Hingabe nicht gemacht werden, wenn eine Seele in einem männlichen Körper steckt und sich in

Lebensumständen befindet, die es dem Mann einfach nicht erlauben, sich anstelle der Frau etwa um die Familie zu kümmern. Ebenso kann eine Frau möglicherweise nicht die Erfahrung machen, zu kämpfen und sich durchzusetzen und in einer Position zu sein, wo sie mit sehr viel Verantwortung umzugehen hat, weil ihre konkreten Lebensumstände es nicht zulassen, daß sie sich eine solche Position erkämpft. Auch aus diesen Gründen ist das soziale Umfeld wichtig, in das eine Seele sich inkarniert. Natürlich hängt es auch von der »Aufgeklärtheit« der Kreise ab, in denen die jeweilige Person sich bewegt, inwieweit sie als Frau Verhaltensweisen und einen Lebensstil leben kann, die als männlich angesehen werden, und umgekehrt gilt das gleiche für den Mann.

Um es noch einmal zusammenzufassen: Der seelische Hintergrund für ein extremes Unglücklichsein mit dem eigenen Geschlecht liegt darin, daß die Seele sich vor der Inkarnierung mit dem Thema männlicher oder weiblicher Körper nicht oder zu wenig befaßt hat.

Wenn die Wahl des Geschlechts für die Seele keine vorrangige Frage ist, wie kommt es dann immer wieder dazu, daß Menschen ihr Geschlecht umwandeln lassen, weil sie so unglücklich sind mit dem Geschlecht, das sie haben?

Mamouth: Einer der Gründe, aus dem Geschlechtsumwandlungen vorgenommen werden, kann darin liegen, daß sich während einer Inkarnation die Gewichtung von männlichen und weiblichen Energien verschiebt, und zwar so stark, daß das Geschlecht, mit dem die Person auf die Welt gekommen ist, dann tatsächlich nicht mehr angemessen ist. Dies sind allerdings nur sehr selten vorkommende Fälle, zumal eine solche Verschiebung der Energien bereits eine gewisse geistig-seelische Entwicklung voraussetzt. Und weil ein relativ hoher geistig-seelischer Entwicklungsstand erreicht ist oder ohnehin schon besteht, kommt es bei diesen Personen dann auch nur in den wenigsten Fällen dazu, daß sie sich zu einer so gefährlichen und weitreichenden Operation entschließen. Meistens schaffen sie es, dieser Umverteilung der Energien in ihrer Lebensweise und in ihrem Verhalten Ausdruck zu verleihen, und sie muß sich dann nicht unbedingt in der Körperlichkeit niederschlagen.

Eine andere Gruppe von Menschen, die eine Geschlechtsumwandlung vornehmen lassen, ist eigentlich eine sehr unglückliche, weil bei ihnen die weibliche und die männliche Energie in nahezu gleichen Anteilen vorhanden ist. Das führt zu einer großen Verunsicherung, wie ihr euch vorstellen könnt, und häufig werden die Geschlechtsumwandlungen deshalb vorgenommen, weil die betreffende Person denkt, wenn sie nun endgültig das andere Geschlecht körperlich angenommen hat, dessen Energie sie ständig so stark in ihrem Körper fühlt, dann seien ihre Probleme gelöst. Manchmal – das hängt sehr von den sexuellen Neigungen und der Stärke der sexuellen Energie ab – ist die Person hinterher tatsächlich glücklicher. Sehr oft aber ist sie es nicht. Viele dieser Unglücklichen begeben sich nach der Geschlechtsumwandlung in psychiatrische Behandlung, wobei diese, wie ihr euch vorstellen könnt, in vielen Fällen nicht von großer Hilfe ist, weil sie nicht über die geeigneten Mittel verfügt, um die tatsächliche Ursache des Problems, nämlich die gleiche Gewichtung oder Verteilung der Energien, zu erkennen und dementsprechend auch wenig Heilungshilfen bieten kann.

Was bedeutet Mannsein heutzutage und innerhalb der bestehenden Festlegung in eine Geschlechterrolle?

Mamouth: In der gegenwärtigen Zeit bedeutet Mannsein vor allem eine permanente, starke Verunsicherung. Sie rührt daher, daß ein Mann von einer Mutter geboren wurde und die ersten und wichtigsten Jahre seines Lebens, in denen seine Persönlichkeit ihre grundlegende Struktur ausbildete, in den meisten Fällen hauptsächlich mit seiner Mutter zu tun hatte. Da ihm als Orientierungsmöglichkeit nur sie zur Verfügung stand, er aber natürlich genau wußte, er ist ein Junge, konnte sie ihm keine wirkliche Orientierungshilfe bieten. Diese Verunsicherung ist so groß, daß sie ein ganzes Leben lang andauert. Dem Männerstammtisch-Satz, Frauen seien einfach unverständliche Wesen, liegt also ein tieferes Trauma zugrunde, als ihr bei oberflächlichem Hinsehen denken würdet. Es ist tatsächlich so, daß ein Mann sich durch das Vorhandensein der weiblichen Energie unentwegt herausgefordert und verunsichert fühlt. Dies liegt zum Teil natürlich im Verantwortungsbereich der Mütter, zum anderen Teil aber auch im Verantwortungsbereich der – die meiste Zeit abwesenden – Väter.

In der augenblicklichen Situation tritt noch eine weitere Verunsicherung hinzu, die durch die Frauenbewegung ausgelöst wurde. Denn bis dahin hatten Männer sich Refugien geschaffen, in denen sie mit Frauen so wenig wie möglich in Berührung zu kommen brauchten – ihre Arbeitswelt. Nachdem die Frauen sich jedoch mittlerweile ebenfalls in dieser Arbeitswelt erproben wollen, empfinden die Männer das als weitere extreme Verunsicherung und Angriff und reagieren dementsprechend verzweifelt und aggressiv.

Mannsein heißt, zumindest im Augenblick auf der Erde, daß es Gebiete, auf denen ein Mann sich wirklich erfahren könnte in dem Sinne, daß er spüren dürfte, was und wo seine männlichen Anteile sind und wie seine männliche Energie sich anfühlt, nicht gibt. Deshalb ist zum Beispiel die Teilnahme an großen Sportveranstaltungen (so abstoßend sie auf viele Frauen wirken mögen) im Augenblick noch extrem wichtig für Männer: im Fußballstadion oder am Formel I-Ring können sie sich – wenn auch nicht wirklich aufgehoben – doch wenigstens innerhalb der männlichen Energie spüren.

Im Grunde sind die männlichen Wesen auf der Erde heute in großen Scharen auf der Flucht. Sie stoßen mit ihrem Verstand, mit ihrer Ratio, an ihre Grenze.

Hier möchten wir einen kleinen Exkurs einschieben zum Thema Verstand und dem Vorurteil, Frauen könnten nicht denken. Die Ratio, das heißt die Fähigkeit, logisch zu denken, genauer gesagt, zu analysieren, zu vergleichen und der Wertigkeit nach zu ordnen, dieser Teil des Geistes oder diese Art der geistigen Beweglichkeit ist tatsächlich Teil der männlichen Energie. Das heißt natürlich nicht, daß Frauen nicht rational oder logisch denken könnten, denn es trägt, wie gesagt, jedes Lebewesen Anteile beider Energien in sich. Die Ratio korrespondiert jedoch auch in ihrer ihr innewohnenden energetischen Struktur sehr stark mit der männlichen Grundenergie, weil sie sich ebenfalls jeweils auf eines beschränkt und dieses eine weiterverfolgt und nicht »in alle Richtungen« denkt. Dies ist der Unterschied zwischen dem logischen Denken und dem Denken in Analogien, welches wiederum eher der weiblichen Energie entspricht.

Männer sind auf der Flucht, weil sie nicht gelernt haben, anders zu denken als durch ihre Ratio. Und deshalb können sie sich einfach nicht vorstellen, wozu der Aufbruch der Frauen, den sie als Angriff empfinden, gut sein soll. Und es fehlt ihnen entscheidend an schöpferischer Vorstellungskraft, wie sie ihre männliche Energie in einer erweiterten und liebevolleren Art leben und einsetzen können, so wie es bei den Frauen schon begonnen hat. Im Umgang mit Frauen orientieren sich Männer hauptsächlich an dem, was sie – von ihren Müttern – gelernt haben. Oder an dem, was die »Ersatzmütter«, nämlich ihre Partnerinnen, offenbar von ihnen wollen, und das heißt, sie verleugnen ihre männliche Energie ganz und werden zu dem, was ihr »Softie« nennt. Auch was die Männer anbelangt, ist es dringend notwendig, bestehende Vorstellungen über Bord zu werfen und sich darauf zu konzentrieren, neue Visionen über das Männliche und den Mann zu entwickeln.

Wie schlägt sich diese Situation und Befindlichkeit der heutigen Männer auf die Arbeitswelt nieder?

Mamouth: So wie sich uns die Situation darstellt, sind die Männer in ihren eigenen Hierarchien und Strukturen gefangen – wir möchten fast sagen, sie zappeln darin wie das Beutetier im Netz der Spinne – und können sich aus eigener Kraft nicht befreien. Es ist höchste Zeit für einen Wechsel, damit die Frauen mit ihrer frischen, unverbrauchten Energie und ihren Ideen zum Zuge kommen.

Die bestehenden Arbeitsformen und hierarchischen Strukturen basieren auf Vater-und-Sohn-Spielen, die ihrerseits mit den Vater-und-Sohn-Religionen, also dem Christentum und dem Islam, zu tun haben. Das Vorhandensein der Vater-und-Sohn-Religion im Hintergrund ist dafür verantwortlich, daß die Strukturen der Arbeitswelt in dieser Form ausgebildet wurden und daß sie sich so lange halten konnten. Die Religion oder die religiösen Vor- beziehungsweise Leitbilder und Leitsätze, die daraus abgeleitet sind, strukturieren, beeinflussen und formen ganz wesentlich die Arbeitswelt, obwohl diese so profan aussieht und scheinbar so weit entfernt ist von allem

Religiösen. Deshalb wird sich das neue weibliche Selbstbewußtsein im Neuen Zeitalter, die Wiederkehr des Bewußtseins der Göttin*, auch auf die Arbeitswelt auswirken, und zwar indem den Vater-Sohn-Spielen die Energie entzogen wird. Die Vor- und Leitbilder werden sich in Rauch auflösen, und im gleichen Zuge werden die Frauen immer mehr weibliche Formen von Arbeit und Arbeitswelt erschaffen können. Wir sehen sogar einen kurzen Zeitabschnitt, in dem es eher so sein wird, daß die Frauen das Zepter in die Hand nehmen, und in dem die wirklichen innovativen Ideen, die Früchte tragen und sich durchsetzen, von Frauen kommen.

Wie können Frauen mehr Weiblichkeit in die bestehende männerdominierte Arbeitswelt einbringen?

Marman: Im Grunde nur dadurch, daß sie sich selbst als Frauen akzeptieren, daß sie ihr Selbstbewußtsein als Frauen stärken. Weiblichkeit ist sicherlich nicht in bestehende Arbeitsformen einzubringen, solange die Frauen sich nahtlos in die von Männern geschaffenen Strukturen einordnen. Es geht auch hier um den Mut zu eigenständigem Denken, um den Mut, zu sich selbst zu stehen, bei sich selbst zu bleiben, und um den Mut, die eigene Befindlichkeit zum Maß aller Dinge zu machen. Dies meinen wir im Gegensatz zur bestehenden Arbeitswelt, wo das Maß aller Dinge der Wille des Chefs ist oder der Wunsch des Kunden oder der Auftrag, soviel Profit wie möglich zu machen, also alles Maximen und Leitsätze, die mit der Persönlichkeit und dem Anliegen des konkreten Menschen, der da arbeitet, nicht viel zu tun haben. Tatsäch-

---

* Vgl. das Kapitel »Weibliches Selbstverständnis im Neuen Zeitalter« am Ende des III. Teils dieses Buches.

lich ist es ein bestimmendes Merkmal der bestehenden Arbeitswelt, daß diese Leitsätze und Zwänge unbedingt übernommen werden müssen.

Weiblichkeit in diesen Arbeitsformen ist also nur dadurch zu erreichen, daß jede einzelne Frau für sich den Mut findet, sich selbst und ihr eigenes Sich-Wohlfühlen mit ihrer Arbeit in den Vordergrund zu stellen, und daß sie dies konsequent tut und sich nicht beeinflussen läßt von angstmachenden Stimmen, die etwa sagen: »Du mußt dich den bestehenden Strukturen anpassen, sonst kannst du keine Karriere machen.« Im Gegenteil, sie wird nur dann Karriere machen können – eine Karriere, der sie auch gewachsen ist und mit der sie rundum glücklich und zufrieden ist –, wenn sie lernt, bei sich selbst zu sein.

Wie Mamouth schon sagten, wird in den bestehenden Strukturen das Spiel von *Vätern und Söhnen* gespielt, und Frauen ziehen deshalb den kürzeren, weil es schlicht nicht ihr Spiel ist. Und die Strukturen sind nicht so, daß das Spiel die Töchter integrieren würde. Wobei das Vater-Sohn-Spiel durchaus beinhaltet, daß die anwesenden Frauen in den Betrieben unbewußt zu »Müttern« gemacht werden, die einerseits gehaßt werden, weil sie sich doch eigentlich um das Heim kümmern sollten, die aber andererseits unverzichtbar sind als Auffangbecken für Spannungen, weil sonst der nackte Krieg ausbrechen würde. Aus diesem Grunde ist es so wichtig, daß Frauen zu ihrer Weiblichkeit finden und den Mut, sich zuallererst als Frau zu erleben und das auch auszudrücken, weil nur auf diese Weise der Teufelskreis der Vater-und-Sohn-Spiele durchbrochen werden kann.

Was können Frauen und Männer tun, um sich von den als einengend empfundenen Festlegungen in Geschlechterrollen zu befreien?

Mamouth: Zunächst ist es sehr wichtig, daß ihr euch von Bildern und Vorstellungen befreit und erst einmal alles, wovon ihr glaubt, daß es gesichert sei, über Bord werft. All eure Vorstellungen von »männlich« und »weiblich« sind im Grunde genommen falsch, und zwar deshalb, weil ihnen die Verbindung zum Ursprung fehlt: an die Stelle der eigentlichen Verbindung zu dem, was weibliche Energie, und zu dem, was männliche Energie ist, sind Bilder und Vorstellungen getreten. Lernt deshalb auch, euch von Wertungen zu befreien. Das ist nicht ganz einfach, weil ihr in einer Welt lebt, in der Urteilen und Werten ein vorherrschendes Verhaltensprinzip ist.

Versucht deshalb mit größtmöglicher Unvoreingenommenheit und Neugierde zu erspüren, was in euch männlich oder weiblich ist. Ihr könnt das im Alltagsleben zum Beispiel dadurch ausprobieren, daß ihr genau beobachtet, wie ihr etwas anfaßt. Tut ihr dies mit männlicher oder mit weiblicher Energie? Und unterscheidet es sich je nach dem Gegenstand, den ihr anfaßt? Und so gibt es viele Möglichkeiten, wie ihr mit einem menschlichen Körper spielerisch und voller Spaß den weiblichen und männlichen Energien nachspüren könnt.*

Sirius-Kollektiv: Eure Zusammensetzung an männlicher und weiblicher Energie ist nicht festgelegt, vielmehr seid ihr festgelegt *worden* durch die Urteile eurer Eltern, Geschwister, Freunde und Lehrer und anderer Personen und Bilder, die euch beeinflußt haben. Und diese Urteile und Vorstellungen haben sich in euch festgesetzt, oder manchmal habt ihr es auch für besser befunden, in

---

* Vgl. die Kapitel über die Qualitäten des Urweiblichen im I. Teil und die urmännlichen Qualitäten im III. Teil dieses Buches, insbesondere die jeweiligen Übungen.

bestimmten Bereichen eine mehr weibliche oder mehr männliche Qualität zu entwickeln, quasi als Strategie, um besser durchs Leben zu kommen.

Tatsächlich könnt ihr euch jedoch in jedem Augenblick eures Daseins selber neu gestalten. Ihr könnt eure Energiekörper beeinflussen und neu zusammensetzen, und zwar indem ihr euch darauf fokussiert, was in euch weiblich ist und was männlich, wovon ihr zuviel habt und wovon zuwenig, was euch fehlt und was ihr braucht. Ihr habt sogar Einfluß auf die Gestaltung eures Körpers, wenn er euch zu weiblich oder zu männlich erscheint. Die *Absicht* ist dabei von Bedeutung. *Wofür* wollt ihr mehr männliche oder weibliche Energie, *wofür* wollt ihr euch umgestalten? Es ist wichtig, daß ihr euer Ziel kennt, denn sonst baut ihr die falsche energetische Behausung für die richtigen Zwecke oder umgekehrt. Bildlich gesprochen, tragt ihr ja auch nicht eine windige Hütte mit euch herum, wenn ihr zum Nordpol reisen wollt, und wenn ihr euch in die heiße Wüste aufmacht, nehmt ihr kein isoliertes Haus mit, das nicht den geringsten Windhauch durchläßt. Wenn eine Seele zum Beispiel das Muttersein von zehn Kindern erfahren möchte, wird es nicht sinnvoll sein für sie, die Gewichtung von weiblichen und männlichen Energien in Richtung Männlichkeit zu verlagern oder in Richtung berufliche Durchsetzung und die Energien, die sie dafür benötigt, zu verstärken.

Und daher ist es, wenn ihr einen solchen »Umbau eures Hauses« vornehmen wollt, sinnvoll, euch ein Ziel oder Bild zu entwerfen, wie ihr denn sein wollt. Dieses Bild ist wandelbar, ihr könnt es immer wieder neu gestalten. Ebenso wichtig ist es, daß das von euch entworfene Bild in erreichbarer Nähe liegt: Was wollt ihr innerhalb der nächsten fünf Jahre erreichen oder am Ende der nächsten zehn Jahre erreicht haben? Welche Qualitäten wollt ihr da entwickelt haben? Schafft euch ein klar erkennbares Bild, und damit eine Vision, die auch verwirklichbar ist. Es ist wichtig für euch, daß ihr die *Fortschritte* erkennen könnt und Erfolgserlebnisse habt. Daß ihr spürt, aha, mit dem Evozieren dieser oder jener Energie bin ich näher an meiner Vision von Frausein in der heutigen Zeit.*

Beachtet bei eurer Umgestaltung auch euer Raum-Zeit-Verhältnis. Natürlich könnt ihr euren Körper nicht von heute auf morgen umgestalten, jedoch zieht die energetische Neustrukturierung im Feinstofflichen unweigerlich eine Umgestaltung der Physis nach sich.

Partnerschaft

Warum gehen zur Zeit so auffällig viele Partnerschaften auseinander?

Mamouth: Die häufigen Trennungen haben mit dem anstehenden Bewußtseinssprung der Menschheit zu tun, dessen notwendige Voraussetzung es ist, daß jeder Mensch auf sich gestellt ist. Daß ihm seine Idole und Ideale und seine Identifikationsvorgaben zertrümmert werden, daß er sich an nichts mehr festhalten kann, an keiner Ideologie, an keinem Bild, keiner Vorstellung oder Verhaltensmaßgabe und wirklich sehen muß, wie er selbst, quasi schutzlos und nackt, in der Wirklichkeit steht und mit der Wirklichkeit klarkommt.

---

* Siehe hierzu auch die Übungen *Wer bin ich, und wenn ja, wie viele?* und *Der feinstoffliche Kleiderschrank* im Kapitel »Weibliches Selbstverständnis im Neuen Zeitalter« am Ende des III. Teils dieses Buches.

Dieser Bewußtseinssprung steht aber nicht erst bevor, sondern hat längst begonnen und wird sich nur in der nächsten Zeit zunehmend beschleunigen, wie eine Lawine. In dieser Phase der menschlichen Entwicklung ist es nun so, daß einige Menschen mehr oder weniger deutlich erkennen, was sich da abspielt, oder zumindest spüren, *daß* da etwas im Gange ist, und sich dem öffnen und anschließen und diesen Prozeß sogar aktiv unterstützen. Und von diesen angefangen gibt es alle Ausprägungen und Stufen von Bewußtheit bis hin zu völliger Negierung und totalem Rückwärtsgewandtsein und Sich-Festklammern an dem, was ist. (Solche Menschen finden sich oft in Gruppierungen zusammen wie denen, die ihr die konservativen Parteien nennt. Aber das nur am Rande.)

Es ist nun so, daß Partnerschaften, in denen der eine Teil des Paares vom Sog der Lawine erfaßt wird und der andere nichts davon spürt, auseinandergerissen werden. Wir können hier im Bild bleiben und sagen: Der eine wird von der Lawine mitgerissen, läßt sich mitreißen oder reitet auf ihr, und der andere ist von der Lawine noch nicht erfaßt worden und bleibt oben am Berg stehen. Da ist, zumindest bis diese Diskrepanz wieder aufgeholt und die Kluft wieder geschlossen ist, einfach keine Verbindung mehr möglich.

Ein weiterer Aspekt dieses großen Umwälzungsprozesses des menschlichen Bewußtseins besteht darin, daß viele Menschen spüren, daß sie Altes hinter sich lassen müssen. Es geht bei diesem Bewußtwerdungsprozeß oder Bewußtseinssprung ganz entscheidend darum, daß die Menschheit vieles über die Funktionsweise und den Daseinszweck ihres Ego begreift. Und viele spüren jetzt schon sehr stark, daß Ego und Persönlichkeit zwar in gewisser Weise ausgesprochen nützlich, aber eben bei weitem nicht alles sind und daß eine Entwicklung oder Entfaltung des

Bewußtseins, auch des individuellen Bewußtseins, nicht möglich ist, solange ein Mensch in den Mauern seines Ego gefangen bleibt. Auch kann innerhalb der Mauern des Ego nur eine begrenzte Anzahl von Aktionen stattfinden, die bekanntermaßen mit »Spiele des Ego« bezeichnet werden. Viele Menschen, die nun spüren, daß das Ego nicht alles ist, die spüren, daß es weitergeht und daß sie schon einen Schimmer dessen erhascht haben, was dann der nächste Entwicklungsschritt und Entwicklungsstand sein wird, möchten sich gerne loslösen von den Spielchen, die das Ego treibt. Es ist im Augenblick ein Zwischenstadium, in dem viele Menschen sich sagen: »Das, was ich kenne und was ich immer schon getrieben habe, die Spielchen des Ego, will ich nicht mehr weiterspielen – aber ich weiß noch nicht, wie ich statt dessen eine Partnerschaft befreit leben soll, und deshalb ziehe ich mich zurück und gehe zunächst einmal keine Partnerschaft mehr ein.«

    Natürlich ist nur den wenigsten Menschen bewußt, daß dies das Eingreifen ihres Höheren Selbst ist. Die meisten empfinden es als unendlich schmerzhaft, wenn sich ihre mehr oder weniger lang andauernde Partnerschaft auflöst. Und meist geschieht diese Auflösung schlagartig, es ist hier ein uranisches Potential am Werk, das in Verbindung steht mit der Umwälzung des Bewußtseins. Es ist keine langsame Auflösung, es ist auch keine langsame Entwicklung in verschiedene Richtungen, so daß man sich fast unmerklich voneinander entfernt. Statt dessen stellt sich meistens innerhalb kürzester Zeiträume alles auf den Kopf, und die Partner stehen sich gegenüber, sehen sich fassungslos an und wissen nicht, was da passiert ist und warum sie plötzlich an getrennten Ufern eines breiten Flusses stehen, obwohl doch vor einem halben Jahr noch alles in Ordnung war. Das sind dann einfach diese Momente, wo der eine erfaßt wurde von der Lawine und der andere nicht, und damit ist diese Trennung binnen kürzester Zeit da.

Wir möchten hier noch hinzufügen, daß es nur begrenzt möglich ist, sich willentlich von der Lawine erfassen zu lassen. Es führt meist nicht weit, wenn derjenige, der nicht von der Lawine erfaßt wurde, um seine Partnerschaft zu retten, nun sagt, »Gut, jetzt schaffe ich mir das ganz schnell drauf, jetzt kümmere ich mich darum, was das eigentlich ist, diese Esoterik, und worum's da eigentlich geht und lese zwanzig Bücher, und dann bin ich auch dabei«. An die Lawine angeschlossen zu sein, um von ihr mitgerissen zu werden, setzt eine ganzheitliche Einstimmung des gesamten Wesens auf allen Ebenen voraus, und diese Einstimmung läßt sich nicht erzwingen. Auch aus diesem Grund lassen sich viele Partnerschaften, die sich auflösen, nicht wieder zusammenführen, jedenfalls nicht so, daß es eine wirklich tiefe innere Verbindung ergibt.

In diesem Zusammenhang möchten wir noch sagen, daß – so schockierend das für manchen klingen mag – jene Verbindungen, die auseinandergerissen werden, weil der eine von der Lawine erfaßt wurde und der andere nicht, in den meisten Fällen auch keine tiefen inneren Verbindungen waren. Es lag dann eine Verbindung vor, die auf emotionaler oder auf mentaler Ebene gut funktioniert hat oder auf körperlich-sexueller Ebene, aber die Verbindung auf der Seelenebene war eben in den meisten Fällen ohnehin nicht vorhanden. Es war eher die auf seelischer Ebene getroffene Vereinbarung, ein Stück des Weges gemeinsam zu gehen und sich dann wieder zu trennen.

Sirius-Kollektiv: Einen maßgeblichen Grund für das von euch beobachtete Auseinandergehen so vieler Partnerschaften haben Mamouth euch schon genannt, nämlich daß der einzelne sich über sein ureigentliches Potential bewußt wird. Und das ist manchmal nur möglich, wenn kein Partner zur Verfügung steht, der kindliche Bedürfnisse in euch abdeckt, der euch suggeriert, daß ihr nicht allein seid, der euch vieles abnimmt, indem ihr vieles auf ihn projizieren könnt, auch eure Schuldzuweisungen. Der Beschluß, eine Beziehung aufzulösen und allein zu sein, der auf der Persönlichkeitsebene oft als so schmerzhaft erlebt wird, wurde jedoch auf der Seelenebene gefaßt. Wenn ihr also allein seid, ist dies geschehen auf den Beschluß eurer Seele hin, euch einen wichtigen Entwicklungsimpuls zu geben, der jenseits eurer Verletztheiten, jenseits eurer Trauer, jenseits eurer Einsamkeit wirkt, mit der ihr euch in dieser Phase auseinandersetzen müßt, um zu wachsen. Das Ziel ist, daß ihr euch eurer ureigensten Kraft, eures Wesens bewußt werdet und auch dessen, *wer ihr eigentlich seid* – jenseits eurer verschiedenen Identifikationen und Identitäten.

Doch nicht alle Menschen, die als Singles leben, tun dies aus den gerade genannten Gründen. Auch daß gesellschaftliche Notwendigkeiten und Konventionen von euch abgefallen sind, spielt eine Rolle. Zum Beispiel befreien Menschen, vorwiegend Frauen, sich aus finanziellen Abhängigkeiten von Partnern, die sie über Geld und materielle Dinge an sich gebunden hielten.

Ein anderer Grund kann auch gerade nicht die Befreiung vom Ego, sondern das zu starke Ego sein. Auch ein Sich-nicht-einstellen-Wollen auf einen anderen Menschen, ein Nicht-teilen-Wollen, eine Überbetonung des eigenen Raums, der zwingend notwendig zu sein scheint, die Überbewertung der Individualität, ist häufig zu beobachten. Denn wie in allen Prozessen sind auch hier, beim anstehenden Bewußtseinssprung der Menschheit, starke Gegenkräfte wirksam. Nun ist dies keine Kritik, denn eines geschieht nicht ohne das andere, und ohne die Einsamkeit zu spüren, wenn das Ego zu stark wird und eigentlich keinen anderen neben sich dulden will, gibt es oft auch keinen Impuls, die Dominanz des Ego zu transformieren. Für jede Phase gibt es eine eigene Zeit und ein eigenes Zusammenspiel der Kräfte.

Wir wollen damit allerdings keineswegs ausdrücken, daß alle Menschen, die zur Zeit als Singles leben, näher am Bewußtseinssprung wären als jene, die sich in langjährigen, treuen Partnerschaften befinden und die sich sehr wohl zusammen mit ihrem Partner weiterentwickeln. Und deshalb möchten wir euch nachdrücklich sagen: Habt Vertrauen, daß das, was gerade ist, stimmt. Und befreit euch von Normen, die euch weismachen wollen, ihr solltet in einer Beziehung sein oder auch in keiner. Es wird zunehmend wichtiger, der Stimme eurer Seele Gehör zu schenken und das anzunehmen, was ist, und es als ganz in Ordnung und als genau richtig für euch zu erkennen und zu empfinden. Und alle anderen Schwingungen, mit denen euer gesellschaftliches Korsett euch einzuschnüren versucht, spielerisch und lustvoll zu entfernen.

Übung zum Loslassen der Energien des Partners bei einer Trennung
(Die Mutter)

Dies ist eine Meditation, die du durchführen kannst, wenn du fühlst, daß eine Trennung von deinem Partner (oder von einem anderen dir nahestehenden Menschen) notwendig geworden und richtig für dich ist. Es ist wichtig, dir darüber im klaren zu sein, daß es nicht die Ebene der Liebe oder des Mitgefühls ist, die du loslassen mußt, also die Essenz dieser Beziehung, die noch da ist und die du in deinem Herzen findest. Denn diese Essenz haben dein Partner und du ja während der Dauer eurer Verbindung geschaffen, und sie kannst du durchaus beibehalten. Sehr wichtig hingegen ist die Entwirrung eurer beider Energiekörper: die Energien deines Partners, die sich mit deinen eigenen Energien vermischt haben, gilt es loszulassen – sonst ist keine wirkliche (und keine liebevolle) Trennung möglich.

1. *Versetze dich in einen entspannten, gelassenen und liebevollen Zustand. Gehe in Gedanken deinen Körper durch und fühle, wo in deinem physischen Körper und in deinen feinstofflichen Körpern du mit deinem Partner noch besonders verbunden bist.*

2. *Atme dann die Energie deines Partners aus und unterstütze dich dabei visuell, indem du dir vorstellst, daß du Energien, die du von ihm aufgenommen oder übernommen hast, mit dem Ausatmen losläßt und sie damit deinem Partner wieder zur Verfügung stellst. Gleichzeitig holst du mit dem Einatmen deine eigene Energie wieder zu dir zurück. Tue das so lange, bis du das Gefühl hast, daß eure Energiekörper sich voneinander lösen und du dich wieder vollständig und »rund« fühlst.*

3. *Bei diesem Sich-voneinander-Lösen eurer Energiekörper können Schmerzenergie und Gefühle der Leere entstehen. Du kannst sie getrost in die Erde abfließen lassen. Dies geschieht, indem du dich über deine unteren Zentren mit ihr verbindest. Fühle ihre Kraft, ihre Geduld, ihre Schwere und visualisiere,*

wie all dein Schmerz einfach abfließt. Du brauchst keine Sorge zu haben, daß du die Erde damit verunreinigst, denn sie verwendet diese Energie für ihre transformatorischen Prozesse.*

4. *Fühle die heilenden Kräfte, die aus der Mutter Erde aufsteigen, und fühle, wie deine wunden Stellen, die Löcher in deinen Energiekörpern, wie mit einer Art Balsam gefüllt und geheilt werden. Dieser etherische Erdbalsam kann sehr alte Wunden schließen, und das mag sich für dich anfühlen, als würdest du in einen kurzen Heilschlaf versetzt.*

5. *Beende die Meditation mit einigen tiefen Atemzügen in den Bauchraum und nimm das Gefühl deiner eigenen Vollständigkeit mit in deinen Alltag.*

6. *Bedenke, daß auch zu Gegenständen, etwa Kleidungsstücken, die dein Partner getragen hat, oder zu Dingen, die ihr gemeinsam benutzt habt, starke energetische Verbindungen bestehen. Du solltest diese Gegenstände deshalb entweder zurückgeben, weiterverschenken oder sie entsorgen. Wenn dies nicht möglich ist oder du dich von dem einen oder anderen Gegenstand nicht trennen willst, dann lasse ihn entweder so lange unbenutzt liegen, bis deine Wunden verheilt sind, oder erfinde ein Ritual, mit dem du ihn liebevoll ent-energetisierst und ihn wieder für dich in Besitz nimmst.*

---

* *Du kannst hierfür auch die »Übung zum Entsorgen ›aurischen Mülls‹ mit Hilfe der Qualität des Hortenden und Verschlingenden« zu Hilfe nehmen, die sich auf den Seiten 66 ff. in Teil I dieses Buches findet.*

Sexualität

Wie unterscheiden sich die weibliche und die männliche Sexualität?

Mamouth: Aus unserer Perspektive gesehen, unterscheiden sich weibliche und männliche Sexualität vom Prinzip her überhaupt nicht. Es ist nur so, daß sich die energetische Schwingung Sexualität durch eure weiblichen beziehungsweise männlichen Körper verschieden ausdifferenziert. Die weibliche Sexualität, das heißt das sexuelle Empfinden, der sexuelle Ausdruck eines weiblichen Körpers, sind entsprechend dem Grundbild der weiblichen Energie mehr auf Ausdehnung gerichtet. Die männliche Sexualität wiederum ist mehr zielgerichtet, mehr zusammenziehend, mehr auf den Punkt ausgerichtet. Im Sexualakt, so es ein Akt in Liebe und in gegenseitiger wirklicher Zuwendung und Offenheit ist, werden die Frequenzen in Übereinstimmung gebracht, so daß daraus ein sehr ekstatisches Erlebnis, möglicherweise verbunden mit großer Erkenntnis, entstehen kann.

Der Grund für die unterschiedliche Ausdifferenzierung der weiblichen und männlichen Sexualität ist der, daß es in einem gegenseitigen Aufeinander-Zugehen und Sich-aufeinander-Einlassen von Mann und Frau auf einer sehr hohen Schwingung zu einer Vereinigung und einem Ausgleich der unterschiedlichen Energien und dadurch zu einem ekstatischen Verschmelzungserlebnis kommen kann und soll. Wenn nun in einem solchen Moment ekstatischer Vereinigung der Energien auf einer hohen Frequenz auch ein Zeugungsakt geschieht, bewirkt dies, daß ihr aus der Zahl der Seelen, die sich gerne inkarnieren möchten, diejenige Seele anzieht, die am stärksten mit eurer Liebesenergie und Bewußtheit in Resonanz steht.

Warum sind Männer zumeist wesentlich schneller und auf ganz andere Weise sexuell erregbar als Frauen?

Mamouth: Der »Sinn« der verschiedenartigen Ausdifferenzierung der weiblichen und männlichen sexuellen Energie ist schlicht die Gegenpoligkeit: Je stärker die Gegenpoligkeit, desto stärker führt der Ausgleich auf einen Strahl oder eine Frequenz der Ekstase und des hohen und höchsten Bewußtseins.

Einer der Gründe, warum diese verschiedenartige Ausdifferenzierung – oder um in euren Begriffen zu sprechen, die unterschiedlichen sexuellen Erregungskurven der beiden Geschlechter – von einer Frau als problematisch empfunden werden können, liegt darin, daß für Männer der Sexualakt häufig mit Ängsten besetzt ist. Um sich mit seinen Ängsten gerade in diesem Moment jedoch nicht auseinandersetzen zu müssen, richtet er seine Aufmerksamkeit ausschließlich auf das, worauf er im Zusammenhang mit sexueller Erregung konditioniert ist. Es ist generell so, daß durch die intensive Nähe und den sehr starken energetischen Austausch bei der sexuellen Vereinigung dem Mann nahegebracht – wenn auch nicht mit letzter Konsequenz bewußt, aber empfindbar, fühlbar gemacht – wird, daß auch er eine gehörige Portion weiblicher Energie in sich trägt, daß auch er einen weiblichen Pol in sich hat. Und dies macht ihm aus verschiedenen Gründen angst. Denn ein Mann definiert sich hinsichtlich seines Geschlechts als etwas Zusammenziehendes, Gerichtetes, und damit sehr Konkretes und fest Umrissenes, während die weibliche Energie, der weibliche Pol für ihn Auflösung schlechthin bedeutet und damit die Auflösung seiner eigenen, fest umrissenen Struktur.

Frauen hingegen hindern sich oft selbst daran, sich der sexuellen Ekstase anheimzugeben. Zum einen, weil auch sie keineswegs frei von Ängsten sind, zum anderen, weil sie von Vorgaben und Bildern beeinflußt und »gebremst« werden, die sie von irgendwoher aus der Gesellschaft bezogen haben. Denn in dem Maße, wie zu früheren Zeiten extreme Unwissenheit über Sexualität herrschte, besteht jetzt eine extreme »Überfütterung« mit sogenannten wissenschaftlichen Erkenntnissen und vorgeblich letztgültigen Wahrheiten über Sexualität. Das Problematische daran ist, daß es sich hierbei nur um Teilwahrheiten handelt, die sich nichtsdestotrotz in den Köpfen festsetzen und auch Urteile oder Anschauungen verfestigen.

Die Mutter: Daß Männer generell ungleich viel schneller sexuell erregbar seien als Frauen, stimmt so nicht unbedingt. Es gibt genug Männer, die ein wenig Zeit brauchen für ihre Erregung, und es gibt viele Frauen, die sehr plötzlich erregbar sind. Das hängt mit den Mischungen von männlichen und weiblichen Energien innerhalb des einzelnen Menschen zusammen, und auch damit, wie stark sie oder er im jeweiligen Augenblick auf ein Gegenüber anspricht. Ihr könnt als Frauen genauso plötzlich ansprechbar sein wie ein Mann, und auch ein Mann kann seine »kritischen Tage« haben, an denen er mehr Zeit und Zuwendung braucht. Auch braucht ein Mann oft ein wenig mehr Zeit und eine vertraute Atmosphäre, wenn er seiner Partnerin emotional sehr zugewandt ist. Er fühlt dann nämlich besonders stark das Fließen des weiblichen Pols, und dieses Fließen kann ihm, wie ihr von Mamouth schon gehört habt, angst machen, Angst um die sichtbare Erregung seiner Männlichkeit. Aus dieser Angst heraus möchte er das Fließen abschalten, kann es aber nicht, um so weniger, je größer seine Liebe ist. Und dann ist es wichtig, daß ihr ihm Zeit laßt und eure eigene Ungeduld ein wenig zügelt.

Dennoch bleibt das Faktum, daß die sexuellen Erregungskurven bei Mann und Frau unterschiedlich verlaufen. Wie gehen wir denn nun damit um? Was können Frau und Mann tun, um diese Unterschiedlichkeit auszugleichen?

Die Mutter: Ich möchte euch empfehlen, das Ganze als ein Spiel und einen Austausch zu betrachten. Sprecht miteinander darüber und gebt jeder Eigenart Raum. Manchmal kann ein schneller und heftiger Sexualakt auch für euch Frauen sehr lustvoll sein, und ein anderes Mal möchtet ihr euch vielleicht mehr Zeit lassen und die liebevolle Berührung eures Partners ausführlicher genießen. So wie ihr jedes menschliche Spiel einmal mehr nach den Regeln des einen, einmal mehr nach den Regeln des anderen spielt, so könnt ihr auch auf dem Feld der Sexualität einmal auf die männlich-heftigere Weise spielen und einmal auf die sich ausdehnende, sanftere, weibliche Weise. Erfreut euch an eurer Verschiedenartigkeit, trachtet nicht danach zu nivellieren, sondern spielt lustvoll mit den Gegensätzen. Denn eure Gegenpoligkeit ermöglicht es euch, die Energie des anderen Geschlechts in euch aufzunehmen. Durch die heftige, plötzliche, schnelle, männliche Entladung wird der männliche Anteil in euren Energiekörpern mit männlicher Energie aufgeladen und angereichert, genauso wie Männer durch eure Erweiterung, eure sanftere Ausdehnung eine Aufladung ihrer weiblichen Energie erfahren.

Gibt es, um dieses Spiel lustvoller zu spielen, eine Möglichkeit für Frauen, ihre Sexualpartner dazu zu bringen, der Zärtlichkeit mehr Raum zu geben (ohne daß er sich beleidigt zurückzieht wegen der Kritik)?

Mamouth: Das, was ihr Zärtlichkeit nennt, hat wiederum zu tun mit der sich ausdehnenden Energie des Weiblichen, die dadurch aufgeladen wird, daß sie Berührung erfährt. Beim weiblichen Körper geschieht sexuelle Erregung dadurch, daß die sich ausdehnende weibliche Energie angefüllt und aufgeladen wird durch die Berührung. Und manchmal ist es nicht einmal notwendig, daß eure Haut direkt berührt wird, es kann sogar ekstatischer sein, wenn die Berührung nur in der Aura stattfindet.

Damit eine Frau mehr Zärtlichkeit bei der Sexualität erfahren kann, ist es sicher wichtig, daß sie sich einen Partner sucht, der bereit ist, seinen Horizont zu erweitern und Erfahrungen zu machen, die über das hinausgehen, was er bislang unter Sexualität und unter dem sexuellen Akt verstanden hat. So wie wir es sehen, funktioniert das nur über eine größere Bewußtheit, die sich der Erfahrung öffnet, daß es hier um unterschiedliche Energien und unterschiedliche Schwingungen geht sowie um deren Ausgleich und Anhebung auf eine höhere Frequenz.

Vielleicht mag es bei dem einen oder anderen Mann auch genügen, wenn seine Partnerin ihn bittet, zärtlicher zu ihr zu sein, sie häufiger und länger zu streicheln, am ganzen Körper. Aber wir meinen, daß eine wirkliche Veränderung nur über die Bewußtmachung und auch über das zunehmend bewußte Erfahren der eigenen Energie, der eigenen energetischen Schwingung funktioniert.

Die Mutter: Damit der Wunsch nach mehr Zärtlichkeit erfüllt werden kann, braucht ihr als erstes den Mut, mit dem Mann darüber zu sprechen und ihn liebevoll aufzufordern, euren Bedürfnissen Rechnung zu tragen. Zum anderen gehört auch die Geduld dazu, dem Partner Zeit zu geben, bis er sich getraut, seine lange währenden Konditionierungen aufzugeben.

Oft ist die mangelnde Befriedigung von Paaren auch auf einen Machtkampf zurückzuführen, der sich auf das Schlachtfeld Bett konzentriert, und dann ist der sexuelle Akt eine Art Kampf und nicht eine Art der liebevollen gegenseitigen Befriedigung. Falls ihr so etwas feststellt, müßt ihr dieses Problem auf anderer Ebene bearbeiten. Hier gibt es viele Schichten zu beachten, und es gilt zu differenzieren: Hat ein Mann Angst, sich zu öffnen und sich zu verlieren in der Frau? Oder will er das Weibliche an sich dominieren und steckt eigentlich ein versteckter Frauenhaß hinter seiner betont männlichen Sexualität?

Um auf eure Frage zurückzukommen: Ihr Frauen habt eine Jahrtausende alte Tradition, wie ihr liebevoll einen Mann dazu bringt, euch Lust zu verschaffen. Erinnert euch gelegentlich eurer weiblichen Raffinesse und erinnert euch, wie das früher war, wie weibliche Verführung eigentlich vonstatten ging. Und vergeßt auch hier das Spiel nicht, sondern setzt es lustvoll ein. Raffinesse ist oft wirkungsvoller, um euch Lust zu verschaffen, als das strikte Einfordern dessen, was ihr euch wünscht.

Wenn ihr jedoch auf einen männlichen Sexualpartner trefft, der für dieses Spiel nicht offen ist und nicht bereit, auf eure Art des Verlangens einzugehen, sondern seine männliche Art dominant durchsetzt, dann solltet ihr euch einen anderen Partner suchen. Denn wenn eine Beziehung von Liebe getragen ist, öffnet sich ein Mann auch gerne diesen Möglichkeiten.

Wir haben den Eindruck, daß wir Menschen uns für den Geschlechtsakt häufig einen Gefühlspanzer anlegen. Wie ist es möglich, ihn abzustreifen?

Mamouth: Dieser »Gefühlspanzer« hat etwas mit mangelndem Vertrauen und natürlich mit Ängsten zu tun. Ihr lebt in einer Epoche und Gesellschaft, in der so viel über Sexualität gesprochen, geschrieben und an Bildern gezeigt wird wie nie zuvor. Dabei wird der energetisch-spirituelle Aspekt der Sexualität völlig vernachlässigt, und es wird auch über das biologisch-chemisch-physikalische Funktionieren der Körper viel Unsinn verbreitet. Und dieser Unsinn führt dazu, daß bei Frauen wie bei Männern große Ängste entstehen, wobei Männer hier größere Schwierigkeiten haben. Sie übernehmen traditionell den aktiven Part und können sich deshalb viel weniger verstellen, und Erregung oder einen Orgasmus vorzutäuschen ist nahezu unmöglich für sie. Dies reduziert den sexuellen Akt nicht selten auf eine recht mechanische Angelegenheit.

Zur Überwindung des Gefühlspanzers ist es zunächst einmal wichtig, eine Atmosphäre zu schaffen, in der ein gegenseitiges Vertrauen möglich ist, in der weder sie noch er Angst zu haben braucht, und in der jeder dem anderen jederzeit alles eingestehen kann, beispielsweise daß eine Erregung sich im Augenblick eben nicht einstellen mag, ohne daß das ein Drama nach sich ziehen würde. Und ebenso wichtig ist es in einem solchen Fall, weiterhin beieinander, weiterhin im energetischen Austausch zu bleiben, auch wenn die Energien nicht so hochfrequent schwingen, wie sie es im Zustand sexueller Erregung tun.

Die andere wesentliche Voraussetzung ist, zuzulassen, daß sich da viel mehr abspielt als nur körperliche Dinge, daß das Eigentliche sogar im nichtkörperlichen Bereich geschieht. Und dann die Lust zu entwickeln, dem nachzuspüren, die Lust, sich auf Entdeckungsreise zu begeben: Was gibt es da bei mir zu erfühlen, was kann ich bei meinem Partner erfühlen, wie fühlt sich der Austausch an?

Es geht darum, die Sexualität aus dem angstvollen Schweigen herauszuholen, das angelesene Wissen abzuschütteln und sich statt dessen neugierig und lustvoll auf ein Spiel einzulassen: auf den *Tanz der Energien*, der durch die Verdichtung und Vermittlung der Körper stattfindet.

Was hier stattfinden soll, bei Männern wie bei Frauen, ist eine Erweiterung des Erlebens und des Bewußtseins. Allerdings kann sich in einer Partnerschaft schwerlich einer von beiden über das Erleben der Sexualität erweitern, während der andere nicht mitmacht. Wenn einer der beiden Partner – auf welche Weise auch immer – diese Erfahrung gemacht hat und der andere weiterhin ängstlich seine dünne energetische Schicht eng um den Körper gewickelt hält, so daß kein Austausch und keine Aufladung stattfinden kann, dann wird derjenige, der den stärkeren energetischen Austausch wünscht, sich höchstwahrscheinlich einen neuen Partner suchen, der ebenfalls experimentierfreudig ist oder sich bereits auf einem höheren Bewußtseinsniveau befindet.

Wir haben den Eindruck, daß Frauen sich von ihren Partnern häufig sexuell überfordert fühlen: sie haben einfach nicht so oft Lust auf sexuelle Vereinigung wie ihre Partner und errichten dadurch ihm gegenüber Blockaden und Abwehrhaltungen. Woher kommt das, und wie können wir damit umgehen?

Samseth: Häufig ist es so, daß über die Sexualität Machtkämpfe ausgetragen werden. Es geht oft einfach darum, wer in der Beziehung das Sagen hat. Und da es bei euch in einer sogenannten gleichberechtigten Partnerschaft und aufgeklärten Beziehung nicht mehr wie in früheren Zeiten möglich ist (zumindest nicht mehr so ohne weiteres), daß der Mann einfach seiner Frau befiehlt, was sie zu tun und was sie zu unterlassen hat, verlagert sich das mehr und mehr auf das Gebiet der Sexualität.

Abgesehen von diesem Umstand des Machtkampfes liegt ein weiterer Grund für das von euch angesprochene Problem darin, daß Männer in ihrer normalen Arbeitswelt immer stärker eingeschränkt und formiert werden, und das hat zur Folge, daß sie ihre Kräfte nicht mehr in unmittelbarer und direkter Weise erproben können. Es ist aber Teil des speziellen energetischen Austauschs unter Männern, daß sie spielerische Kämpfe ausfechten und versuchen festzulegen, wer von ihnen der »König« ist. In der heutigen Arbeitswelt findet diese Art von Austausch männlicher Energien jedoch nur mehr so versteckt statt und ist so tief unter der Oberfläche vergraben (dafür aber um so heftiger), daß Männer dadurch unter einen immensen Druck geraten. Diesen Druck wollen sie dann wieder loswerden – und eine sehr einfache Art und Weise für einen Mann (übrigens auch für eine Frau), den Druck loszuwerden, ist über die Sexualität. Weil im sexuellen Akt einerseits die eigenen Energien und Energiekörper harmonisiert werden und andererseits durch die Verschmelzung mit dem anderen Wesen Ruhe und Frieden einziehen kann.

Wenn dies der Fall ist, reagieren Frauen nicht selten mit Verweigerung, da sie die eigentliche Intention hinter dem Wunsch nach sexueller Betätigung spüren und dann das Gefühl haben, es gehe hier nicht um sie, sondern eher darum, daß der männliche Partner darauf angewiesen ist, seine eigenen Energien zu harmonisieren. Sie fühlt sich dann ausgenutzt und ausgebeutet und will sich auf so etwas nicht einlassen. Außerdem sieht sie sich womöglich zusätzlich unter Druck gesetzt: Sie denkt, ihr Mann wolle nur ihren Körper (und in einigen Fällen ist dies auch so), und darüber hinaus fühlt sie sich »verpflichtet«, einen sexuellen Höhepunkt zu erreichen, weil der Partner sonst glaubt, in seinen Fähigkeiten als Liebhaber versagt zu haben. Dazu kommt, daß sie spürt (oder vielleicht auch weiß), daß es eine größere Gefahr in sich bergen kann, seinem Wunsch nachzugeben, als sich ihm zu verweigern: Denn wenn sie während des Geschlechtsaktes gewahr wird, daß es dem Mann tatsächlich vorrangig um die Befriedigung seiner eigenen Bedürfnisse geht, kann diese Erfahrung das oftmals fragile Gebäude einer Beziehung sehr stark gefährden und ins Wanken bringen.

Andererseits üben Frauen schon seit alters her über sexuelle Verweigerung Macht aus. Früher war dies oft die einzige Möglichkeit für sie; und auch heute ist dies nach wie vor ein Mittel, um eine Gleichwertigkeit in der Machtverteilung und -ausübung herzustellen.

Das Problem hat noch einen dritten Aspekt, und zwar den, daß es Frauen heutzutage häufig schwer fällt, sich hinzugeben. Gemäß den gegenwärtigen Vorstellungen eurer Gesellschaft scheint es ein Widerspruch zu sein, einerseits eine gleichberechtigte Partnerin zu sein und sich andererseits dem männlichen Partner als Frau vollkommen hingeben zu können. Doch ist die Hingabe vor allem im sexuellen Akt ein ganz starker Aspekt der urweiblichen Energie.

Eine wesentliche Voraussetzung, damit eine Frau sich überhaupt hingeben kann, ist jedoch, daß ihr Partner seinerseits zu seinen männlichen Energien findet. Den Männern aber fällt es ausgesprochen schwer, sich im sexuellen Akt ihrer männlichen Energien innezuwerden und sie auszuleben. Denn sie haben oft bereits als kleine Jungen von ihren Müttern gelernt, daß männliche Energien nicht erwünscht seien – und auch als Erwachsene im Umgang und in der Beziehung mit Frauen erfahren viele Männer, daß sie nach Möglichkeit mit ihren männlichen Energien hinterm Berg halten sollen. Im sexuellen Akt jedoch ist es genau umgekehrt, und das ist für die Männer höchst verwirrend. Diese Verwirrung führt dazu, daß sie sich nicht zutrauen, ihren eigenen Weg in der Sexualität zu gehen und für sich selbst herauszufinden, was ihnen selbst und was ihrer Partnerin guttut. Sondern sie richten sich nach dem, was ihnen als Orientierungshilfe geboten wird, und das sind Zeitschriften und Filme und Fotos und Bücher und das, was sie von ihren älteren männlichen Geschwistern, Freunden und Bekannten gehört haben. Und daraus entstehen dann eben auch Glaubenssätze wie »Der Mann kann immer« oder »Der Mann muß immer« oder »Der Mann hat ein Recht darauf, immer zu wollen und deshalb auch immer zu dürfen« und so fort.

Dieses Konglomerat von Gründen kann dazu führen, daß eine Frau keinen Anreiz verspürt, den sexuellen Akt zu vollziehen, und sich deshalb verweigert.

Kannst du uns sagen, was eine Frau tun kann oder wie sie damit umgehen soll, wenn sie mit einem solchen Problem in ihrer Partnerschaft konfrontiert ist?

Samseth: Wie ich es sehe, liegt das Hauptproblem darin, daß der Mann nicht zu seinen männlichen Energien steht und die Frau nicht zu ihren weiblichen. Was frau tun kann, ist, so paradox es erscheinen mag, den Mann in seinen männlichen Energien zu ermuntern. Damit ist nicht gemeint, daß sie ihn zu einem »Macho-Verhalten« animieren, sondern ihn ermuntern soll herauszufinden, was tatsächlich seine ureigene männliche Energie ist – worin besteht sie, wie drückt sie sich aus, und welche Inhalte und Formen sucht sie sich? Was die Frau tun kann, ist, den Mut zu finden, den Mann tatsächlich »zum Mann«, das heißt, zum *Helden* im mythischen Sinne zu machen. Und in gleichem Maße sollte sie in sich die weibliche Energie aufspüren. Wenn sie sich auf die Suche nach den urweiblichen Qualitäten in sich selbst begibt, ist dies der richtige Weg, um derartige Probleme in ihrer Partnerschaft zu lösen. Dasselbe gilt natürlich für den Mann. Wenn auf diese Art und Weise die ursprünglichen weiblichen wie männlichen Qualitäten und Energien gefunden sind, und auch die Formen, in denen sie sich jeweils individuell ausprägen und ausdrücken, dann wird auch jener energetische Fluß zwischen den Partnern wieder in Gang gesetzt, der ein Bedürfnis nach Sexualität in beiden erweckt und Sexualität wieder möglich macht.

Es scheint, als ob zur Zeit eine allgemeine Entsexualisierung stattfände. Was ist der Hintergrund dieses Phänomens?

Mamouth: Zum einen haben sich die Geschlechter im Umgang miteinander stark angenähert, wodurch die Sexualität einfach viel von ihrem Geheimnis verloren hat. So wie wir es sehen, seid ihr Menschen auf dem Wege zu einem anderen Umgang mit der Sexualität, und diese Entwicklung geht hin zu größerer spielerischer und experimenteller Freude, zu größerer Bewußtheit darüber, daß es sich in erster Linie um einen spielerischen Austausch der Energien handelt. Sexualität wird zunehmend als Geschenk, als Spiel aufgefaßt und praktiziert werden. Die gegenwärtige Entsexualisierung in euren Beziehungen hängt damit zusammen, daß immer mehr Menschen diese Tendenz zu spüren beginnen, aber noch nicht so recht wissen, wo und wie sie diese neue Auffassung von Sexualität umsetzen sollen.

Denn bis vor kurzem war Sexualität lange Zeit eine vorwiegend physische und biologische Angelegenheit, um Kinder zu zeugen·oder um Spannungen abzureagieren, und als solche hat sich ihr Reiz nun erschöpft. Auch werden eure Nahrungsmittel zunehmend manipuliert, es werden ihnen alle möglichen künstlichen Stoffe zugesetzt, was zur Folge hat, daß sie nicht mehr in unmittelbarer Stärke die natürliche Vitalität und Lebenskraft eurer Körper aktivieren und erhalten. Auch in anderer Weise trägt die wirtschaftliche und soziale Umwelt, in der ihr lebt, zu einem Nachlassen der sexuellen Anziehungskraft bei, und zwar weil euch in dieser Umwelt zunehmend eure Unmittelbarkeit verloren geht. Beispielsweise wird eine Frau, die glaubt, dem gängigen Schönheitsideal nicht zu entsprechen und die deshalb mit ihrem Körper hadert, nicht so ohne weiteres unbeschwert und frei sexuelle Lust empfinden können. Auch für Männer wird die Beeinflussung ihres natürlichen Körpergefühls durch äußere Bilder und Vorgaben zunehmend spürbar.

Ihr werdet ständig verunsichert in und von eurem gesellschaftlichen und wirtschaftlichen System, weil ihr euch einerseits permanent an unerreichbaren Idealen von Schönheit, Jugend und Reichtum messen müßt, euch aber gleichzeitig mit derselben Stärke suggeriert wird, ihr müßtet eure Wünsche und Bedürfnisse spontan ausleben, was auf die Sexualität umgemünzt bedeutet, ihr müßtet andauernd wilde Leidenschaftlichkeit leben oder zumindest regelmäßigen und häufigen Sex haben, sonst stimme etwas mit euch nicht.

Die allgemeine Entsexualisierung hat jedoch noch einen weiteren, wichtigeren Hintergrund. Denn in Wirklichkeit geht es darum, eure *Empfindungen* in Frage zu stellen. Die gesamte Menschheit steht vor einem großen Bewußtseinssprung, wobei dessen Vorbereitung auf vielerlei Ebenen verläuft. Und eine sehr wichtige Ebene ist die, eure Motivationen und Emotionen zu hinterfragen.

Auf dieser Ebene lernt ihr, euren Emotionalkörper und Mentalkörper wahrzunehmen, lernt, die Funktionsweisen dieser feinstofflichen Körper zu verstehen, und lernt damit schlußendlich auch, euch nicht mehr ausschließlich mit eurer Persönlichkeit und eurem Ego zu identifizieren. Sondern ihr erkennt, daß ihr aus weitaus mehr besteht, daß ihr weitaus größer seid. Da ihr mit eurer Inkarnation auf der Erde den Weg gewählt habt, eure Erkenntnisse durch physische Erfahrungen zu machen, die immer mit Schmerz verbunden sind, eben *weil* sie physisch sind, mußtet ihr euch für diese Erkenntnisse ein System schaffen, das euch viel Schmerz bereitet, das euch zunehmend wie in einen Schraubstock zwingt, damit ihr euch auf eure eigenen Füße stellt und euch ganz allein mit eurer Welt auseinandersetzt, um euch damit selbst auf die Schliche zu kommen.

Und so ist etwa das weibliche Schönheitsideal, die »Frau als Kunstfigur«*, nicht nur ein Symbol für Weiblichkeit, sondern auch eine Symbolfigur für euer ganzes System und für den Schmerz, der darin liegt, etwas haben oder sein zu wollen und es nicht erreichen zu können. Sie führt euch auf schmerzhafte Weise vor Augen, daß es für das Sein an sich nicht darum geht, etwas *haben* und auch nicht, *etwas* sein zu wollen.

Die Mutter: Die generell schwächer werdende sexuelle Anziehungskraft zwischen den Geschlechtern ist vor allem ein Problem eurer Industrieländer und hängt auch mit der Emanzipation der Frauen zusammen. Eine immer größer werdende Anzahl von Frauen entwickelt immer mehr Selbständigkeit, auch im Beruf, und dadurch wächst ihr

---

* Vgl. das Kapitel »Das herrschende weibliche Schönheitsideal – Hintergrund und Bedeutung« am Ende des I. Teils dieses Buches.

Selbstbewußtsein. Das heißt, sie aktivieren zunehmend die männlichen Energien in sich, und daraus erwächst die Gefahr, den männlichen Gegenpol abzuwerten. Immer mehr Frauen haben das Gefühl, sie könnten ohnehin alles alleine und brauchten das Männliche nicht, und Männer spüren dies und reagieren verstärkt mit Verweigerung auf dem sexuellen Spielfeld. Und sie reagieren auch wütend und mit Aggression, da ihre männliche Domäne in Gefahr gerät.

Die nachlassende sexuelle Anziehung ist also in hohem Maß auf diese neue Art von Geschlechterkampf, die jetzt stattfindet, zurückzuführen. Und um das Spielfeld Sexualität neu zu kreieren, müssen Frauen wie Männer lernen, Anerkennung des Gegenpols und Freude über sein Dasein zu empfinden.

Auch in lange währenden Partnerschaften ist das Phänomen der nachlassenden sexuellen Anziehung zu beobachten. Was können wir gegen die Gewöhnung aneinander tun?

Mamouth: Funktionierende Partnerschaften sind ein sehr guter Rahmen oder Nährboden, um dem *Tanz der Energien* auf die Spur zu kommen, viel besser geeignet als kurzlebige, rein auf sexuelle Befriedigung ausgerichtete Beziehungen. Wenn beide Partner diese Langeweile verspüren und beide dazu bereit sind, in dieser Hinsicht etwas zu ändern, dann bietet eine intakte Partnerschaft die besten Möglichkeiten, um einmal alles über Bord zu werfen und »bei Null« anzufangen.

Langeweile und Unlust in länger währenden Partnerschaften haben sehr viel damit zu tun, daß sich gerade in den Akt der sexuellen Vereinigung Rituale eingeschlichen haben oder auch bewußt etabliert wurden, die im Laufe der Zeit sehr häufig ihre Magie verlieren und langweilig werden. Der sexuelle Akt findet dann immer auf die gleiche Art und Weise statt, und allein die Tatsache, daß es immer das gleiche ist, läßt die Energien mit jedem Mal niedriger schwingen, und je niedriger die Energien schwingen, desto weniger Anreiz, Lust, Interesse besteht daran, sich »zu dieser Anstrengung aufzuraffen«.

Für dieses Niedrigschwingen der Energien sind Frauen sensibler als Männer, die einfach aufgrund ihrer biologischen Funktionen tendenziell eher als Frauen, »auf die Schnelle« und ohne sich besonders darum bemühen zu müssen, einen sexuellen Höhepunkt erreichen. Frauen haben auch hier, wie in so vielerlei Hinsicht, die Aufgabe, die Entwicklung der Menschheit voranzutreiben, hin zu mehr Licht, mehr Bewußtheit und mehr Freude. Und auf diesem Wege, den die Menschheit da nimmt, ist auch Sexualität ein wichtiges Element.

Wenn ein Paar sich nun entschlossen hat, die Langeweile aufzugeben, dann ist der beste Weg, alles zu vergessen, alles beiseite zu lassen, was gewußt wird. Und sich statt dessen auf die Energien, die da vom anderen kommen, einzulassen, als wäre es das erste Mal, als hätte man nicht schon viele, viele gemeinsame Nächte verbracht. Wer das tut, wird erfahren, daß er unendlich viel erlebt und reich belohnt wird für seinen Mut und daß seine ganze Grundfrequenz angehoben wird.

Es ist schwer vorstellbar, wie das gehen soll, mit einem Partner, mit dem man schon jahrelang zusammen ist, zu schlafen »wie beim ersten Mal« ...

Mamouth: Mit einem langjährigen Partner den Sexualakt zu vollziehen »wie beim ersten Mal« mag euch schwierig erscheinen. Aber es ist so, daß sexuelle Erregung und die Lust aufeinander die männliche wie die weibliche Energie wieder sehr stark aufleben lassen und sie auch zentrieren. So sehr eure Energien im normalen Alltagsleben miteinander vermischt werden, besteht im sexuellen Akt besonders einfach und besonders leicht zugänglich die Möglichkeit, als Frau in die weibliche und als Mann in die männliche Energie zurückzugehen. Und so bedarf es nur des Entschlusses, den Körper und vor allem die Energie dieses anderen Menschenwesens aufs neue erkunden zu wollen, tiefer erkunden zu wollen, anders erkunden zu wollen. Hier ist der Mut notwendig, dem Gewußten den Rücken zuzuwenden. Jene zunehmende Langeweile hat nämlich nicht unwesentlich damit zu tun, daß jeder der Partner sich einbildet, den anderen zu kennen und an ihm nicht Neues mehr wahrnehmen zu können. In dem Augenblick aber, da ihr bereit seid, dem anderen zuzugestehen, daß es an ihm beziehungsweise ihr überhaupt noch etwas Neues zu entdecken gibt, *werdet* ihr auch Neues entdecken.

Die Mutter: »Wie beim ersten Mal« heißt, immer wieder hinzuspüren und neu zu entdecken: Wie ist denn eigentlich seine Energie, wie hat sie sich verändert? Und wieder hellwach und aufmerksam zu werden: Welcher Mann ist er denn heute im Vergleich zu damals? Vielleicht hat sich ja auch seine Empfänglichkeit im Körperlichen verändert, vielleicht reagiert er heute auf Berührungen von dir an ganz anderen Stellen, die damals noch nicht so offen waren. Findet spielerisch neue Wege der Verschmelzung – das ist gemeint mit »wie beim ersten Mal«.

Auch erfordert es ein wenig Mut, ohne Scham – am besten auf eine humorvolle und spielerische Art und Weise – dem Partner zu zeigen, was du gerne ausprobieren möchtest, was vielleicht bislang nur in deiner Phantasie vonstatten ging. In einer langen Partnerschaft wächst so viel Vertrauen, daß ihr die Möglichkeit habt, über alte Schamgrenzen und alte Vorstellungen, was sein darf und was nicht, hinwegzukommen.

Die Angst, daß der andere erschrecken könnte vor euch, ist allerdings nicht einfach wegzuschieben, denn tatsächlich neigen Männer dazu, ihre Partnerinnen im Sinne der »reinen Mutter« zu idealisieren. Deshalb gehört auch von seiten des Mannes der Mut dazu, seine Partnerin immer wieder neu zu entdecken, auch wenn ihn dies kurzfristig erschrecken mag. Liebe ist nicht da, wo ihr einem Bild des Mannes entsprecht, sondern wo er euch annimmt, wie ihr wirklich seid, mit all euren versteckten und unerlösten Seiten. Diese entsprechen nun mal nicht der Madonna, die ein Mann euch möglicherweise überstülpt, wenn er euch als seine Frau betrachtet. Dieses Bild ist oft dafür verantwortlich, daß ihr euch nicht genügend frei fühlt, wenn der Mann euch festgelegt hat und dadurch der sexuelle Austausch langweilig wird.

Kann ein Paar miteinander glücklich sein, obwohl die sexuelle Seite der Beziehung nicht restlos befriedigend ist oder der sexuelle Akt gar überhaupt nicht stattfindet? Oder sollte sich jeder einen anderen Sexualpartner suchen?

Marman: Es ist aus unserer Sicht keineswegs zwingend für eine intakte, erfüllte, lebendige und glückliche Paarbeziehung, daß eine sexuelle Betätigung stattfindet. Sexualität *muß* keineswegs sein, und wenn ihr glücklich seid mit einem Partner, ohne euch sexuell zu betätigen, dann braucht ihr euch in diesem Empfinden auch nicht beirren zu lassen. Da geschieht der Tanz der Energien, ihre Harmonisierung und Vereinigung, die Sexualität sonst zu einem großen Teil ausmacht und bewirkt, eben in anderen Bereichen und auf anderen Ebenen.

Schwierig wird es dann, wenn sich ein Paar aus einem falsch verstandenen spirituellen »Entwicklungsehrgeiz« heraus sexuelle Erregungen und sexuelle Betätigung versagt, etwa weil es fälschlicherweise glaubt, es sei »unspirituell« und »hinderlich auf dem Wege der Entfaltung und Entwicklung«, die eigene Sexualität auszuleben. Wir möchten an dieser Stelle ganz deutlich sagen, daß dies kompletter Unsinn ist.

Ebenfalls problematisch ist es, wenn einer der beiden Partner keine sexuelle Beziehung haben möchte, der andere aber sehr wohl. In einem solchen Fall wäre es nützlich und hilfreich, wenn letzterer einmal versucht, sich klarzumachen, welche Qualitäten sie oder er mit der Sexualität in Verbindung bringt und in ihrem beziehungsweise seinem Leben durch Sexualität erfüllt sehen möchte. Diese Qualitäten reichen von dem Wunsch, die eigenen Energien zu harmonisieren, über den Wunsch, körperlich das Erlebnis der Verschmelzung mit einem anderen Wesen zu erfahren, bis hin zu ganz irdischen Dingen wie Eitelkeit und dem Drang, in der eigenen Attraktivität bestätigt zu werden.

Wenn man eine solche Aufstellung gemacht hat, kann man dann auf der Gegenseite auflisten, welche Qualitäten die nicht-sexuelle Beziehung enthält, die sie oder er gerade mit dem Partner oder der Partnerin lebt. Wenn das Ergebnis so aussieht, daß die nicht-sexuelle Beziehung auch weiterhin bestehen bleiben und aufrechterhalten werden soll, dann ist es sicherlich in Ordnung, daß sie oder er sich einen anderen Partner oder eine andere Partnerin sucht, um mit ihm oder ihr die Sexualität auszuleben.

Allerdings muß man sich bewußt sein, daß man damit auch eine große Anzahl neuer »Komponenten« und Probleme in sein Leben hereinholt. Dies kann jedoch abgemildert werden, indem man sich vorher ganz genau klarmacht, was man von der auf Sexualität basierenden Beziehung erwartet und sich wünscht. Damit gerät man zum einen selbst nicht in Gefahr, hier Dinge zu vermischen, und zieht zum anderen für seine sexuelle Erfüllung Partner zu sich heran, die ebenfalls in dieser Hinsicht klar, das heißt auf die sexuelle Erfüllung fokussiert, sind.

In spiritueller Hinsicht ist dies alles kein Problem, und die Frage der Moral stellt sich in diesen Bereichen ohnehin nicht. Daß der Partner, der sich Sexualität wünscht, sich einen Zweit- oder Nebenpartner sucht, mit dem er seine sexuellen Bedürfnisse ausleben kann, ist vollkommen in Ordnung. Es ist dabei jedoch außerordentlich wichtig, daß *alle* Beteiligten sich über ihre Wünsche und Motivationen im klaren sind und im besonderen über die Qualitäten, die sie da in ihr Leben hereinholen wollen, sowie über die neuen Realitäten, die sie damit schaffen. Es ist auch wichtig, daß der Partner, der Sexualität wünscht, mit seinem Lebenspartner, der eben keine Sexualität haben möchte, in aller Deutlichkeit und absoluter Ehrlichkeit spricht, so daß jeder weiß, was im anderen vorgeht und was zu erwarten ist. Wenn unter diesen Voraussetzungen alle drei Beteiligten sich dessen bewußt sind, daß sie eine Herausforderung in ihr Leben hereinholen und daß diese Herausforderung eine Erweiterung und eine Chance zu Wachstum und Entfaltung bedeuten kann, dann ist dies ein Experiment oder auch eine Lebensform, auf die man sich durchaus einlassen kann.

Schwierigkeiten treten dann auf, wenn Motivationen und Wünsche sich vermischen und Unehrlichkeit besteht. Wenn also beispielsweise vordergründig gesagt wird, man »suche nur ein sexuelles Abenteuer«, in Wirklichkeit jedoch der Wunsch zugrunde liegt, sich vom derzeitigen

Partner oder der derzeitigen Partnerin zu trennen und sich mit einem neuen Partner zu verbinden. Dies beschwört natürlich sehr viel Leid und Schmerz herauf. Und deshalb nochmals unser Hinweis, hier wirklich so ehrlich wie nur irgend möglich sich selbst und dem Partner gegenüber zu sein.

Sind Frauen tatsächlich von Natur aus monogam, wie es so oft heißt? Und stimmt es mit der urweiblichen Energie überein, daß eine Frau immer nur einen einzigen Sexualpartner haben sollte?

Die Mutter: Es sind dies zwei verschiedene Fragen, denn die urweibliche Energie ist etwas anderes als das individuelle, menschliche, weibliche Wesen. Die *weibliche Ur-Energie* ist keineswegs monogam: sie ist auf Verbreiterung und auf Fruchtbarkeit angelegt, und dafür ist jeder fruchtbare Same wichtig und wesentlich. Woher er stammt, ist sekundär. Die weibliche Ur-Energie *in euch* ist also überhaupt nicht auf Monogamie angelegt, sondern auf Vielfalt und auf das stärkste Element, das der Fruchtbarkeit und Fortpflanzung dienlich ist.

Eine ganz andere Sache ist die *Persönlichkeit* des Menschen, durch die ein jeweils individuell verschiedenes Bild des eigenen Ich geformt wird, und das Bild, das eine Frau von sich hat, muß keineswegs vorrangig von der Energie des Urweiblichen, die sie in sich trägt, geprägt sein. Dieses Bild wirkt auf die Psyche zurück, wie umgekehrt die Psyche bei der Formung des Bildes mitwirkt. Allgemein gesprochen, kann man sagen, daß die *Psyche* einer Frau vielleicht mehr auf Dauer angelegt ist als die eines Mannes, da ihr aufgrund der urweiblichen Energie das Nährende und das Hüten und Bewahren innewohnt, um den Nachwuchs zu schützen und ihm ein Nest zu bieten.

So betrachtet, neigen Frauen mehr dazu, eine Beziehung dauerhaft anzulegen, als dies eine männliche Persönlichkeit und Psyche tut. Und trotzdem kann man nicht sagen, daß »Monogamie die Natur der Frau« wäre, denn ob eine Frau monogame oder polygame Beziehungen pflegt, hängt von der Zusammensetzung ihrer Energiekörper ab, nämlich davon, wieviel männliche und eroberungsfreudige Energie da ist und wieviel nährende und bewahrende Energie und welche jeweils die Dominanz hat.

Wie gesagt, sind die urweiblichen Tiefenkräfte auf Vielzahl angelegt, die Persönlichkeit und die Psyche der Frau hingegen im allgemeinen eher auf das Bewahren und Beheimaten und somit auf Dauer. Dies führt durchaus zu Konflikten, und wie jede einzelne Frau damit umgeht, hängt weitgehend von der Lebensphase ab, in der sie sich befindet, und von den jeweiligen Umständen ihres Lebens.

Fühlen und Empfinden

Im folgenden wird vom Fühlen und Empfinden und von Emotionen die Rede sein, und da diese Begriffe im allgemeinen Sprachgebrauch häufig synonym verwendet werden, möchten wir kurz erläutern, in welcher Weise wir hier eine Unterscheidung treffen.

Unter *Fühlen* verstehen wir das, was wir bei anderen wahrnehmen im Sinne von Erspüren. Das kann ein Hin-Fühlen zu einem anderen Menschen sein, das heißt eine Ausrichtung unserer Wahrnehmung auf das, was uns von außen entgegentritt, es kann aber auch die Wahrnehmung dessen bezeichnen, was etwa unsere Finger spüren, wenn sie etwas berühren, oder Signale, die wir aufgrund äußerer Reize von unserer Haut empfangen.

Empfinden hingegen bezeichnet all das, was wir *in uns finden*, also das, was aus dem Unterbewußten aufsteigt, oder die Resonanz, die in uns wachgerufen wird durch etwas, das wir aus dem Außen aufnehmen.

Emotionen sind das, was der lateinische Wortsinn eigentlich besagt: eine (innere) Bewegung (*motio*), die heraus (*e-motio*), nach außen tritt und somit im Außen sichtbar wird – andere Menschen nehmen unsere *Empfindungen* meist erst dann bewußt wahr, wenn wir sie als *E-motionen* nach außen treten lassen.

Unter *Gefühlen* schließlich verstehen wir die Gesamtheit dessen, was wir fühlen und empfinden.

Gibt es ein speziell weibliches Empfinden und Fühlen im Unterschied zu einem speziell männlichen Empfinden und Fühlen?

Sirius-Kollektiv: Empfinden und Fühlen sind keine speziell weiblichen Eigenschaften. Es gibt jedoch unterschiedliche Arten des Fühlens und Empfindens, die aufgrund ihrer Resonanz zur jeweiligen Energie – und nur in diesem Sinne – eher »weiblich« beziehungsweise eher »männlich« genannt werden können. Das aufnehmende, rezeptive Fühlen entspricht der urweiblichen Energie, während das Eindringen in die Gefühlswelt oder Befindlichkeit von anderen Menschen oder Lebewesen der urmännlichen Energie zuzuordnen ist. Der Unterschied besteht also in einem eher »passiven«, aufnehmenden und einem eher »aktiven«, gezielt auf das Wahrzunehmende ausgerichteten Fühlen. Beide Arten des Fühlens sind sowohl Frauen wie Männern eigen, wenn auch in unterschiedlicher Ausprägung.

Wenn ihr euch zum Beispiel in der S-Bahn plötzlich in einer Art und Weise fühlt, die nichts mit euch zu tun zu haben scheint, dann habt ihr Gefühle anderer Menschen aufgeschnappt. Das ist die passive oder »weibliche« Art des Fühlens, und das »männliche« Pendant ist das aktive Einfühlen in jemanden oder Hinspüren zu jemandem.

Beiden Geschlechtern steht die gleiche Möglichkeit, rezeptiv oder intentional zu fühlen, zur Verfügung; grundsätzlich gibt es hier keine Unterschiede. Jedoch werden durch eure Erziehung Unterschiede bewirkt und dadurch verstärkt, daß Mädchen der Bereich des Fühlens und Empfindens mehr gelassen und ihnen zugeschrieben wird, während Jungen eher lernen, sich vor den sie überflutenden Empfindungen und Gefühlen zu schützen. Diese Definition von Gefühlen als »unmännlich« erschwert Männern später dann oft den Zugang zu diesen Bereichen.

Gibt es irgendwelche »Vorbilder« für das der urweiblichen Energie analoge rezeptive Fühlen?

Sirius-Kollektiv: Euer Mutterplanet ist in großem Ausmaß solch ein rezeptives Wesen: die Erde nimmt alle eure Emotionen auf, teilweise verarbeitet sie diese Energien auch weiter, und es ist kein Willensakt von ihr dabei, sie hat einfach dieses aufnehmende Empfinden. Sehr stark verwendet sie die Schwingung und Dichte von Emotionen auch als »Material« und arbeitet damit in transformatorischer Art und Weise. Sie gibt dem, was in ihr geschieht – wie eine Mutter, die ein Kind in sich trägt –, einfach Raum und läßt es zu. Und so geschieht auch die Umwandlung von Emotionalstoff im Erdkörper ohne willentliches Zutun.

Dieses Aufnehmen, Zulassen und Raumgeben für das, was sich gestalten und wachsen möchte, ist auch derjenige Aspekt, der in den Göttinnen verehrt wurde, die in rundlicher Gestalt, mit dicken Bäuchen dargestellt wurden, wie zum Beispiel die Venus von Willendorf. Sie ist der Erdaspekt des Venus-Prinzips, welches in späteren patriarchalen Kulturen in erotischer Form abgebildet wurde. Wie bei allen anderen runden Fruchtbarkeitsgöttinnen ist hier eigentlich die Erde selbst als Große Mutter gemeint, als ein großes aufnehmendes, annehmendes, gebärendes Wesen.

Könnt ihr uns sagen, wie wir dieses rezeptive Fühlen, das der weiblichen Ur-Energie zugeordnet ist, bewußt erleben können?

Sirius-Kollektiv: Die Voraussetzung für das bewußte Erleben des rezeptiven Fühlens ist, daß ihr in eurem physischen Körper und in euren feinstofflichen Körpern *bewußt* anwesend seid. Denn ihr habt einen *Resonanzkörper*, der zwar kein eigenständiger Körper ist, doch wenn ihr in ihm ganz und gar *da* seid, könnt ihr seine Poren öffnen und mit der Energie, die euch umgibt, in Resonanz treten. Ihr könnt an der großen Zehe genauso in Resonanz treten, wie ihr es mit dem Herzen tut oder mit dem Kopf.

Ihr werdet spüren, daß dies an manchen Stellen leichter geht: mit dem geöffneten Herzen könnt ihr schon ganz gut wahrnehmen, und auch im Kopf habt ihr viele Resonanzbereiche, so daß ihr Gedanken, die herumschwirren und die euer Gegenüber denkt, aufnehmen könnt. Im Rücken zum Beispiel sind hingegen oft Stellen, wo ihr den Eindruck habt, daß da eine Art Mauer ist zwischen dem, was im Außen ist, und eurer inneren Anwesenheit. Das heißt einfach, daß dort dichte Energiestellen sind, festgehaltene Energien, und daß dort zu wenig Durchlässigkeit besteht, um den Resonanzkörper gut genug zu fühlen.

Eine weitere Voraussetzung für das bewußte Wahrnehmen eures Resonanzkörpers ist, daß eure feinstofflichen Energiezentren, eure Chakren, harmonisch schwingen. Je harmonischer eure Energiekörper fließen, um so mehr könnt ihr euch wahrnehmen in euren unterschiedlichen Qualitäten und Körpern, und um so besser könnt ihr auch differenzieren, was zu einem anderen Wesen gehört und was zu euch selbst. *Un*bewußt empfangt ihr in jedem Moment und glaubt, es seien eure eigenen Gefühle oder Gedanken – in Wirklichkeit habt ihr sie aber aus eurer Umgebung aufgenommen.

Die wichtigste Voraussetzung für das *bewußte* aufnehmende und empfangende Fühlen ist jedoch, daß ihr eure eigene Energie erkundet und kennt. Denn wie wollt ihr wissen, was von einem anderen Lebewesen kommt und was von euch oder aus eurem eigenen Unbewußten, wenn ihr eure eigene Energie nicht erkennt? An erster Stelle steht also der Akt des Erfühlens eurer eigenen Essenz.*

Ist die Intuition mit dem rezeptiven, aufnehmenden Fühlen verwandt?

Sirius-Kollektiv: Intuition ist weder männlich noch weiblich. Das Wesen von Intuition ist blitzartig, es ist ein plötzliches Wissen und Erkennen, das plötzliche Aufflammen einer Gewißheit über etwas, und es kann durchaus auch eintreten, wenn ihr gerade mit etwas ganz anderem beschäftigt seid. Ein veranschaulichendes Bild wäre, wenn ihr in Gedanken versunken am Telefon vorbeigehen würdet, und in dem Moment läutete es und eure Seele wäre

---

* Die zugehörige Übung findet sich am Ende dieses Kapitels auf den Seiten 192-193.

am anderen Ende der Leitung und teilte euch etwas mit. Intuition ist also ein Hindurchdringen des Potentials eurer Seelenenergie durch den Wust der Gedanken im Mentalkörper und der euch umfließenden Emotionen. Und das ist kein spezifisch weiblicher Vorgang.

Das »Weibliche« an der Intuition ist lediglich das Vertrauen: Frauen haben eher als Männer gelernt, an die Intuition zu glauben und sie auch festzuhalten. Vertrauen in »plötzliche Eingebungen« paßt zu eurer derzeitigen weiblichen Geschlechterrolle, und Intuition ist dadurch für weibliche Wesen leichter erfahrbar und faßbar.

In unserer jetzigen Kultur sind wir umgeben von emotionalen Dramen: Sei's in Büchern, Kino- oder Fernsehfilmen, sei's in Zeitschriften, Zeitungen, Nachrichten und sogar in so banalen Informationsträgern wie Werbespots – immer geht es um große Gefühle, egal, ob sie nun explizit angesprochen oder – durch die Figur des »eiskalten Helden« – in der Verdrängung thematisiert werden. Wir schließen daraus, daß der Emotionalkörper zum gegenwärtigen Zeitpunkt der menschlichen Entwicklung offenbar von herausragender Bedeutung ist. Warum ist das so?

Die Mutter: Im Kontext der menschlichen Evolution werden die feinstofflichen Körper immer wichtiger; sie treten stärker ins Bewußtsein und bekommen dadurch mehr Bedeutung, so daß sich schließlich, wenn auch zeitverzögert, das gesamte menschliche Kollektiv mit den diversen Schichten der menschlichen Aura beschäftigt. In eurem jetzigen evolutionären Stadium rücken bereits die höheren Mentalkörper ins Zentrum der Aufmerksamkeit, jedoch ist für die breite Masse jetzt gerade der Emotionalkörper und der niedrige Mentalkörper wichtig. Deshalb beschäftigen die Menschen eurer Kultur sich heutzutage soviel mit Gefühlen, die früher, bis zum letzten Jahrhundert, gar nicht diesen Stellenwert hatten.

Es wird gesagt, daß der Emotionalkörper auch eine Art von Suchtverhalten hervorrufen kann. Hindern Frauen sich vielleicht selbst an ihrer Entwicklung, weil sie so an ihren Emotionalkörpern hängen?

Die Mutter: Dem Emotionalkörper wohnt ein gewisses süchtigmachendes Prinzip inne, weil aufgrund seiner Struktur die Tendenz besteht, starke Gefühlseindrücke wieder und wieder erleben zu wollen. Dies gilt sowohl für positive Gefühle wie Freude, Geborgenheit, Zuwendung, als auch für negative Gefühle wie Angst, Wut, Haß und so weiter. Sobald die Intensität des ursprünglichen Erlebnisses zu verblassen droht, besteht der Drang, diese »Stelle« im Emotionalkörper wieder mit der heftigen ursprünglichen Energie aufzufüllen. Gibt ein Mensch dieser Sucht nach intensiven Gefühlen uneingeschränkt nach, so wird tatsächlich seine Weiterentwicklung behindert, egal, ob Frau oder Mann. Denn jedes Festhängen in einer bestimmten Schicht der Aura bedeutet erst einmal eine Stagnation. Aber es ist für diesen Menschen vielleicht wichtig, ihren oder seinen Emotionalkörper besonders auszukosten, bevor sie oder er den nächsten Schritt tut. Wenn es langweilig geworden ist, ist der Impuls zum Weitergehen da.

Zum gegenwärtigen Zeitpunkt legen Frauen noch ein größeres Suchtverhalten nach solchen Dramen an den Tag, was nicht zuletzt damit zusammenhängt, daß sie momentan noch stärker emotional ausgerichtet sind, während Männer sich derzeit noch eher am Mentalen orientieren. Doch wenn sie anfangen, ihre Emotionen ernst zu nehmen und sie zuzulassen, können durchaus auch Männer solche Tendenzen aufweisen.

Es geht nun nicht darum, jene Frauen und Männer zu verurteilen, die diese Genußsucht an den Tag legen, denn der Keim für das Eigentliche ist darin ja verborgen. Und das Eigentliche an jeder Sucht ist die *Suche* nach der wahren Identität, nach dem wahren Sein. Und so läßt euch natürlich letztlich alles unbefriedigt, was das Erkennen eurer selbst nicht beinhaltet, ob dies nun Drogen sind oder die Sucht nach intensiven Emotionen oder die Sucht nach Wissen, nach mentalem Stoff, oder nach Nahrung. Dies sind Phasen, die manchmal bis zum Überdruß ausgekostet und erforscht werden müssen, um dann den nächsten Schritt machen zu können.

Das rezeptive Fühlen wird von unserer Gesellschaft als spezifisch weibliche Fähigkeit betrachtet, und uns Frauen wird die Aufgabe zugeschoben, im zwischenmenschlichen Bereich für eine angenehme, harmonische Atmosphäre zu sorgen, da wir ja erspüren, was der andere gerade braucht oder will. Betrachtet ihr es als sinnvoll für uns zu lernen, wie wir uns gegenüber dem abgrenzen können, was wir an Wünschen und Erwartungen anderer an uns erfühlen?

Sirius-Kollektiv: Daß ihr Frauen für die Harmonie von Haus, Heim und Herd zuständig wäret, ist etwas, das euch über Jahrtausende anerzogen wurde: der Mann geht in die Welt hinaus und kämpft um das täglich Brot, und das Weib im Hause hütet die Flamme und verbreitet Lieblichkeiten ...

In Wirklichkeit habt ihr jedoch, ganz gleich, ob Frau oder Mann, jederzeit die freie Wahl, ein anderes Wesen so sein zu lassen, wie es eben gerade ist. Und ihr habt auch die freie Wahl, mit diesem Wesen in eine positive Resonanz zu treten, auch wenn seine oder ihre Energie euch gerade nicht behagt. Das heißt, ihr könnt in die Liebesenergie eures Herzens gehen, und aus der harmonischen Schwingung eures Herzens heraus könnt ihr mit dem anderen Wesen in Resonanz treten. Das andere Wesen hat es dann leichter, sich selber wieder zu harmonisieren.

Alles andere sind eigentlich Übergriffe, aus dem Gefühl heraus, ihr wäret für den anderen verantwortlich. Das seid ihr jedoch in keiner Minute, es sei denn, ihr hättet die Disharmonie verursacht. Doch dann geht es um Klärungen. Andernfalls erzeugt ihr eine Art doppelten Druck: der andere fühlt sich nicht gut, ist nicht in Harmonie mit sich selbst, und dann spürt er euren Anspruch, daß er sich doch in Harmonie begeben sollte, damit *ihr* euch besser fühlt. Und dann geht es ihm noch schlechter, weil er oder sie im Augenblick nicht weiß, wie das zu bewerkstelligen wäre. Wichtig ist, daß ihr selbst in liebevoller und harmonischer Schwingung seid *und* daß ihr nichts erwartet.

Die Erfahrung lehrt aber, daß es nicht so einfach ist, »auf Knopfdruck« mit sich selbst in Harmonie zu bleiben, wenn man spürt, daß die Menschen, mit denen man zu tun hat, Disharmonie ausstrahlen ...

Sirius-Kollektiv: In einem solchen Fall ist es wichtig, daß ihr euer Herz ganz weit öffnet. Aber um es überhaupt so weit öffnen zu können, braucht ihr eine Stütze oder einen Schutz für eure »Schwachstellen«. Häufig ist es das Energiezentrum im Solarplexusbereich, das in solchen Situationen völlig unruhig wird, dessen Fühler sich zusammenziehen, verknoten oder verbiegen.

Das hat meistens mit den kindlich gebliebenen Anteilen in euch selbst zu tun, die angstvoll vor der gewaltigen Stimme des Vaters oder der Mutter oder einer anderen Erziehungsperson erzittern und bemüht sind, jetzt irgend etwas richtig zu machen. Euer »inneres Kind« hat das Gefühl, es müßte Vater oder Mutter dazu bringen, wieder gute Laune zu haben und liebevoll zu schwingen, um selbst auch wieder geliebt zu werden. Dem inneren Kind vermittelt eine disharmonische Umgebung ein extrem starkes Gefühl des Abgetrenntseins, und das macht ihm große Angst.

Deshalb ist es so wichtig, den Solarplexus dicht und undurchdringlich zu machen und das Herz weit zu öffnen. Ihr werdet dann auch spüren, daß eurem Herzen nichts passieren kann, denn es ist in der höheren Schwingung. Und von eurer erwachsenen Perspektive her könnt ihr ein anderes Wesen, das in Disharmonie ist, mit ganz anderen Augen und mit einem offenen Herzen betrachten und könnt dieses andere Wesen voller Mitgefühl in seiner Disharmonie sein lassen.

Könnt ihr uns sagen, wie in energetischer Hinsicht unser alltägliches Miteinander aussieht, also unsere zwischenmenschlichen Beziehungen und die Verhaltensweisen, die üblicherweise unseren Umgang miteinander prägen?

Marman: Die Art und Weise, in der Menschen im Augenblick noch meistens miteinander umgehen, ist in energetischer Hinsicht etwas recht Starres, niedrig Schwingendes und Schweres. Und das kann auch gar nicht anders sein, wenn ihr euch vor Augen haltet, daß die Regeln eures zwischenmenschlichen Umgangs aus der Vorstellung heraus entstanden sind, jeder Mensch sei vom anderen getrennt, alles sei fein säuberlich voneinander geschieden und in diesem Sinne müsse jeder tagtäglich erneut um sein Überleben, sein täglich Brot kämpfen. Und die Formen des Umgangs miteinander, die sich herausgebildet haben, haben eben diesen Urgrund des einander feindlich Gesonnenseins. Denn wenn du ums Überleben kämpfen mußt und dein Nachbar ums Überleben kämpfen muß und die Ressourcen begrenzt sind, dann entwickelt sich notwendigerweise eine Konkurrenz. Damit jedoch nicht alles in Mord und Totschlag endet, haben sich auch gewisse Beschwichtigungsrituale und Zeichen, die Harmlosigkeit signalisieren sollen, herausgebildet. Ihr könnt dies bei domestizierten Wildtieren sehr gut beobachten.

Euer alltäglicher Umgang miteinander in jenen Formen, die die Konvention herausgebildet hat, gleicht in energetischer Hinsicht starren Stäben, die an einer Art Gürtel um euren Bauch eingehängt sind und von euch zu euren Mitmenschen gehen und von diesen zu euch. Ihr glaubt noch, diese Stäbe zu brauchen, und seid unsicher, was passierte, wenn ihr sie wegnehmen würdet. Diese Stäbe sind für euch einfach auch eine Sicherheit – ihr wißt ganz genau, wenn ich den Stab nehme, der so und so lang ist, dann reagiert mein Gegenüber so und so, und wenn ich den Stab in diesem oder jenem Winkel aufrichte oder absenke, dann reagiert sie oder er so und so. Aber das ist eben, wie gesagt, eine sehr starre und sehr stark von Ängsten und Befürchtungen geprägte energetische Form.

Inwieweit betrifft dies im besonderen Frauen in der heutigen Gesellschaft?

Marman: Es ist so, daß von den Frauen erwartet wird, sie sollten – um im Bild zu bleiben – bitteschön die Stäbe halten. Das heißt nun nicht, daß Männer diese Stäbe nicht benutzen würden, ganz im Gegenteil, sie benutzen sogar die längsten und dicksten. Aber Frauen werden dazu erzogen, den Stäben ihre Häßlichkeit zu nehmen und sie – um unser Bild noch ein wenig weiter zu strapazieren – etwa rosa anzumalen oder mit Schnitzereien zu versehen oder sie sonstwie ästhetisch zu gestalten, damit die Wirklichkeit nicht so brutal wirkt, wie sie ist. Da Frauen vom Kleinmädchenalter an dazu angehalten werden, sich ständig mit den Stäben zu beschäftigen, sie zu halten, sie in bestimmten Winkeln einzurichten, sie zu erneuern, sie auszuwechseln, wo es angebracht scheint, neue hinzuzufügen und so weiter, sind sie in besonderem Maße mit diesen konventionellen Verhaltensmustern identifiziert. Natürlich könnten sie genausogut die Stäbe loslassen, aber man hat ihnen während der Erziehung deutlich zu verstehen gegeben, daß sie, wenn sie dies tun, im wahrsten Sinne des Wortes »haltlos« und ohne alle Verbindung zu ihren Mitmenschen dastünden. Deshalb fällt es Frauen so schrecklich schwer, Beziehungen zu beenden – weil sie einfach um jeden einzelnen Stab, der sich da in ihrer Obhut befindet, bangen. Eben weil man ihnen klar gemacht hat: »Jeder Stab, den du losläßt, bedeutet einen Verlust an Kontakten.«

Männer hingegen benutzen diese Stäbe im Konkurrenzkampf. Ihnen wird vom Kindesalter an beigebracht, wie sie diese Stabkämpfe auszufechten haben. Und es wird ihnen, im Gegensatz zu den Mädchen, nicht beigebracht, wie sie andere Arten von Stäben benutzen oder Stäbe anmalen oder schnitzen könnten, diese Verschönerungs- und Harmonisierungsarbeiten, die die kleinen Mädchen lernen. Vielmehr lernt ein Mann hauptsächlich, mit seinen Stäben zu *kämpfen*, und da er diese Stäbe zu Hause, zum Beispiel als Familienvater, schlecht einsetzen kann, muß hier die Frau eine Vielzahl neuer Stäbe bei sich anbringen, um den Mann in das familiäre Geschehen einzubinden.

Das war nun freilich eine sehr schematische Darstellung; und glücklicherweise finden in letzter Zeit immer mehr Menschen den Mut, ohne Stäbe und quasi »freischwebend« Kontakt zu ihren Mitmenschen aufzunehmen. Wir möchten deshalb auch euch ermutigen und euch sagen, daß ihr in dem Maße, in dem ihr bereit seid, bei euch selbst zu sein und gleichzeitig das harmonische Fließen der Energien im Austausch zuzulassen, die Stäbe weglegen könnt – was im Neuen Zeitalter auch im Bereich des gesamten Kollektivs geschehen wird.

Übung zum Erfühlen deiner Essenz
(*Sirius-Kollektiv*)

1. *Begib dich in einen entspannten Zustand meditativer Ruhe.*

2. *Sprich nun deinen Vornamen laut aus und wiederhole ihn immer wieder wie ein Mantram. Du kannst deinen Namen auch singen. Dein Vorname ist ein Energieträger, und zwar nicht der Name an sich, sondern genau die Art und Weise, wie du ihn aussprichst (nicht wie jemand anders ihn ausspricht) oder singst.*

3. *Während du fortfährst, deinen Namen zu wiederholen, spürst du immer deutlicher, klarer und leuchtender deine eigene Energie, die als eine Licht-*

säule um deine Wirbelsäule herumfließt. Vielleicht nimmst du deine Energie in einer bestimmten Farbe wahr. Vielleicht hörst du Töne – auch eine Tonfolge kann deine Energie kennzeichnen. Oder du stellst fest, daß deine Energie einen bestimmten Geschmack hat oder einen bestimmten Geruch.

4. *Genieße es, deine eigene Energie zu kennen. Und genieße das tiefe Gefühl der Geborgenheit und des Zuhauseseins bei dir selbst.*

5. *Kehre mit ein paar tiefen Atemzügen in deine Umgebung zurück und nimm das Gefühl des Zuhauseseins bei dir selbst in deinen Alltag mit.*

Übung zur Differenzierung zwischen dem eigenen Empfinden und dem Erfühlen dessen, was von außen kommt
(*Sirius-Kollektiv*)

1. *Nimm eine Blume oder eine Zimmerpflanze, die du besonders magst, und stelle sie nahe zu dir hin.*

2. *Begib dich in einen entspannten Zustand meditativer Ruhe. Öffne dein Herz (dein viertes Chakra) ganz weit und spüre, wie eine leichte, harmonische Energie durch deinen Körper hindurch und um ihn herum fließt.*

3. *Gehe nun mit deiner Aufmerksamkeit zu der Blume oder Pflanze. Du kannst sie mit geöffneten oder mit geschlossenen Augen wahrnehmen. Erfühle geduldig und entspannt, was dir von dem Pflanzenwesen entgegenkommt. Du kannst auch dein Bewußtsein in die Pflanze einsinken lassen, dich sozusagen in den Pflanzenkörper hineinbegeben und dann ganz entspannt abwarten, was in dir hochsteigt an Empfindung, und das einfach zulassen.*

4. *Sei bei dieser Übung ganz entspannt und gelöst. Spüre, daß deine gesamte Körperresonanz geöffnet ist, und fühle, daß du mit allen Wesen, mit allem Seienden, vernetzt bist. Nimm einfach passiv wahr, was an Informationen kommt. Forciere nichts, erwarte nichts, lasse einfach nur zu, nimm an und lasse, was kommt, wie es ist. Übe, bewußt wahrzunehmen, was kommt, es durch dich hindurchzulassen, es nicht zu horten und es dort sein zu lassen, wo es hingehört, und glaube nicht, du müßtest etwas damit tun.*

5. *Wenn du diese Übung einige Male gemacht hast und bereits etwas geübter bist, kannst du sie auch mit einem Kristall oder einem anderen Stein machen.*

6. *Beende die Übung mit ein paar tiefen Atemzügen. Gib beim Ausatmen die Energie der Pflanze oder des Kristalls an das Wesen zurück und konzentriere dich mit dem Einatmen auf deine ureigene Energie. Bedanke dich bei dem Wesen für seine Informationen und verabschiede dich liebevoll von ihm.*

Übung, um in einer disharmonischen Umgebung mit dir selbst in Harmonie zu bleiben
(*Sirius-Kollektiv*)

1. *Wenn du spürst, daß du auf eine disharmonische Umgebung mit Verkrampfungen und Unwohlsein reagierst, dann vergegenwärtige dir, welche Körperstelle Schutz und Unterstützung braucht. Ist es das Energiezentrum oberhalb des Bauchnabels (das Solarplexuschakra)? Ist es der Bauch selbst? Der Magen? Oder ist es der Rücken? Versuche, dir in einer entspannten Umgebung, vielleicht bei dir zuhause, wenn du Ruhe hast, eine solche disharmonische Situation vorzustellen und ganz genau zu erspüren, wo an deinem Körper du am meisten Schutz und Halt brauchst.*

2. *Visualisiere alle Gegenstände, die dir einfallen, welche du zu deinem Schutz gebrauchen könntest: zum Beispiel einen breiten Gürtel oder eine Rüstung aus goldenem Licht oder einen golden oder orangegolden leuchtenden Schild und so weiter. Sei kreativ im Erschaffen und fühle hin, was dich jeweils stärken kann.*

3. *Übe damit. Denn nur durch Übung kannst du den Schutz kreieren, der dir im Ernstfall tatsächlich (inneren) Frieden und Harmonie erhält.*

4. *Wenn du den passenden und wirksamen Schutz für dich gefunden hast, lege ihn an. Spüre, wie deine verwundbaren Stellen gegen alle Angriffe geschützt sind. Öffne dein Herz ganz weit und erkenne, daß ein offenes Herz niemals gebrochen werden kann.*

Mutterschaft

Was bedeutet in energetischer und spiritueller Hinsicht Mutterschaft?

Die Mutter: In spiritueller Hinsicht ist ein weibliches Wesen, das ein Kind empfangen und ihm damit zur Inkarnation verhelfen möchte, eine Seele, die sich bereit erklärt hat, einer anderen Seele, welche in ein Erdenleben treten möchte, einen Liebesdienst zu erweisen. Dies sind Verabredungen, die zwei Seelen schon vor Aufbruch der künftigen Mutter in die Inkarnation getroffen haben, und es ist niemals nur eine Seele, mit der diese Verabredung geschieht, sondern es sind mehrere, die potentiell Interesse haben und an der Pforte stehen. Der Liebesdienst ist natürlich beidseitig, da auch das Wesen, das Kind sein wird, sehr viel Vertrauen und Hingabe benötigt, weil es sich ja dem Wesen, das dann mütterliches »Gefäß« sein wird, zunächst völlig ausliefert, ihm sein körperliches Wachstum im physischen Bauch und seine Kindheit anvertraut. Die Liebesenergien fließen auf der seelischen Ebene also gleichermaßen hin wie zurück. Auch wenn ein Kind sich bereit erklärt für eine Abtreibung oder für eine schwere Kindheit, geschieht dies aus Liebe. Manchmal wünscht ein Kind diese Schwere als Ausgleich für ein anderes karmisches Potential, und manchmal erklärt sich die mütterliche Seele bereit, den »Täter« zu spielen, und auf der seelischen Ebene geschieht auch dies aus Liebe.

Jetzt möchte ich auf den energetischen Aspekt einer Frau, die ein Kind empfängt und ins Leben setzt, eingehen. Die weibliche Energie hat sehr viel zu tun mit Schöpfung, mit Erschaffen, und ein Kind ist die physischste Ebene dieser Schöpferkraft. Für eine Frau bedeutet es eine Schulung in Hingabe – an den Prozeß der Schwangerschaft, des Wachsenlassens in sich, des »Besetzenlassens« des eigenen Körpers durch ein anderes Wesen.

Auch wenn ihr keine Kinder habt, könnt ihr vielleicht nachfühlen, wieviel Hingabe dies erfordert, wieviel Zurücktretenlassen der eigenen Wünsche, wieviel Platzmachen für etwas anderes in sich. Jede Frau, selbst wenn sie sehr rational ist und den kosmischen Kräften unsensibel gegenübersteht, wird vom spirituellen Aspekt der Schwangerschaft berührt, und ohne dieses Berührtsein, dieses Wunder, wäre es für viele Frauen unerträglich, den eigenen Körper besetzen zu lassen und einen kleinen Kannibalen in sich zu beherbergen. Die Wut, die damit einhergehen kann und die sich tatsächlich auch oft genug einstellt, wird durch dieses Wunder gemildert, durch die Sanftheit der spirituellen Energie, die aus diesem Prozeß entsteht, wenn sich die beiden Seelen verbinden. Es ist diese seelische Verschmelzung, die im Körper der Frau während der Schwangerschaft eine Vielzahl hormoneller Prozesse in Gang setzt. Und der Glanz, den Frauen in dieser Zeit oft haben, ist der Ausdruck oder das spürbare Fluidum dieser seelischen Vereinigung. Keine andere Begegnung ist so stark wie die zwischen Mutter und Kind, keine andere Aufgabe ist so dafür geeignet zu lernen, die eigene Energie mit einem anderen Wesen zu teilen, sie für ein anderes Wesen zur Verfügung zu stellen, ganz für es da zu sein. Eine – manchmal harte – Schulung in Hingabe, Demut und Aufopferung. Wobei die Aufgabe um so leichter bewältigt wird, je offener das Herz der Mutter ist, denn desto reicher beschenkt fühlt sie sich von dem kleinen Wesen, und all ihre Mühe wird tausendfach belohnt und strömt als Energie zu ihr zurück. Dieser Prozeß ist niemals einseitig: so wie schon auf der seelischen

Ebene das Fließen und das Vertrauen beidseitig sind, so sind sie es auch auf der körperlichen Ebene. Dies gilt sogar noch, wenn eine Mutter im Kindbett stirbt.

Gibt es für Frauen auch andere Möglichkeiten, diese Schöpferkraft, von der du gesprochen hast, zu manifestieren als durch das Empfangen und Gebären eines Kindes?

Die Mutter: Das Gebären eines physischen Kindes ist der physischste Ausdruck der urweiblichen kreativen Kraft, und ich möchte betonen, daß es für eine kinderlose Frau sehr wichtig ist, sich dieser Kraft auf andere Weise zu bedienen und diese Qualitäten auf anderem Wege zu entwickeln und zu entfalten. Natürlich seid ihr auch dann vollkommene Frauen, wenn ihr kein physisches Kind geboren habt. Oftmals ist es für eine in einem weiblichen Körper inkarnierte Seele auch wichtig, *kein* Kind zu bekommen, um das eigene Potential für eine andere Art von Schöpfung einzusetzen, um die spezielle weibliche Schöpferkraft anders zu entfalten und das gebärende Potential anders zu verwirklichen.

Dies erfordert eine ganz andere Wahrnehmung der eigenen inkarnierten Energie, der Qualitäten und der Möglichkeiten, die darin eingekapselt sind und sich entfalten möchten. So beglückend ein physisches Kind sein kann, so ist diese Erfahrung nur *eine* Möglichkeit. Der spezielle Mangel, den Frauen oft empfinden, wenn ihnen ein Kind versagt geblieben ist, ist andererseits ein starker Antrieb dafür, die eigene schöpferische Kraft auf andere als die traditionell weibliche Weise zu erfahren und jenen scheinbaren Mangel oder jenes scheinbare energetische Loch mit kosmischer Energie zu füllen und diese kosmische Energie in die Welt zu setzen. Der leise Schmerz oder das Bedauern, auch wenn eine Frau sich damit ausgesöhnt hat, kein Kind zu haben, dient einfach als Motor für die Verwirklichung anderer Teile des eigenen Potentials.

Eine Frage zum Thema Geburtenkontrolle: Gibt es Möglichkeiten, auch ohne Verhütungsmittel nicht ungewollt schwanger zu werden?

Die Mutter: Im Prinzip ist es sehr wohl möglich, Geburtenkontrolle ohne jeglichen Eingriff und ohne Verhütungsmethoden zu praktizieren, doch erfordert dies das Licht der Bewußtheit im Dunkel der unbewußten Schichten der betreffenden Frau. Sobald irgendein Anteil in ihr, den sie gar nicht wahrzunehmen oder zu empfinden braucht, ja sagt, ist die Möglichkeit einer Schwangerschaft gegeben.

Wenn eine Frau ihre männliche Fähigkeit, ein klares Nein in den Kosmos zu schleudern, stark entwickelt hat, das heißt die Fähigkeit, ein klares Nein an alle Seelen zu richten, die möglicherweise »anstehen«, um in die Inkarnation zu treten, dann kommt keine Seele auf die Idee, trotzdem zu inkarnieren, sich trotzdem in dieser Frau einzunisten.

Eine Frau, die entsetzt entdeckt, daß sie schwanger ist, obwohl sie es sicherlich nicht wollte, hat mit ziemlicher Wahrscheinlichkeit eine Seele eingeladen, die ebenso unsicher ist, ob sie tatsächlich da sein möchte oder lieber doch nicht. Zwischen ungewollt schwanger werdender Frau und unsicherer Seele bestehen große Resonanzen, und ob die Mutter sich mit dem Kind einigt, es zu behalten oder ob sie es lieber wieder abgibt, oder ob sich das Kind entschließt, von sich aus wieder zu gehen, das hängt von der Abmachung zwischen Mutter und Kind auf der seelischen Ebene ab.

Wenn eine Frau sich darauf einlassen möchte, diese Art der Verhütung zu praktizieren, ist es also eine unabdingbare Voraussetzung, daß sie jene Anteile in sich kennt, die ein Kind bejahen. Durch Ignorieren kann sie sie jedenfalls nicht aus der Welt schaffen, denn dann holen diese sich irgendwo anders ihr Recht auf Anhörung – und sei es etwa über Gewächse im Unterleib. Doch wenn die Frau jene verborgenen Anteile kennt, dann hat sie die Möglichkeit, mit ihnen zu verhandeln. Sie kann ihnen etwa sagen: »Ich kenne euer Ja, ich kenne eure Sehnsucht, euer Bedürfnis, doch ein Kind zu bekommen«, und ihnen entweder einen späteren Zeitpunkt für eine Schwangerschaft oder eine andere Art und Weise des »Kinderkriegens«, wie wir sie vorhin besprochen haben, vorschlagen. Und da heißt es dann, diese Anteile auch wirklich zu befriedigen, damit sie einwilligen in das Nein zu einem physischen Kind.

Du hast davon gesprochen, daß eine Frau, wenn sie ungewollt schwanger geworden ist, sich mit der Seele des Kindes einigt, ob sie es behält oder nicht. Nun halten weite Kreise unserer Gesellschaft eine Abtreibung zumindest für eine moralisch äußerst fragwürdige, wenn nicht für eine zutiefst verwerfliche Tat. Wie sieht es von spiritueller Warte her mit diesem Thema aus – hat eine Frau das Recht, eine Abtreibung vornehmen zu lassen?

Die Mutter: Von spiritueller Warte, von der Ebene der Seelen her gesehen, sind all diese Dinge völlig in Ordnung und geschehen aus Liebe der Seelen zueinander, um sich gegenseitig eine ganz spezielle Erfahrung zu ermöglichen. Auch ein Kind, das von selber wieder geht, ermöglicht der Mutter eine ganz spezielle Erfahrung, nämlich die des Verlusts. Und so gibt es hier keine Schuld.

Allerdings werdet ihr, auch wenn ihr auf seelischer Ebene mit dem Kind verabredet, daß ihr es wieder in die Nichtkörperlichkeit entlaßt (durch eine Abtreibung) oder es austragt und an eine andere Mutter abgebt (durch eine Adoption), nicht umhinkönnen, euch mit euren Gefühlen und den dazugehörigen Gedanken auseinanderzusetzen. Dabei wirkt eine Vielzahl von starken Kräften auf euch ein, die euch die Aufarbeitung erschweren können. Da sind zum einen die Meinungen des mächtigen christlichen Kollektivs über dieses Thema, zum anderen ist da die Energie eures weiblichen Körpers, der von Natur aus darauf angelegt ist, ein Kind in sich heranwachsen zu lassen. Doch trotz eurer Gedanken an Schuld und eurem Gefühl, versagt und etwas nicht zu Ende gebracht zu haben, ist es wichtig, daß ihr mit euch ins reine kommt und euch mit euch selbst aussöhnt. Denn all dies betrifft nur die irdische Ebene, während es auf der Seelenebene, wie gesagt, nur Liebesdienst gibt und keine Schuld. Und wenn ihr das Gefühl habt, ihr kommt mit einer Abtreibung, einer Frühgeburt, einem Abgang oder einer Adoption nicht in wirklichen tiefen Frieden mit euch, steht euch immer die Möglichkeit offen, jene Seele zu kontaktieren und in seelischen Zwiesprachen das Thema zu klären.

Wir haben das Gefühl, daß sich der Kinderwunsch eines Paares in energetischer und spiritueller Hinsicht vom Kinderwunsch einer Frau unterscheidet. Könnt ihr uns zu diesem Unterschied Näheres sagen?

Marman: Der Wunsch eines Paares nach einem Kind unterscheidet sich insofern vom Wunsch einer Frau nach einem Kind, als diese Erfahrung des Verschmelzens und des in sich Heranwachsenlassens eines kleinen Menschenwesens natürlich nur eine Frau machen kann. Sicherlich erlebt der männliche Partner das mit, und er ist auch an das Energiefeld der Mutter und des heranwachsenden Kindes angekoppelt, aber er kann diese Erfahrung seiner Frau oder Gefährtin natürlich nie im selben Ausmaß, in derselben Intensität und Qualität machen wie sie. Und der Wunsch, diese Erfahrung zu machen, ist ein mächtiger Motor, der eine Frau treibt, ein Kind zu empfangen.

Dem Wunsch eines Paares nach einem Kind liegt ebenfalls der Wunsch nach einer energetischen Verschmelzung zugrunde, doch ist diese etwas anders geartet. Für die Qualität von energetischer Verschmelzung, die dem Kinderwunsch eines Paares zugrunde liegt, könnt ihr vielleicht das Bild eines Vogelnestes nehmen: wie ein Nest ist jene Verschmelzung ein energetisches Gebilde, das Eltern und Kind oder Kinder in einer Kugelform einschließt.

Wenn ein Paar sich nach einem Kind sehnt, dann verspürt es den dringenden Wunsch, diese besondere Art von Energiegebilde zu kreieren, das ihr *Familie* nennt. Und dazu gehört, daß das Paar seine Beziehung auf eine neue Weise erfahren möchte, nämlich indem die Bezogenheit aufeinander erweitert wird zu einer Bezogenheit, die von Mutter und Vater zu Kind und von Kind zurück zu Vater und Mutter und wieder zu Mann und Frau verläuft. Der Wunsch, für ein anvertrautes Wesen zu sorgen und die Verantwortung zu haben, es ins Leben einzuführen, und zwar in gemeinsamer Fürsorge im aufeinander Bezogensein des Paares, sind die wesentlichen Aspekte beim Kinderwunsch eines Paares im Unterschied zum Kinderwunsch einer Frau.

Was bedeutet es, wenn ein Paar keine Kinder bekommen kann, sich dies aber so sehr wünscht, daß es sein ganzes Leben auf die Erfüllung dieses Wunsches ausrichtet?

Marman: Wenn ein Paar keine Kinder bekommen kann, liegt dem eine »Ungereimtheit« zugrunde, eine energetische Disharmonie oder ein Nicht-Übereinstimmen von Energien. Und gerade weil diese Disharmonien auf seelischer Ebene entstanden sind, sind sie sehr tief verborgen, und die daraus resultierenden Ängste sind zunächst unzugänglich.

Häufig ist es so, daß das Paar bereits vor der Inkarnation oder auch in einem früheren gemeinsam verbrachten Leben einander auf seelischer Ebene versprochen hat, gemeinsam die Erfahrung der Elternschaft zu machen, und es sind dann Umstände eingetreten, die dies nicht ratsam erscheinen lassen. Sei es, daß einer der beiden Partner Angst bekommen hat vor dieser Erfahrung, oder sei es, daß die Seele eines der beiden Partner nun doch eine andere Erfahrung und eine andere Aufgabe als wichtiger, dringender und vorrangiger ansieht als die Erfahrung der Elternschaft. Es mag auch sein, daß sich in der Zeitspanne von jenem früheren Leben, in dem besagte Verabredung zwischen den Partnern getroffen wurde, zum jetzigen Leben andere Ereignisse »dazwischen geschoben« haben. So kann es beispielsweise sein, daß ein weiteres gemeinsames Leben zwischen diesen beiden Zeitpunkten lag, in dem der eine den anderen sehr verletzt oder enttäuscht oder sein Vertrauen mißbraucht hat. Oder es gab da eine andere erschütternde Erfahrung, so daß im jetzigen Leben der enttäuschte Partner dem anderen nicht das uneingeschränkte und volle Vertrauen entgegenbringt, das nötig wäre, um eine Elternschaft zu initiieren und die Erfahrung der Elternschaft machen zu können.

Sind medizinische Eingriffe wie Hormonbehandlung, künstliche Befruchtung und ähnliches der richtige Weg, um den

Wunsch nach einem Kind zu erfüllen? Und welche Auswirkungen hat es auf das Paar, hauptsächlich aber auf die Frau, wenn ein derartiger Weg eingeschlagen wird?

Marman: Durch das Einschreiten der Medizin werden die Disharmonien auf seelischer Ebene nicht überwunden, und deshalb mißlingen derartige Eingriffe häufig. Wenn sie erfolgreich verlaufen, dann hat dies oft den Hintergrund, daß der ängstliche(re) der beiden Partner sozusagen zu seinem Glück gezwungen wurde. Das heißt, es wurden von einer anderen Person, durch das Eingreifen Dritter, mit Hilfe der Medizin und der Technik Tatsachen geschaffen, und diese Tatsachen bringen den ängstliche(re)n der beiden Partner dazu, aus dem Kreislauf seiner Ängste herauszutreten und den Mut zu fassen, das »Experiment Elternschaft« tatsächlich zu wagen.

Dies ist aber nur die »Initialzündung« – die dahinter liegende Disharmonie auf seelischer Ebene, die dahinter liegenden Ängste sind damit keineswegs ausgeräumt und kommen deshalb im Verlauf dieser Elternschaft natürlich immer wieder zum Vorschein. Es kann sein, daß der betreffende Elternteil überängstlich ist in bezug auf sein Kind oder sich dann doch irgendwann von ihm abwendet oder ähnliches – denn es tritt, wie gesagt, durch einen medizinischen Eingriff keine Harmonisierung auf seelischer Ebene ein. Es ist nur das Eingreifen von außen: Durch den Arzt als »Deus ex machina« ist eine Initialhandlung vorgenommen worden, die die Empfängnis (das Inkarnieren einer Seele) und damit auch die Erfahrung der Elternschaft ermöglicht.

Auch die Hormonbehandlung hat zwei Seiten. Wenn es die Frau ist, die keine Kinder bekommen kann, dann kann dem zugrunde liegen, daß sie sich der Mutterschaft *nicht gewachsen* fühlt – auch im physisch-biologischen

Sinne – oder daß sie glaubt, es nicht verdient zu haben, Mutter zu werden. Und wenn sie sich dann einer Hormonbehandlung unterzieht, geschieht sozusagen das Gegenteil: sie wird zur »Übermutter«, zur »Supermutter« gemacht. Sie wird auf dem Wege der Hormonbehandlung, zumindest für einen gewissen Zeitraum, zu einem Wesen umgestaltet, das in übermenschlicher Weise empfängnisbereit ist. Und auch dadurch kann eine »Initialzündung« bewirkt werden, auch dies kann dazu verhelfen, ihre Ängste zu überwinden. Der Arzt, der die Hormonspritzen oder -pillen verabreicht, ist dann auch wieder der Eingreifende von außen, der seine helfende Hand reicht und die Frau zum Gegenteil dessen macht, was sie zu sein glaubt. Sie glaubt, nicht Mutter sein zu können oder zu dürfen, und wird dann zur Übermutter. Jedoch gelingen Hormonbehandlungen immer dann nicht, wenn die Disharmonien so gravierend und die Ängste so bestimmend sind, daß eine »Initialzündung« auch durch ein Eingreifen von außen nicht herbeigeführt werden kann.

Generell ist es in einem solchen Fall der Kinderlosigkeit sicherlich der direktere und auch für den physischen Körper weniger gefährliche und strapaziöse Weg, die Hilfe eines spirituellen Therapeuten in Anspruch zu nehmen und sich von ihm an die tatsächliche Wurzel der Ängste und energetischen Disharmonien leiten zu lassen.

Das ist der wichtigste spirituelle und energetische Aspekt der Kinderlosigkeit bei einem Paar, das sich sehnlichst Kinder wünscht. Natürlich gibt es daneben auch ganz offene und klare Gründe, wie beispielsweise den gesellschaftlichen Druck: Kinder werden von Eltern oder anderen Verwandten »eingefordert« oder vom sozialen Umfeld scheinbar zwingend verlangt. Es kann also durchaus auch vorkommen, daß ein Paar nur *glaubt*, Kinder bekommen zu müssen, dies aber nicht wirklich und ehrlich und aus tiefstem Herzen *will*. Und dann besteht der Grund für die Kinderlosigkeit nicht in tiefen seelischen Disharmonien, sondern schlicht darin, daß das Paar – oder einer der Partner – sich auf einer vergleichsweise bewußten Ebene entschlossen hat, keine Kinder zu bekommen.

Was geschieht durch eine Hormonbehandlung auf seelischer Ebene?

Die Mutter: Die Seele eines menschlichen Wesens liebt ihre Persönlichkeit bedingungslos, sie verurteilt nichts und geht in keiner Weise wertend mit einer solch massiven körperlichen Erfahrung um. Wenn allerdings die Persönlichkeit nicht durch Intuition, durch Innenschau, mit ihrer Seele in Verbindung steht, kann es geschehen, daß das Anliegen der Seele nicht mit dem Anliegen der Persönlichkeit übereinstimmt und daß es zu einer Art Stagnation in der Psyche der Frau kommt. Zum Beispiel kann es das Anliegen ihrer Seele sein, sich in dieser Inkarnation nicht mit Kinderaufzucht zu beschäftigen (weil dies schon viele, viele Male in anderen Inkarnationen ausgelebt wurde und die Seele jetzt einen anderen Plan verfolgen möchte), während das Anliegen der Persönlichkeit jedoch ein Kinderwunsch sein kann, der so stark ist, daß die Frau sich einer massiven Hormonbehandlung unterzieht. Und dann fühlt sie diffus, daß etwas nicht ganz stimmig ist, daß sie irgendwie eine Notbremse gezogen hat und dadurch in eine Stagnation gerät. Dies kann durchaus vom Wunsch nach einem Kind oder von den gesellschaftlichen Normvorstellungen oder vom sehnlichen Wunsch des Partners nach einem Kind überlagert werden. Trotzdem ist – unbewußt – die Stagnation da, die die Frau frustriert und unzufrieden sein läßt.

Nun ist die Seele natürlich nicht so unflexibel, daß sie damit nicht umzugehen wüßte, und dennoch bedeutet dies, daß etwas nicht in Harmonie, nicht im tiefen Anliegen der Frau verankert ist. Und deshalb ist es wichtig für eine Frau, aufmerksam und intensiv in sich hineinzuhorchen, damit sie herausfinden kann, was denn nun wirklich stimmig ist für sie, bevor sie sich einer solchen Hormonbehandlung unterzieht. Denn manchmal ist es wichtig, daß die Wünsche und Sehnsüchte der Persönlichkeit erfüllt werden, damit die Seele sich leichter äußern kann, und manchmal stellt die Persönlichkeit durch ihre Verbissenheit und ihr Festhalten an fixen Vorstellungen der Seele Blockaden in den Weg.

Die drei Lebensphasen der Frau

Zu allen Zeiten und in vielen Kulturen, nicht nur der christlich geprägten, wurde und wird der Jungfräulichkeit ein ganz besonderer Stellenwert zugemessen. Warum? Kannst du uns etwas sagen über die »Magie der Jungfräulichkeit«?

Samseth: Die Magie der Jungfräulichkeit hat damit zu tun, daß bei dem noch nicht geschlechtsreifen Mädchen die Energien noch dicht sind wie bei einem geschlossenen Blütenkelch, und in dieser Geschlossenheit ist ein sehr starkes Kraftpotential zentriert. Die Prozesse der Geschlechtlichkeit haben noch nicht begonnen, und so sind gewisse Energien nur latent vorhanden, und eben weil sie noch nicht ihrer ursprünglichen Bestimmung zugeführt wurden, wirken sie sehr stark. Es wohnt ihnen eine ganz besondere Kraft inne, eigene Bilder zu kreieren. Es ist dies eine besondere Kraft, innerhalb der eigenen

Welten zu leben, und es ist auch eine besondere Kraft des Herzchakras, da dieses noch nicht vermengt ist mit der Vielzahl von Energien, die durch das Erreichen der Geschlechtsreife im Menschenwesen aktiv werden. In der Jungfräulichkeit liegt die besondere Kraft, den inneren Bildern gemäß zu leben, ihnen zu folgen, und dadurch auch eine besondere Zielgerichtetheit.

Worin besteht die spezifisch jungfräuliche Kraft? Und worin besteht, energetisch und spirituell gesehen, die Verwandlung von der Jungfrau zur geschlechtsreifen Frau?

Die Mutter: Die spezifisch jungfräuliche Kraft besteht in ihrer *Reinheit* und der damit verbundenen tiefen Wahrhaftigkeit. Es ist die reine, erblühende Kraft einer jungen Frau, die sich noch nicht mit männlichen Energien vermischt hat und dadurch eine ganz besondere Fähigkeit besitzt, kosmische Kräfte sowie Heilkräfte zu kanalisieren. Die Fähigkeit, kosmische Kräfte ganz allgemein zu kanalisieren, könnte sich auch in einem künstlerischen Schaffen ausdrücken, denn es wohnt dieser Fähigkeit eine hohe Kreativität inne.

In früheren Kulturen haben die Priesterschulen die jungfräuliche Kraft bewußt eingesetzt, um Heilerinnen und Priesterinnen heranzuziehen und auszubilden. Aufgrund der spezifischen jungfräulichen Kraft sollten in vielen dieser Schulen Mädchen Jungfrauen bleiben, damit ihre Kräfte erhalten blieben. Allerdings ist dieser reine Kanal nur so lange voll wirksam, wie die Persönlichkeit des Mädchens zutiefst mit diesem Weg und dieser Seinsweise einverstanden ist. Denn sobald die junge Frau sich Kinder wünscht oder sich stark zum männlichen Geschlecht hingezogen fühlt, artet diese strenge Schulung zur Tortur aus.

Die Wandlung von der Jungfrau zur geschlechtsreifen Frau ist eine Umwandlung des Gefäßes für heilerische, spirituelle oder künstlerische kosmische Energien hin zur Bereitschaft, Kanal zu sein für eine Seele und hin zur Bereitschaft, eine ganz weltliche, dichtere kreative Kraft in Gang zu setzen – eben das mütterliche Prinzip, das Gebärende und Bewahrende. Es ist eine ganz andere Qualität, die sich dann einstellt, eine Art Verdichtung und Verbreiterung der Energie, um das körperliche Gefäß bereit zu machen für das Empfangen eines Mannes und eines Kindes. Eine Ausbreitung in der dichteren Erdenergie, um da zu sein für eine andere Art der Schöpfung. Dies alles ist nicht wertend gemeint, darum möchte ich das Wort »Reinheit« im richtigen Licht gesehen wissen, es ist einfach eine andere Art von Schöpferischsein, die sich in der geschlechtsreifen Frau entfaltet.

Der reine jungfäuliche Kanal wird bereits durch die hormonellen und körperlichen Prozesse der Pubertät verändert, jedoch wesentlich stärker noch durch den ersten sexuellen Kontakt. Im ganzen Energiesystem findet eine starke Veränderung statt: der Kanal selbst verändert sich, und seine Energie wird diffuser, da Psyche und Persönlichkeit abgelenkt sind. Die Fähigkeit, Energien zu bündeln, läßt nach, und die Konzentrationsfähigkeit ist mühsamer herzustellen.

Finden dieselben Veränderungen bei »männlichen Jungfrauen« statt?

Die Mutter: Bei Jungen ist eine andere Qualität wirksam. Die Kraft, die zölibatär lebende Priester und Heiler früher benutzt haben, war eigentlich die erwachte sexuelle männliche Energie. Diese wurde im Kanal nach oben gezogen, und dadurch bildete sich ein starker Resonanzkörper für kosmische Energien. Doch ist dieser Resonanzkörper etwas ganz anderes als das jungfräuliche weibliche »Gefäß«. Von daher sind die Vorgänge beim Jungen und beim jungen Mädchen eigentlich nicht miteinander zu vergleichen.

Was passiert, energetisch und spirituell gesehen, bei der Transformation von der geschlechtsreifen Frau über das Klimakterium hin zur nicht mehr empfängnisfähigen Frau? Was ist die spezifische Qualität der Frau nach der Empfängnisfähigkeit?

Die Mutter: Nach dem Klimakterium kann das Leben einer Frau eine hohe Qualität haben, so diese Qualität von der Frau gelebt und bewußt erfahren wird – und das sei vorausgesetzt, da dies in eurer jetzigen Kultur sehr vernachlässigt wird und erst langsam wieder ins allgemeine Bewußtsein dringt. Die alten Ureinwohner Amerikas haben diese Kraft noch sehr zu schätzen gewußt und sinnvoll eingesetzt zum Wohl des ganzen Stammes.

Mit der Verabschiedung von der Empfängnisfähigkeit geht eine Synthese der weiblichen Energien einher, da die Frau dann nicht mehr abgelenkt ist vom Kinderwunsch, der sie, solange sie gebärfähig ist, immer mehr oder weniger begleitet. Nach der Mutterschaft beziehungsweise nach der Zeit der Gebärfähigkeit, die einem Ausbreiten gleicht oder bildhaft betrachtet, einer Höhle, vollzieht sich wieder eine Konzentration der Kräfte. Die Energie des Kanals ist wieder stärker gebündelt, ist durch die Lebenserfahrung und Reife der Persönlichkeit und der Psyche stärker als die jungfräuliche Kraft, ist nun mit mehr Weisheit verbunden und ganz anders einsetzbar. Eine wiederum ganz andere, tiefe und weise Art von Kreativität sucht sich nun Raum, und die Fähigkeit, Kanal zu sein, ist wieder kraftvoll und stark. Die Heilkraft und die Konzentrationsfähigkeit für kosmische Energien nehmen wieder zu, auch die Fähigkeit zur Fokussierung, und Sexualität bekommt einen anderen Stellenwert, da sie in veränderter Qualität erlebt wird.

Leider erfahren die meisten Frauen in eurer Gesellschaft im Alter eine Reduzierung, und der tiefe Friede, der nach einem ereignisreichen Leben möglich wäre, wird nicht erlebt. Das wäre nicht nötig, wenn sie sich ihrer besonderen Kraft bewußt wären, die sie jetzt entfalten können. Dies hat auch nichts zu tun mit einem starken oder gesunden Körper. Auch wenn die körperliche Leistungsfähigkeit nachläßt, überwiegen Schönheit und Tiefe der Kraft, die jetzt möglich wäre, die körperliche Schwäche.

Die Frau jenseits des Klimakteriums ist wieder »näher am Himmel«, das heißt, am kosmischen Bewußtsein: so wie die Jungfrau *noch* näher am Himmel ist, ist die Weise Frau *wieder* näher. Und in der langen Zwischenphase hat sie ihren Beitrag geleistet in der Ausdehnung ihrer Kraft und in der Welt und ihren irdischen Belangen.

Samseth: Die Transformation der Frau von dem Stadium in ihrem Leben, wo sie Kinder gebären kann, zu dem Stadium, wo dies aus biologischen Gründen nicht mehr möglich ist, ist die Transformation zur Erdenergie hin. Ihr könnt euch den Weg einer Frau von der Jungfrau über die geschlechtsreife zur nicht mehr empfängnisfähigen Frau vorstellen als den Weg »von oben nach unten«, wobei ich das, wohlgemerkt, ohne jede Wertung sagen möchte. Mit »oben« meine ich die Anbindung des jungfräulichen Mädchenwesens an die universellen, kosmischen Kräfte – hier ist der Zugang ganz direkt, und die Verbindungen, die das Mädchen hat, gehen mehr nach oben als nach unten hin. Die geschlechtsreife Frau ist »in der Mitte«: sie ist einerseits »nach oben« hin und darauf ausgerichtet, mit einer Seele Kontakt aufzunehmen, die sich inkarnieren möchte, und andererseits ist sie »nach unten« ausgerichtet, zur Erde hin, als ein körperliches »Gefäß«, das eine Mutter ja darstellt. Und als solche ist sie auch deshalb zur Erde hin ausgerichtet, weil eine Mutter – wie die Erde – nährende, schützende und sorgende Funktion übernimmt.

Die Frau nach der Empfängnisfähigkeit ist sehr stark zur Erde, zur Erdenergie hin ausgerichtet, was keineswegs heißen soll, daß sie »unspirituell« wäre. Sie hat ihre Verbindung zum Hier und Jetzt vollzogen und steht mit beiden Beinen auf der Erde. Während bei der Jungfrau die energetische Ausrichtung oder die Energiestrahlen vom Universellen, vom Kosmischen her kommen und sehr gefiltert, sehr fein nur die Erde erreichen und in sie hineingehen, ist es bei der Frau im und nach dem Klimakterium genau anders herum: ihre Energie geht sehr stark in die Erde hinein, und sie bekommt viel Energie von der Erde zurück, bündelt diese in ihrem Beckenbereich und schickt sie von dort aus nach oben weiter.

Sie ist also auch eine Art Gefäß, und zwar ein Gefäß für Energien, wobei diese Energien sich richten können, worauf immer diese Frau es will: es können Ideen sein, es können Projekte sein, es können ganz »handgreifliche« physische beziehungsweise materielle Dinge sein, es kann der Beruf sein oder die Familie. Die Energien, die von der Frau zur Erde gehen und von der Erde zu ihr und in sie zurückkommen, bilden ein sehr starkes Feld: sie werden im Beckenbereich der Frau gebündelt und gehen von dort aus wie eine Garbe nach oben in den Kosmos hinaus, um sich mit den kosmischen oder übergeordneten Energien zu verbinden. Eine Frau nach dem Stadium der Gebärfähigkeit kann wie ein Kraftwerk, wie ein Generator wirken. Sie hat, vor allem wenn sie es bewußt tut, in sehr hohem Maße die Fähigkeit, Energien zu bündeln. Je mehr Bewußtheit bei diesem Vorgang hinzutritt, desto stärker ist auch ihre Fähigkeit, diese Energien vor allem in eine Richtung zu lenken, deren großes Ziel die Genesung und die Transformation der Erde und ihrer menschlichen Bewohner ist.

Erweiterte Meditation mit der Erde für Frauen während oder jenseits des Klimakteriums (*Samseth*)

1. *Beginne die Meditation, wie es in der* Meditation mit der Erde* *beschrieben ist, bis du dich mit dem Herzen der Erde verbunden hast.*

2. *Ziehe ganz bewußt die Kräfte, die du von der Erde bekommst, durch dein Becken und deine unteren Energiezentren am Ende des Steißbeins (Wurzelchakra), oberhalb des Schamdreiecks (Sakral-Chakra) und zum Sonnengeflecht über dem Nabel (Solarplexuschakra). Bündele sie in deinem Beckenraum.*

3. *Spüre, wie stark diese Kraft ist, und stelle dann in Höhe des Bauchnabels die Verbindung her zwischen den Kräften, die du von der Erde bekommst, und den Kräften, die von dir selbst, aus deiner Herzenergie, kommen.*

4. *Verknüpfe diese Kräfte, bündele sie und schicke sie nach außen in den Kosmos.*

---

* Siehe Seiten 39 ff. in Teil I dieses Buches.

5. *Fühle, wie dein ganzer Körper erfaßt und durchströmt wird von der Kraft, die als Geschenk aus dem Kosmos zu dir zurückkommt.*

6. *Fühle, wie du selbst Gefäß bist für diese wunderbare kosmische Kraft und spüre, wie du in dir, vor allem in deinem Becken, als Generator, als Kraftwerk diese Energien bündeln kannst.*

7. *Je häufiger du diese Übung machst, desto stärker wirst du diese Kraft empfinden und desto klarer werden die Bilder sein, in welche Richtung du diese Kraft, die du selbst generierst und die du bekommst, am besten einsetzen kannst.*

Teil III

Das Neue Zeitalter – die Synthese von Weiblich und Männlich

Spirituelle Hintergründe der Ablösung des Matriarchats durch das Patriarchat

Was war der spirituelle Hintergrund der Ablösung des Matriarchats durch das Patriarchat?

Mamouth: Die Ablösung des Matriarchats durch das Patriarchat ist nicht so schnell über die Bühne gegangen, wie es scheinen mag. Tatsächlich haben sich in vielen sozialen Verbänden und Völkerstämmen, etwa bei den Kelten, matriarchale Strukturen lange Zeit erhalten. Natürlich war der Grund für diesen Wechsel die Entdeckung oder genauer gesagt, die Offenbarung, daß der Mann etwas mit dem Entstehen neuen Lebens zu tun hat. Damit ist in das damals herrschende Weltbild die gerichtete, strahlförmige, männliche Energie eingedrungen, und wie ihr wißt, ist diese männliche Energie – zumindest auf der irdischen Ebene – eng verbunden mit einem Ausgerichtetsein auf ein Ziel.

Dieses Ausgerichtetsein auf ein Ziel ist dem Urweiblichen vollkommen fremd, und so war es auch der prähistorischen matriarchalen Gesellschaft fremd. Das Weltbild der Göttin war vom Kreislaufgeschehen bestimmt und durchdrungen, es war wichtig, daß alles seinen Abschluß fand, daß sich alles zu einem vollkommenen Zyklus rundete, was ihr im Symbol des Ouroboros, der Weltenschlange, die sich in den Schwanz beißt, wiederfindet. Dieses Auf-ein-Ziel-ausgerichtet-Sein, diese strahlförmige Energie, die mehr oder minder plötzlich in das geschlossene Weltbild der Göttin hereinbrach wie ein Sonnenstrahl, ohne daß wir damit sagen wollen, daß es vorher unschön oder dunkel gewesen wäre, diesen Vorgang also findet ihr exakt beschrieben in der biblischen *Genesis*, in der Parabel vom Fall aus dem Paradies. Das Gerichtetsein hat eine Trennung in Subjekt und Objekt zur Folge, welche der Baum der Erkenntnis symbolisiert. Mit jener Trennung in Subjekt und Objekt gingen viele Veränderungen einher, etwa das existentielle Grundgefühl, ein singuläres Wesen, von allen anderen abgetrennt, zu sein; und auch die Verantwortlichkeit für das eigene, individuelle Handeln kommt damit ins Spiel.

Der Sinn des Ganzen oder der spirituelle Hintergrund, nach dem ihr fragt, besteht darin, daß der Weg des Menschen auf Erden, dieser Weg zu immer mehr Liebe und Allumfassendheit ein Weg der Bewußtwerdung ist, und zwar des Sich-selbst-bewußt-Werdens. Dieser Weg ist auf zwei Arten zu sehen. Zum einen als eine kreisförmige Bewegung, die von All-Einssein wegführt über die immer größer werdende Bewußtheit, bis am Punkt der größten Selbst-Bewußtheit ein Umschwung eintritt und der Weg frei ist für die Erfahrung, daß diese Abspaltung des einzelnen gar nicht existiert, sondern daß alles eins ist. Und somit geht es dann wieder hin zur Rückkehr oder Einkehr ins Allganze. Dieser Zyklus ist kein geschlossener Kreis, sondern eher eine Spirale – der Kreis kommt dort wieder an, wo er angefangen hat, jedoch auf einer höheren Stufe. Und dies läßt sich andererseits auch als lineare Bewegung auffassen – so wie es die Bibel tut und das Patriarchat: der Ausgangspunkt ist der sogenannte Sündenfall, also die plötzliche Erkenntnis, daß der Mensch eine Persönlichkeit besitzt, ein Selbst, und und von diesem Ausgangspunkt oder von dieser Erkenntnis aus geht der Mensch auf einer geraden Linie seinen Weg hin zum göttlichen Allganzen. Da dies der Weg der Menschheit ist (ihr könnt ihn auch »Evolution« nennen), egal ob man ihn nun zyklisch auffaßt oder linear, war es notwendig, den »Fall aus dem Paradies« zu inszenieren – und eben dies hat das Patriarchat getan, oder genauer gesagt, dies ist geschehen in dem Moment, da der Anteil des Männlichen am Zeugungsakt offenbart wurde.

Entspricht es überhaupt den Tatsachen, daß früher Frauen die Macht innehatten, allein und ausschließlich, inklusive der geistigen Macht, so wie in unserem Kulturkreis bis vor kurzem ausschließlich die Männer die Macht innehatten?

Mamouth: Macht in dem von euch gemeinten Sinne ist eine »Erfindung« oder eine Ausformung des Patriarchats: der Wunsch, Macht über andere ausüben zu wollen, entspringt eben gerade jener Empfindung des Abgetrenntseins und der Aufspaltung in ein Ich hier und ein Ziel dort.

Dies gab es im Matriarchat in dieser Form nicht. Natürlich haben die Menschen sich Ziele gesetzt in ihrem täglichen Leben, aber das Überpersönliche, das Transzendente, oder anders gesagt, die Idee einer Entwicklung, in welche Richtung auch immer, einer Entwicklung der gesamten Menschheit, war dem Matriarchat vollkommen fremd. Eine Machtausübung, wie ihr sie kennt, gab es also damals nicht; die führenden Frauen, die Priesterinnen, wurden als Stellvertreterin der Göttin und ihrer verschiedenen Ausprägungen auf Erden angesehen, und sie hatten dafür zu sorgen, daß die Rituale der Göttin richtig ausgeführt wurden. Es oblag ihnen also, dafür zu sorgen, daß die Kraft der Göttin in ihrer jeweiligen spezifischen Ausformung – zum Beispiel im Aspekt der Fruchtbarkeit von Mensch und Tier, des Gebärens und Kinderumsorgens, auch im Aspekt von Sterben und Verwandlung – ungehindert fließen konnte, und sie hatten dafür zu sorgen, daß durch entsprechende Opfergaben die Kraft der Göttin immer wieder gestärkt wurde. Es stand außer Frage, daß dies nur Frauen tun konnten, denn Frauen waren damals magische Wesen, da sie – scheinbar aus dem Nichts – gebären konnten, und demzufolge war es völlig klar, daß die Gottheit eine weibliche sein mußte.

Die Frauen bildeten den geistigen Überbau, übten diese Macht aber in Abhängigkeit von der Göttin und in Demut vor ihr aus. Ihnen war bewußt, daß sie die Stellvertreterinnen der Göttin auf Erden waren, und der Machtmißbrauch, wie ihn patriarchale religiöse Führer und Kirchenoberhäupter häufig praktizieren, war ihnen fremd. Es hätte auch gar keinen Sinn ergeben, denn sie wären ja umgehend bestraft worden, indem die Göttin einfach ihre Kraft von ihnen abgezogen, ihnen sozusagen das Vertrauen entzogen hätte, und dies hätte nicht nur für die Priesterin als einzelne Person, sondern vor allem für den ganzen Verband, für die ganze Lebensgemeinschaft katastrophale Folgen gehabt.

Haben wir das richtig verstanden: das Matriarchat war die paradiesische Einheit und Ungetrenntheit, und durch den Bewußtseinsstrahl, der das Patriarchat eingeläutet hat, sind die Persönlichkeit des Menschen und sein Ego hervorgetreten, wodurch auch Macht als Machenschaft des Ego entstanden ist?

Mamouth: Wir wollen nicht behaupten, daß es zuvor keine Persönlichkeit gegeben hätte. Jeder Mensch und jedes Tier hat eine Persönlichkeit, und wenn ihr genau hinspürt, so hat auch jede Pflanze eine Art von Persönlichkeit; das ist einfach eine Gegebenheit, die mit der stofflichen Dichte zusammenhängt. Aber mit dieser Aufspaltung in ein als »Ich« wahrgenommenes Wesen und in ein oder mehrere Ziele, gleich welcher Art, die dieses Ich zu erreichen anstrebt, hat sich die Persönlichkeit ausgedehnt. Es war ein wechselseitiger Prozeß: sie hat »Nahrung« bekommen und ist gewachsen, und durch diese Ausdehnung wurde auch die Spaltung immer wirksamer und offensichtlicher. Es ist also nicht so, daß es im Matriarchat keine Persönlichkeit gegeben hätte, aber mit der Aufspaltung in Subjekt und Objekt kam die damit einhergehende Empfindung »Ich bin ganz allein, und andere sind gegen mich oder zumindest nicht für mich; vielleicht sind sie aber für mich, wenn ich sie als Anführer um mich scharen kann«. Je mehr sich also die Persönlichkeit ausdehnte, um so weiter gespannt wurden die Ziele, wozu durchaus Machtmißbrauch, Aggression, Unterdrückung gehören.

Dies führte auch zu einer Aufspaltung im Bewußtsein der Menschen in ein Diesseits und ein Jenseits. Wenn euer Leben grundlegend von der Wahrnehmung geprägt ist, daß es einerseits ein »Ich« und andererseits ganz viele »Nicht-Ichs« gibt, dann ist es naheliegend, diese Empfindung ins Transzendente zu projizieren und zu sagen: »Diese Aufspaltung gilt auch für diesen Bereich.« Darüber hinaus ist diese Erklärung auch sehr praktisch für das Ego und hilft ihm bei seiner Aufblähung, denn es kann sich hienieden aufführen wie ein Schwein und sich dann immer noch damit trösten, daß drüben alles anders und besser sein werde.

Warum ist in unserer Vorstellung die Erde, und damit die Materie, weiblich und der Himmel, das heißt das Geistige, männlich?

Mamouth: Die Erde *ist* weiblich; sie ist ein weiblich gepoltes Wesen und trägt überwiegend weibliche Anteile in sich. Dasselbe gilt für alle Materie – manches mag überwiegend weiblich sein, anderes überwiegend männlich, doch gibt es nichts, was ausschließlich einen der beiden Pole beinhaltete. Daß Materie nicht ausschließlich weiblich sein kann, wird euch schon dann klar, wenn ihr euch einen Computer vorstellt: er gilt wohl kaum als Ausbund von Weiblichkeit …

Daß der Himmel euch männlich erscheint, hat zu einem ganz wesentlichen Teil mit eurer seit vielen Jahrhunderten bestehenden Tradition zu tun. Es fällt euch schwer, euch den Himmel anders als männlich vorzustellen, weil ihr eben von den weiblichen Gottheiten nicht mehr sehr viel wißt. Ihr hättet einen ganz anderen Eindruck, wenn ihr mit der Vorstellung vertraut wäret, daß der Himmel sich zu gleichen Teilen aus weiblichen und männlichen und jenseits der Polarität liegenden Schöpferkräften oder Schöpferwesen zusammensetzt.

Der anscheinend männliche Geist ist ebenfalls ein Ergebnis eurer Tradition. Geist war in Frühzeiten der Menschheit absolut weiblich, aus dem Geist wurde erschaffen, und Erschaffen war etwas Magisches, wozu Geist gehört, der das Ganze beseelt, auch wenn es sich um einen irdenen Topf handelt. Und da die Frauen, wie wir vorhin schon sagten, die magischen, weil gebärenden Wesen waren, war selbstverständlich auch der Geist, der von der Göttin kam und transformiert wurde durch die Frauen, durch ihre Hände und ihre Körper, ein weibliches Prinzip.

Als jedoch der Strahl des Männlichen in das Bewußtsein eindrang, wurde mit der Spaltung auch gleichzeitig die Frage gestellt, was machbar sei. Das neu entdeckte Ego, die neu entdeckte Persönlichkeit brachen mit dem magischen Weltbild und sagten voller jugendlichem Stolz: »Ich bin nicht auf die Göttin, nicht auf die magische, schwer zu erlernende Praxis angewiesen, sondern ich kann alles ganz alleine machen.« Und tatsächlich hat dieser Geist des Alles-ganz-alleine-machen-Könnens auch einige durchaus interessante Produkte hervorgebracht. Höchstwahrscheinlich, wagen wir die Prognose, hätte das Matriarchat nicht unbedingt so etwas wie einen Computer oder ein Handy geboren – nicht weil Frauen dazu »zu dumm« wären, sondern weil sie von sich aus,

aus dem Weltbild der Göttin heraus, völlig andere Formen der Kommunikation entwickelt hätten als diese durch Technik und Kunststoffbehältnisse gefilterte, doch sehr sterile Kommunikation. Das nur nebenbei.

Was ihr mit »Geist« identifiziert, ist wahrscheinlich jenes logisch-rationale Denken, das eben solche Dinge hervorbringt – wobei wir das nicht werten wollen, es ist eben einfach so. Es ist deshalb notwendig, daß Frauen wieder ihre eigene Art zu denken in der allgemeinen Lebenspraxis installieren und praktizieren.

Anschließen an die männlichen Ur-Energien und grundlegende Übungen zur Erfahrung des männlichen Pols

Welche Qualitäten des Urweiblichen sind für das Neue Zeitalter von besonderer Wichtigkeit?

Sirius-Kollektiv: Es geht hier nicht so sehr um die Besonderheiten bestimmter Qualitäten des Urweiblichen, die für den Übergang zum Neuen Zeitalter wichtig wären. Vielmehr geht es darum, daß ihr alle diese Qualitäten integriert und die eine oder andere verstärkt in euch wiederfindet. Es geht um ein ausgewogenes Verhältnis dieser Qualitäten innerhalb eurer Erfahrung und eures Erlebens. Und es geht zunehmend um die Synthese weiblicher und männlicher Qualitäten sowohl in den Frauen als auch in den Männern. Damit ist gemeint, daß jedes Individuum, das in einem weiblichen Körper steckt, sich zunächst seiner männlichen Energien und Qualitäten bewußt wird, um in einem anschließenden zweiten Prozeß diese weiblichen und männlichen Energien und Qualitäten zu etwas Drittem, Neuem zu verschmelzen. Derselbe Prozeß gilt natürlich analog für die männlichen Individuen. Dies bedeutet, daß euch damit die Erfahrung unmittelbar zugänglich wird, daß in jedem einzelnen Menschen die Fähigkeit zur Überwindung der Polarität und damit zu göttlicher Schöpferkraft steckt.

Die Aneignung männlicher Qualitäten durch Frauen findet ja bereits statt, wie ihr überall dort beobachten könnt, wo die Emanzipationsbewegung bahnbrechend war. Und auch diese Strömung hat den übergeordneten Sinn, eine Aufhebung der Polarität innerhalb der Individuen zu schaffen.

Die wichtigste Qualität des Neuen Zeitalters wird also die Synthese sein, wobei ihr gleichzeitig eine tiefe Rückverbindung mit euren weiblichen Wurzeln erfahren werdet. Denn ihr droht diese Verbindung schnell zu verlieren, sobald ihr euch den Gegenpol-Qualitäten, dem Männlichen, zuwendet und sie euch aneignet.

Gibt es zu jeder weiblichen Qualität einen direkten männlichen Gegenpol?

Sirius-Kollektiv: Nicht in direkter Art und Weise, denn es sind polarisierte Qualitäten und Energien, die sich im Ineinanderfließen ergänzen und sich nicht in starrer Polarität gegenüber stehen. Ihr könnt euch das vergegenwärtigen, wenn ihr euch das Yin-Yang-Symbol ☯ vorstellt und die Linie, welche die Punkte einschließt, weiterverfolgt. Und als dieses sich ergänzende Ineinanderfließen sehen wir die Synthese, die von euch in der Zukunft, im Neuen Zeitalter, erreicht werden möchte.

Es geht wohl vielen Frauen so, daß sie zwar Qualitäten in sich spüren können, die sie als männlich identifizieren, daß sie aber vor diesen Qualitäten im selben Maße zurück-

schrecken, wie sie von ihnen fasziniert sind. Wie können wir Frauen mehr Mut finden, die männlichen Anteile in uns aufzuspüren und sie zu integrieren?

Sirius-Kollektiv: Als Kriterium soll euch dienen, wie ihr euch in der jeweiligen Qualität fühlt. Gibt euch eine männliche Qualität Kraft, bestimmte Handlungen in der Welt mit Freude und Lust und einem Gefühl der Stärke vorzunehmen, dann sei dies euer Kriterium und eure Wahrheit. Hier ist die unbedingte Entschlossenheit sehr wichtig, alte Glaubenssätze und Strukturen fallen zu lassen, ebenso wie die klare Ausrichtung, daß ihr ausschließlich *eurem* Wohlgefühl, *eurer* Verwirklichung und *eurer* inneren Wahrheit folgt und aufhört, euch Meinungen oder Forderungen, die nicht aus euch selbst kommen, zu unterwerfen. Der Mut wächst mit dem Wohlbefinden und in dem Maße, wie ihr zu euch selber steht.

Es bleibt völlig eurer spielerischen Kreativität überlassen, in welche Form ihr diese männlichen Energien oder Qualitäten kleidet. Ihr könnt sie durchaus auch auf eine weibliche Art und Weise zum Ausdruck bringen. Keineswegs sollt ihr euch wie Männer verhalten, sondern vielmehr eine Synthese finden, die eurem Wesen gemäß ist. Und eben weil die Synthese dem Wesen einer jeden einzelnen von euch gemäß sein soll, gibt es keine allgemeinen Richtlinien. Statt dessen muß jede Frau für sich ausloten, was für sie stimmig ist. Ihr braucht vor den männlichen Qualitäten nicht zurückzuschrecken, denn ihr habt sie bereits in euch. Beispielsweise ist in eurem Körper – auch wenn er aufgrund der weiblichen Geschlechtshormone anders strukturiert ist als der männliche Körper – dennoch Spannkraft und anderes, was ihr mit männlichen Eigenschaften assoziiert, vorhanden. Und trotzdem bleibt euer Körper weiblich.

Es bleibt eurem individuellen Wohlgefühl überlassen, die männlichen Qualitäten in euch zu entdecken und sie in Harmonie beziehungsweise in eine wirkungsvolle Synthese mit den weiblichen Energien zu bringen. Auch die Zeit, die ihr euch gebt, damit eure Energien sich neu vermischen und zueinander finden können, liegt ganz in eurem eigenen Ermessen.

Erweiterte Meditation mit der Erde zur Integration der männlichen Qualitäten (*Marman*)

1. *Beginne die Meditation, wie es für die* Meditation mit der Erde* *beschrieben ist.*

2. *Verbinde deine Nabelschnur mit dem Herzen der Erde. Statt dich ins Herz der Erde hineinfallen zu lassen oder an deiner Nabelschnur ins Erdinnere hinabzusteigen, bleibe an der Oberfläche.*

3. *Visualisiere, daß deine Nabelschnur zu einem dicken Baumstamm heranwächst, und daß du am oberen Ende dieses Baumstammes in der Krone zwischen den Ästen sitzt.*

4. *Lasse dann vom Herzen der Erde eine Lichtsäule durch den Kern des Stammes und durch deine Wirbelsäule hindurchwachsen und durch dein Scheitelchakra nach oben austreten. Du kannst dabei das Bild zu Hilfe nehmen, daß du selbst der Baum bist, der da immer weiterwächst, mit Verzweigun-*

---

* *Siehe Seiten 39 ff. in Teil I dieses Buches.*

gen, die aus dem Energiezentrum oben auf der Mitte deines Kopfes, deinem Scheitelchakra, immer breiter, immer höher in den Himmel hinein wachsen.

5. *Hole dann mit diesen Verzweigungen oder »Antennen« die männlichen Energien zu dir her. Vielleicht fällt es dir leichter, die männlichen Energien zu finden, wenn du Namen dir bekannter Gottheiten, beispielsweise aus dem griechischen Pantheon, nimmst. Genausogut kannst du aber auch die Qualitäten an sich beim Namen nennen, so wie du es mit den Qualitäten des Urweiblichen machst.*

6. *Auf diese Weise, indem du durch die Wurzeln und den Stamm die Erdqualitäten in dich hineinziehst und durch das Kronenchakra die männlichen Qualitäten, kannst du sie ganz gezielt an die Stelle in deinem Körper oder in deinen feinstofflichen Körpern leiten, wohin du sie haben möchtest.*

7. *Lasse nun die aus der Erde aufsteigende urweibliche Energie und die über dein Kronenchakra einfließende urmännliche Energie verschmelzen. Du wirst feststellen, daß der Bereich, wo die Verschmelzung in deinem Körper oder in der Nähe deines Körpers stattfindet, je nach urmännlicher Qualität, die du gerufen hast, unterschiedlich ist. Genieße dieses ekstatische Verschmelzungserlebnis und versuche, es so vollständig wie möglich in deinen physischen und in deine feinstofflichen Körper aufzunehmen.*

8. *Nimm zum Abschluß der Meditation ein paar tiefe Atemzüge und laß die gewonnenen Erfahrungen in dein tägliches Leben einfließen.*

Die urmännliche Qualität des Verdichtens zu Struktur und Form
(»Zeus«)

Ihr seid verbunden mit der urmännlichen Qualität, die die gerichtete männliche Energie und Kraft verdichtet und bündelt. Es ist die Kraft, jene gerichtete, strahlförmige Energie zu Materie und damit zu Form oder auch zu einer geistigen Struktur zu verdichten. Dieser Vorgang des Verdichtens gilt nicht nur für den physischen oder mentalen, sondern gleichermaßen auch für den emotionalen Bereich. Es ist ein Teil des Urmännlichen, allem, was ist, Struktur geben zu wollen, alles kristallin werden zu lassen, und dies gilt ganz genauso im Bereich der Emotionen – woraus sich viele der Schwierigkeiten erklären, die Männer und Frauen miteinander haben. Es ist eben dieses Bedürfnis, dem Fließen der Emotionen eine Struktur geben zu wollen, das vor allem von weiblicher Seite oftmals als Verhärtung, Starrheit und Starrsinn empfunden wird. Doch in seiner reinen, ursprünglichen Intention, das heißt auf der energetischen Ebene, ist es dies keineswegs. Ihr könnt euch dieses urmännliche Bestreben, auch in den Fluß der Emotionen Struktur bringen zu wollen, vorstellen wie eine gotische Kathedrale, durch deren hohe Spitzbogen mit den farbigen Fenstern das Sonnenlicht hereinflutet und seine Strahlen auf den Boden malt.

Wir haben in der Meditation von dir den Satz empfangen: »Du bist mein geliebter Sohn.« Ist es möglich, daß auch wir Frauen das Kraftspendende und den Trost dieses von dir ausgesprochenen Satzes empfangen und darin aufblühen können?

Dieser Satz »Du bist mein geliebter Sohn« beinhaltet den Prozeß der Transmission der reinen, strahlförmigen Energie in den organisch verdichteten, strukturierten menschlichen Körper hinein. Da dies Teil der urmännlichen Energie ist, vermittelt sich der Satz als »Du bist mein geliebter *Sohn*«. Der Satz »Du bist meine geliebte Tochter« hat eine andere energetische Schwingung, ist eine andere Invokation und gehört deshalb nicht zu meiner Energie. Es ist dies ein magischer Satz, der die Magie der Transmission der reinen männlichen Energie in den Körper hinein und weiterführend durch den Körper hindurch in die Erde beinhaltet und beschreibt. Natürlich gilt dieser Satz genauso auch für euch Frauen und Mädchen, denn im Bereich der Materie gibt es nichts Seiendes, das nicht bipolar wäre, und so habt ihr Frauen und Mädchen selbstverständlich auch diesen gerichteten Strahl der männlichen Energie in euch.

Ihr könnt also des Trostes und der Stärkung sowie auch der Erfahrung ganz allgemein dieses magischen Satzes nur dann teilhaftig werden, wenn ihr euch auf diesen männlichen Teil, auf diese männliche Energie in euch einstellt. Aufgrund von Konvention und eurer Erziehung stoßt ihr dabei auf gewisse Schwierigkeiten, weil man sehr viel Zeit und Sorgfalt darauf verwandt hat und immer noch verwendet, bei der Kindererziehung Jungen und Mädchen sorgfältig voneinander zu scheiden und so zu tun, als gäbe es keine Brücken zwischen dem Männlichen und dem Weiblichen. Und deshalb mag es euch zu Anfang seltsam erscheinen, wenn ihr euch als »geliebter Sohn«, also als Junge oder als Mann fühlen sollt. Nehmt jedoch dieses Wort »Sohn« als magischen Klang und nicht als etwas, das mit Blutbanden und Genen und Hormonen zu tun hat, sondern einfach als Möglichkeit, in euch Frauen die männliche, strahlförmige Energie zu evozieren und den Prozeß der Verdichtung in Struktur zu erleben. Dieser Prozeß geschieht permanent, auch wenn ihr ihn nicht bewußt mitbekommt. Wenn ihr euch jedoch darauf einlaßt, ihn bewußt zu erforschen und zu erfahren, wird eine größere Klarheit eintreten, und die Struktur wird immer kristalliner, lichtdurchlässiger und lichtabstrahlender werden, wie ein Bergkristall.

Ihr könnt euch dies bildhaft vorstellen als ein Auge, aus dem kegelförmig sehr starkes weißes Licht hervortritt. Dieses Licht verdichtet und verwandelt sich zu der bunten Rosette einer gotischen Kathedrale mit vielfarbigem Glas. Unter dieser Rosette sind die vielfachen, steinernen Säulen – die Verdichtung und Strukturgebung der strahlenförmigen männlichen Ur-Energie.

Wir kennen den Satz »Du bist mein geliebter Sohn« aus der Bibel – welcher Zusammenhang besteht zwischen dir und der biblischen Gottvater-Gottsohn-Beziehung?

Gemeint ist hier die ganz direkte Beziehung des Fleischwerdens: Die göttliche Energie, der göttliche Strahl wird Struktur, wird Form, nimmt menschliche Gestalt an, in-karniert sich. Dies ist die Bedeutung dieses Satzes. Zur Beziehung zwischen meiner Qualität und dem christlichen Gott möchte ich sagen, daß der Satz »Du bist mein geliebter Sohn« *eine* – wenn auch sehr mächtige, kräftige, durchschlagende – Form oder Ausprägung der männlichen Ur-Energie darstellt. Es geht hier um die Fähigkeit, die strahlförmige Energie zu verdichten. Aber die Schwingung dieses magischen Satzes ist eben nur *eine* Ausprägung des Männlichen, und um so mehr nur *eine* Ausprägung des gesamten Energiegefüges. Im Bereich der reinen Energie repräsentiert sie nur einen Teil des Spektrums, und ebenso repräsentiert sie auch im verdichteten Bereich der Physis und der Materie nur einen Aspekt. In der Sphäre, aus der ich entstamme, wird die Tatsache sehr klar wahrgenommen, daß Lebendigkeit und ständig sich erneuernde und sich ausdifferenzierende Schöpfung nur in der Vielfalt geschehen kann. Und deshalb könnt ihr und können auch wir jeweils immer nur einen Teilbereich erfassen.

Der Monotheismus hingegen setzt ausschließlich auf bestimmte männliche Energien, was dazu führt, daß ein großer Bereich des Spektrums ausgeschlossen ist. Nicht nur all das, was man weiblich nennt und dem Weiblichen zurechnet, sondern auch einiges, was zur männlichen Energie gehört, wurde ausgemerzt oder versucht auszumerzen. Aus diesem Grunde wird es vielen Frauen schwerfallen, sich der stark transformierenden und klärenden Schwingung des Satzes »Du bist mein geliebter Sohn« anzuvertrauen und hinzugeben. Nichtsdestotrotz möchte ich euch ans Herz legen, die von mir beschriebene Übung zu machen.

Du sagst, durch unsere monotheistische Religion sind Aspekte des Männlichen ausgemerzt worden. Um welche Aspekte handelt es sich da?

Es handelt sich hier vor allem um das Intuitiv-Visionäre, das ebenfalls eine männliche Qualität ist, womit ich nicht sagen will, daß Intuition und Vision ausschließlich dem männlichen Pol zugeordnet wären. Aber es gibt eine speziell der männlichen Energie zugehörige Qualität des Intuitiv-Visionären, wie sie im Bild des Mystikers oder im Archetypus des *Eremiten* aus dem Tarot überliefert sind. Und hierbei gibt es wieder Unterteilungen. Das Intuitiv-Visionäre hat natürlich etwas mit Aufnahmebereitschaft zu tun, aber nicht in der Art der weiblichen Ur-Energie, die wie ein Fluß ist oder wie ein Gefäß, sondern es geht hier vielmehr um ein Aufnehmen, das sich bildhaft darstellen ließe als ein Blitz, der auf einen Strahl trifft. Natürlich ist eine solche Aufnahmebereitschaft im emotionalen Bereich auch von einer größeren Bereitschaft begleitet, etwas von sich abzustrahlen, etwas herzugeben.

Es ist in eurer Zeit eine bekannte Tatsache, daß Männer häufig Schwierigkeiten haben mit Emotionen und dem gesamten emotionalen Bereich. Wie es sich aus unserer Sphäre darstellt, liegt der Ursprung dieser Schwierigkeiten jedoch nicht darin, daß der Mann an sich ein »emotionaler Krüppel« wäre oder das Männliche an sich keinen Zugang zur Gefühlswelt hätte. Vielmehr ist der verschüttete oder erschwerte Zugang zum Gefühl Symptom für eine Beschneidung, die noch weit tiefer geht und noch weit grausamer ist, nämlich die Ausmerzung der Ebene des Intuitiv-Visionären.

Übung zur Erfahrung der urmännlichen Qualität des Verdichtens zu Struktur und Form (»Zeus«)

1. *Setze dich irgendwo hin, wo die Sonne scheint (jedoch nicht in die pralle Sonne, damit es nicht unangenehm wird). Stelle dir vor, das Licht der Sonne fiele kegelförmig auf dich herab, so daß es dich wie ein Zelt umgibt.*

2. *Spüre, wie dieses Licht in deine Haut eindringt und wie es deine Zellen zum Arbeiten anregt, auf daß die Zellen sich teilen, auf daß in den Zellen Informationen ausgetauscht und neue Zellen gebildet werden.*

3. *Filtere in deiner Vorstellung aus dem Licht, das dich wie ein Zelt umgibt, einen klaren, reinen, intensiven Strahl heraus. Lasse diesen reinen Strahl durch deine Wirbelsäule hindurchgehen und durch deinen*

> *Solarplexus wieder austreten. Spüre den reinen Strahl und wie er durch dich hindurch und in die Erde hineingeht. Visualisiere, wie er sich dort ebenfalls verdichtet und zu Form wird.*
>
> 4. *Während du weiter den reinen Strahl durch dich hindurch und auch in die Erde hineingehen spürst, sprich den magischen Satz »Du bist mein geliebter Sohn«. Wiederhole den Satz mehrmals, und während du der Magie dieses Satzes nachspürst, fühle die Resonanz in dir stärker und stärker werden.*
>
> 5. *Laß in dem Lichtzelt alle Ängste von dir wegfließen, du würdest dir mit der Rolle des »Sohnes« etwas anmaßen, was dir nicht zusteht, oder du würdest von deiner Weiblichkeit etwas verlieren.*
>
> 6. *Je mehr dir die Identifikation mit diesem magischen Satz gelingt, desto größere Klarheit und Struktur werden in deinem Leben Einzug halten; du wirst strahlender, kristalliner und transparenter werden.*

Die urmännliche Qualität des klaren Bewußtseinslichts
(*»Apollon«*)

Meine Qualität sind die Strahlen des Bewußtseins, die die Nebel der Nacht oder des Unbewußten vertreiben. Es ist klares Bewußtseinslicht, angefüllt mit unendlich vielen Partikeln von Lebensenergie, wie sie speziell auf der Erde gebraucht wird, um die Organismen kontinuierlich am Funktionieren und damit am Leben zu erhalten. Darum ist die Empfindungsqualität Freude bis hin zur Ekstase des Sich-Lebendig- und Sich-am-Leben-Fühlens und des Durchstrahltseins von unerschöpflicher Kraft und Wärme. Viele Menschen empfinden diese Kraft besonders in Resonanz zum Solarplexus, zum Herzen und zum Unterleib. Denn auch Fruchtbarkeit hat mit dieser Energie zu tun, da sie Leben auf der Erde ermöglicht und weiterträgt.

Meine Apollon-Energie läßt sich insofern als Qualität oder Ausformung des Urmännlichen bezeichnen, als ihr die Sonnenkraft, im Gegensatz zur mondischen Weiblichkeit, als männlich empfindet. Auch in der Art und Weise, wie die Lebenskraftpartikel meiner Qualität die Erde bestäuben, liegt ein Aspekt des Urmännlichen, da sie die Erde – wenn ihr sie als weibliches Gefäß betrachtet – befruchten. Diese Partikel sind weniger männlicher »Geistsamen« als vielmehr eine fast schon physische Kraft, da sie mit Fruchtbarkeit und Ekstase der geschlechtlichen Vereinigung zu tun haben. Es ist dies eine sehr sinnliche Kraft, mit der die Erde sich vereinigt und Leben erzeugt. Und so könnt ihr sie durchaus vergleichen mit der Ejakulation des männlichen Samens im Geschlechtsakt und mit der damit verbundenen Freude und Ekstase. Sie ist wie eine Ejakulation der großen Wesenheit Sonne in ihrem tiefsten Chakra, wenn sie sich mit der Erde verbindet.

Meine Energie umschließt also die Qualitäten Lebenskraft, Fruchtbarkeit und Klarheit des Bewußtseins. Wenn ihr euch in eurem Alltag an diese Qualitäten anschließen möchtet, dann dienen sie vor allem der Aufladung eurer Körperzellen mit Lebensenergie und -freude, und sie sind euch auch dienlich, wenn ihr den Mut braucht, etwas Neues zu beginnen. Auch wenn ihr Mut, Vertrauen oder auch neue Freude nötig habt, um ein stockendes Geschehen wieder aufzunehmen oder einen schwierigen Weg weiterzugehen, hilft euch meine Qualität, sobald ihr sie ruft. Und wenn ihr niedergeschlagen seid und euch einsam und ungeliebt fühlt, könnt ihr euren Emotionalkörper mit meiner apollinischen Lichtenergie auftanken und in Bewegung bringen. Dasselbe gilt für euren Mentalkörper, wenn ihr befruchtende Ideen braucht.

Auf den spirituellen Körper bezogen hat meine Energie, natürlich in höherer Frequenz, die gleiche belebende Wirkung. Wesen, die mit meiner Energie in ihren spirituellen Körpern aufgeladen sind, wirken auf euch, als ob ihre Aura leuchtete. Ihr seid auf allen Ebenen eures physischen wie aller eurer feinstofflichen Körper mit mir verbunden. Und auf jeder Ebene geht, um wieder ein Bild zu gebrauchen, eine riesengroße Sonne auf, sobald ihr euch mit meiner Energie verbindet. So ist es auch mit dem spirituellen Körper: Es entsteht ein Leuchten und ein Kraftgefühl, und um euch herum in ganz weitem Radius sind Wärme und Schutz. Je klarer ihr in euren verschiedenen Auraschichten meine Frequenz empfangen könnt, desto mehr seid ihr vor energetischen An- oder Übergriffen aus dem emotionalen oder mentalen Bereich anderer geschützt, ohne etwas dafür tun zu müssen.

Du hast gerade von Lebensfreude gesprochen. Unserer Erfahrung nach vermag im besonderen die urweibliche Qualität der Hingabe *Lebensfreude zu steigern und den Emotionalkörper in Bewegung zu bringen. In welcher Beziehung stehst du, Apoll, zu dieser Qualität der* Hingabe?

Ich stehe in einer Art Liebesbeziehung zu dieser Qualität, da meine urmännliche Qualität des Samenausstreuens ohne die urweibliche Qualität der Hingabe nicht auf fruchtbaren Boden träfe. Wenn sich eure Körperzellen oder die »Zellen« eures Emotional- oder Mentalkörpers nicht hingebend meiner Bestäubung oder Besamung öffnen, kann keine Lebensfreude entstehen. Die Hingabe eurerseits, die Hingabe eures

Herzens und eures Körpers, ist die Voraussetzung für mein Wirken, ebenso wie die Hingabe der Erde im makrokosmischen Bereich.

Kann man dich Liebe nennen, im Sinne dessen, was Jesus Christus Liebe nannte?

Natürlich könnt ihr mich Liebe nennen, denn ich *bin* Liebe. Letztlich gibt es natürlich nur *eine* Liebe, doch läßt sie sich in verschiedene Ausformungen oder Aspekte unterteilen. Mein Aspekt ist eine sehr aktive Form der Liebe, im Vergleich etwa zur Qualität der *Hingabe*, die mehr den Aspekt des sich Öffnens und Aufnehmens repräsentiert.

Um liebende Wesen zu sein, braucht ihr beides. Ihr könnt euch nicht nur öffnen und euch hingeben – dies wäre ein Übergewicht des einen Pols, das sich als ein passives, »saugendes« Verhalten ausdrücken würde. Und es ist Teil eurer Aufgabe auf Erden, die verschiedenen Qualitäten von Liebe zu integrieren und zu leben.

Übung zur Erfahrung der urmännlichen Qualität des klaren Bewußtseinslichts (*»Apollon«*)

1. *Begib dich in einen ruhigen, entspannten Zustand. Konzentriere dich auf die Sonne und richte dich aus auf das Wesen hinter der Sonne. Mache dich empfänglich für diese Wesenheit, für ihr klares Bewußtseinslicht, für den Logos der Sonne.*

2. *Mache dich in deinen verschiedenen Körpern empfänglich für die Aufnahme der Lebenskraftpartikel,*

> welche die Wesenheit Sonne dir sendet, und stelle dir vor, daß sich deine Körperzellen wie Blütenstempel dieser Besamung zuwenden. Spüre in dich hinein, wie tief dich die Impulse, die Samen treffen.
>
> 3. Genieße deine Empfindungen, gehe tiefer und tiefer in dich hinein und vereinige dich mit dem Logos der Sonne. Du kannst alle möglichen Arten von Belebung und Ekstase, von Freude, Lebenskraft und Lebenslust, von Ideenreichtum und Strahlkraft in deinen verschiedenen Körpern erfahren.
>
> 4. Erfülle dein Herz mit immer mehr Hingabe und setze dich vertrauensvoll und ohne »hohen Lichtschutzfaktor« dieser Energie aus.
>
> 5. Diese Übung wird dir anfangs wahrscheinlich am leichtesten fallen, wenn du die Sonne scheinen siehst, doch ist das nicht unbedingt nötig. Es geht genauso gut, wenn eine Wolkendecke dazwischen ist. Diese Wesenheit ist so unabdingbar mit dir verbunden, daß du physisch gar nicht existieren könntest ohne sie, und deshalb kannst du dich jederzeit, sogar in tiefster Nacht, mit ihr verbinden.

Die urmännliche Qualität der impulsgebenden Kraft
(»Ares«)

Meine Qualität ist Energie oder Kraft an sich. Das Universum erlebt diese Qualität als Bewegungsenergie, die den Anstoß gibt zum Schwingen oder Pulsieren der einzelnen Teilchen. Insofern bin ich Teil des großen göttlichen Allganzen und gleichzeitig auch in der Personifikation des männlichen Gottes Ares oder Mars enthalten. Allerdings ist die Tradition, diese meine Kraft in einer männlichen Gottheit zu personifizieren, wesentlich älter. Ich war Teil des Osiris, ich war auch Teil des Horus, zuallererst aber war ich Teil der Isis.

Daß das Weibliche mit dem Passiven gleichzusetzen sei, ist erst eine neuere Auffassung. In alten Zeiten war es das *weibliche* Prinzip, welches Aktivität verkörperte. Es war das Prinzip des Gebärens und Hervorbringens, das Prinzip, welches in Bewegung setzte und Leben auch wieder nahm, das Lebendige auch wieder verschlang. Im Transzendenten war das weibliche Prinzip Schöpferin des Götterhimmels, Beherrscherin der Planeten, die die Bewegung der Himmelskörper lenkte – als ob jene an Fäden hingen, die die Große Göttin webt oder spinnt oder klöppelt. Und nicht zuletzt ist der Weltgeist, in eurer Bibel der Heilige Geist genannt, seit jeher ein weibliches Prinzip. Denn dieser Geist, der alles durchwebt, tut dies aktiv und läßt sich nicht durchweben.

Meine Qualität der stoßweisen, in höchstem Maße aufgeladenen Energie ist eigentlich erst in eurer Tradition, beginnend mit dem griechischen Pantheon und dem hebräischen männlichen Eingott, zu einer explizit männlichen Qualität geworden. Es bedarf also im Grunde keiner besonderen Anstrengung für euch Frauen, wenn ihr meiner Kraft innewerden wollt. Diese Kraft ist in jedem Lebewesen, in jedem Atom enthalten, und so wäre es lächerlich anzunehmen, sie sei in euch Frauen nicht ebenso vorhanden. Nur eure Konvention verbietet oder erschwert euch, wollt ihr dem üblichen Frauenbild gerecht werden, in den meisten Fällen die Verbindung mit meiner Energie. Beispielsweise gilt es als nicht besonders »weiblich«, wenn ihr etwa plötzlich losrennt, nur weil ihr dazu Lust habt, weil es euch *jetzt, im Moment* als angemessene Art der Bewegung erscheint, weil sie ein Ausbruch, eine Eruption eurer Kraft ist. Dies sind die Schwierigkeiten, die euch im Wege stehen können, wenn ihr euch meiner Kraft gewahr werden möchtet.

Zum zweiten kennt ihr meine Qualität vorwiegend in der Personifikation Ares/Mars, das heißt als sogenannter Kriegsgott, und Kriegerischsein, Aggressivsein, körperliche Auseinandersetzung gehören nun schon gar nicht zum Bild der Frau in euer Lebenswirklichkeit. Und doch gibt es auch hier wieder eine Einheit, denn die »Kehrseite« von Mars ist Venus, die Kehrseite des Kämpfens ist Diplomatie. Ihr könnt das gar nicht voneinander trennen, denn auch wenn ihr noch so charmant und liebenswürdig und diplomatisch seid, wohnt auch diesem Verhalten die andere Seite, der andere Pol, das Kämpfen inne. Venus nimmt nämlich den »aggressiven« Impuls auf, läßt ihn durch sich hindurchgehen und hebt ihn dadurch auf eine höhere Schwingungsfrequenz. Dort wird er wieder von mir aufgenommen, verstärkt, geht zu Venus zurück, und so weiter. Dieses Prinzip wirkt in und mit jedem Molekül, jedem Atom, jedem kleinsten Teilchen des Universums. Aber es wird noch eine gewisse Zeit dauern, bis dieses Prinzip von euren Wissenschaftlern erforscht sein wird und Allgemeingut geworden ist.

Mich als reinen Kriegsgott aufzufassen trifft deshalb nicht das *Wesen* meiner Kraft oder Energie. Meine Qualität ist ursprünglich die der Bewegung, genauer gesagt, des Impulses, des Anstoßes, und so befinde ich mich in eurem Körper in den Muskeln. Und auch hier habt ihr wieder diese zwei Seiten, denn im besonderen bin ich wirksam im Herzen, das sechzigmal in der Minute den Anstoß, den Impuls zum Leben bekommt, und gerade das Herz ist besonders mit der Liebe, aber auch der Liebenswürdigkeit, also der venusischen Seite, verbunden.

Im Zusammenspiel mit Venus hat meine Qualität sehr viel mit Liebe zu tun – wie alles im übergeordneten, kosmischen Sinne Liebe ist. Es hieße meine Qualität falsch verstehen, wenn ihr mich auf einen kriegerischen Aspekt reduziertet und gerade ihr Frauen euch aus diesem Grunde scheuen oder sogar weigern würdet, euch meiner Qualität zu nähern. Ich möchte euch deshalb bitten und raten, diese Vorurteile über Bord zu werfen und mit Freude und Spaß ab und zu die Übungen zu machen, die ich euch beschrieben habe. Ihr werdet sehen, daß eure gesamte Energiefrequenz sich anhebt, was euch zu immer größerer Liebesfähigkeit führt.

Meine Kraft wirkt auch im Übergeordneten, indem sie dem gesamten Universum Impulse verleiht. Und als Teil des göttlichen Allganzen, als Teil des großen Schöpferbewußtseins bin ich sozusagen der Mittler zwischen Idee und Form. Ich bin der Moment, in dem – um ein Bild der biblischen *Genesis* zu verwenden – die Hand Gottes nach dem Lehmklumpen greift, um daraus etwas zu formen.

Wofür können wir alle, speziell aber wir Frauen, deine Qualität im Neuen Zeitalter einsetzen?

Das Neue Zeitalter zeichnet sich durch ein allgemein größeres Bewußtsein und ein allgemein größeres Empfinden von Freude, von Lebensfreude aus. Es wird ein Paradigmenwechsel stattfinden, und alttestamentarische Sätze wie »Im Schweiße deines Angesichts sollst du dein Brot essen« werden mehr und mehr an Energie und damit an Bedeutung verlieren, während gleichzeitig die Sätze des Neuen Testaments, die Jesus sprach, verstärkt ins Bewußtsein gehoben werden. Dies wird große Veränderungen mit sich bringen.

Die größte Veränderung ist die, daß die allgemeine Bewußtseinsfrequenz angehoben wird, und zwar nicht nur die der Menschen, sondern die des Planeten an sich, der Tiere, der Pflanzen und aller anderen für euch nicht sichtbaren Wesen, die auf diesem und um diesen Planeten sind. Durch diese Frequenzanhebung wird eine größere Aktivität ermöglicht. Mit Aktivität ist hier nicht euer von der Gesellschaft verordnetes Dogma gemeint, andauernd etwas *tun* zu müssen, etwas fest Umrissenes, Begrenztes, Ziel- und Zweckgerichtetes. Vielmehr geht die allgemeine Lebensfreude Hand in Hand mit einem größeren Drang, aktiv zu sein, und zwar im Sinne von lebendig sein, das Leben und seinen Pulsschlag spüren, das Leben durch euch hindurch pulsen spüren und euch selbst spüren, wie ihr im selben Rhythmus mit ihm pulsiert. Und bei dieser der verstärkten Lebensfreude innewohnenden erhöhten Aktivität spielt meine Kraft eine große Rolle. Sie hilft euch, den Pegel an Lebensfreude oder an Seinsekstase zu halten, so daß ihr nicht wieder in Depression, Traurigkeit, Euch-in-euch-selbst-Zurückziehen, Euch-einsam-Fühlen und so weiter zurückfallt. Hierbei wird meine nie endende Kraft, meine immer vorhandene Energie des Impulsgebens vonnöten sein.

**Übung zur Erfahrung der urmännlichen Qualität
der impulsgebenden Kraft
(»Ares«)**

1. *Dies ist keine Meditation, sondern eine Achtsamkeitsübung für den Alltag. Es geht darum, daß du die impulsgebende Kraft überhaupt einmal als eigene Qualität in dir wahrnimmst.*

2. *Werde dir zwischendurch – beim Gehen, beim Kaffeetrinken, bei der Hausarbeit etwa – deiner Muskelkraft und deiner Impulse, etwas zu tun, bewußt. Wie geht das, wie entsteht der Impuls? Wie ist der*

Weg vom Impuls zur Tat, wie fühlt er sich an, welche Qualität hat die Energie, die dem zugrunde liegt?

3. Wenn du darin etwas Übung hast, beginne darauf zu achten, wie sich innerhalb dieser Impulse die andere Seite anfühlt, die venusische, die liebenswürdige, harmonische, ästhetische Seite.

4. Öffne dein Herz ganz weit für die Wahrnehmung des wundervollen ekstatischen Tanzes deiner Energien und der Energien um dich herum: für den Tanz von Impuls beziehungsweise Aktion und Hingabe. Lasse diesen Tanz von Venus und Mars, bei dem ein marsischer Impuls venusisch aufgenommen und weitertransformiert wird, in dir geschehen.

5. Diese Achtsamkeitsübung im Alltag kann sehr effektiv für dich sein, denn indem du dir der impulsgebenden Kraft in deinem physischen Körper bewußt wirst, stellt sich eine Verbindung zu denjenigen Bildern und Glaubenssätzen in deinem Mentalkörper her, die mit Rollenbildern und -vorgaben zu tun haben. Aufgrund deiner Erfahrungen mit der impulsgebenden Kraft kannst du diesen Bildern und Sätzen nun jedoch eine physische Realität entgegensetzen. Denn sobald du erlebt hast, daß du dich keineswegs »unweiblich« fühlst, wenn du beispielsweise plötzlich losrennst, nur weil dir gerade danach zumute ist, oder wenn du dich mit einem anderen Menschen auf ein körperliches Gerangel einläßt, haben die betreffenden Bilder und Sätze in deinem Mentalkörper kein Fundament mehr – und du kannst sie getrost aus deinem Leben entlassen.

Die urmännliche
Qualität der Ausrichtung
(»Saturn«)

Ich repräsentiere die Qualität der *Ausrichtung*. Damit ist die Kraft gemeint, euch in eine bestimmte Richtung auszurichten oder euch auf ein Ziel hin zu fokussieren. Da sie im Gegensatz steht zum sich Ausdehnenden des weiblichen Prinzips, kann sie als urmännliche Qualität bezeichnet werden.

Diese Kraft der Ausrichtung und Fokussierung und der Fähigkeit zu strukturieren ist in verschiedenen Ebenen eures Seins wirksam. Auf eurer physischen Ebene ist meine Energie dem euch tragenden Knochengerüst zugeordnet, auf der psychischen Ebene ist sie die Kraft, ein Ziel zu verfolgen, das ihr angesteuert habt, oder mit einer vorgefundenen Struktur fertigzuwerden, also etwa einen Terminplan einzuhalten. Auf der mentalen und supramentalen Ebene hilft euch meine Qualität, euch in verschiedenen Dimensionen zu bewegen, ohne euch in ihnen zu verlieren.

Ein nicht unwesentlicher Aspekt meiner Qualität ist meine Funktion als Hüter der Einhaltung eurer Lebenspläne. Als solcher bin ich mit der Energie eurer Seelen verbunden, um euch während der Inkarnation in der richtigen Bahn zu halten. Es ist, als trüge ich den wegweisenden Lichtstab vor euch her, damit ihr euch nicht verirrt im Wirrwarr der Möglichkeiten und inneren Stimmen. Und wenn ihr den Lichtstab nicht sehen könnt, erschaffe ich Ereignisse, die aus dem sogenannten Außen auf euch zukommen, um euch wieder auf den Weg zu bringen, euch im Strom des Flusses, den eure Seele erschaut hat, zu halten. Als schmerzhaft wird meine Energie nur dann von euch erfahren, wenn ihr euch verweigert, wenn ihr den rettenden Stab nicht ergreift und euch nicht in den Fluß ziehen oder den Weg wieder erleuchten laßt. Wenn ihr aufgrund eures Egos und eurer Vorstellungen meint, es müsse alles anders laufen und anders sein, und ein Kräftemessen mit mir veranstaltet, dann kann die Konfrontation mit meiner Qualität unangenehm sein. Ansonsten bin »ich« ein überpersönliches, euch Form und Halt gebendes Prinzip auf jeder Ebene, bewahre euch vor allzuviel Irrungen und Wirrungen, Ungerichtetheit und Diffusität.

Wie können insbesondere wir Frauen deine Qualität integrieren?

Das wichtigste ist, daß ihr Frauen mich integriert, indem ihr eine Synthese schafft zwischen meinem strukturgebenden Prinzip und eurer Anbindung an die urweibliche konzentrische Qualität der weiblichen Weisheit, des intuitiven Wissens um den richtigen Weg. Denn eure Zeit erfordert von euch Frauen Klarheit und Fokussierung auf die Ziele, die ihr manifestieren wollt, und eine klare Ausrichtung auf den Weg des Herzens und den Weg eurer Seele. Meine Energie hilft euch, das, was ihr intuitiv erspürt, in eine Form zu bringen, damit ihr im Fluß mit der Schnelligkeit der Zeit seid. Gerade ihr Frauen seid aufgerufen, *mein* Prinzip der Ausrichtung auf das Wesentliche von jenem formgebenden und richtenden Prinzip zu reinigen, das viele Väter eurer Generation verkörperten. Denn meine Qualität hat nichts mit Patriarchentum und Unterdrückung des weiblichen Prinzips zu tun, ganz im Gegenteil – wie jedes urmännliche Prinzip bin ich ekstatisch in vollkommener Vereinigung mit dem Weiblichen verbunden. Deshalb seid ihr im besonderen aufgerufen, den Kampf gegen Männer, die sich ähnlich wie eure Väter verhalten, aufzugeben und nicht auf dem spezifisch Weiblichen zu beharren, sondern meine Qualität zu integrieren.

Übung zur Erfahrung der urmännlichen Qualität der Ausrichtung
(»Saturn«)

1. *Begib dich in einen ruhigen, entspannten Zustand. Stelle dir vor, daß du in einer großen Kugel aus weißgoldenem Licht sitzt. Fühle, wie sich deine Aura im Schutze dieser Lichtkugel ausdehnt und genieße das Gefühl des Einsseins mit dir selbst.*

2. *Imaginiere nun ein Lichtnetz in deiner Aura, ein sehr flexibles, elastisches Netz. Fühle, daß dieses Netz dich trägt, so wie dein Knochengerüst deinen physischen Körper trägt. Konzentriere dich auf dieses Lichtgitter und verfolge seine Linien. Verfolge sie nach oben, beobachte die Verfeinerung der Energie und die Strahlkraft und lasse dich einfach führen und tragen.*

3. *Nachdem du dich mit der Energie deines Lichtnetzes vertraut gemacht hast, kannst du dir nun immer, bevor du in deinen Meditationen in andere Sphären reist, das Lichtnetz vergegenwärtigen. Es hält dich mit deinem physischen Körper in Verbindung. Es ist sehr dehnbar, es gibt dir Halt und Schutz, und du kannst diesem Netz absolut vertrauen.*

4. *Auch in Lebensphasen, da du fürchtest, von deinem Weg abgekommen zu sein und dich in Dunkelheit zu verirren, kann es sehr hilfreich für dich sein, wenn du dir das Lichtnetz vergegenwärtigst, und daß du von ihm gehalten und getragen wirst.*

Die urmännliche Qualität des Willens
(»Hephaistos«)

Wir haben deine Qualität in der Meditation folgendermaßen erfahren: Das Männliche ist mit dem Willen assoziiert, während das Weibliche ein umfassendes Wissen um Sinn und Richtung des Ganzen besitzt und darum immer dorthin gelangt. Was hat es damit auf sich?

Der Wille kann von seiner energetischen Struktur her tatsächlich eher dem Männlichen zugerechnet werden, da diese Energie wie das männliche Prinzip stoßweise ist, und zwar bezogen auf den Moment, da der Wille den Anstoß, den Impuls gibt zu einer Handlung. Auch ist die Willensenergie zwar kraftvoll, doch von kurzer Dauer – sie »verpufft« schnell wieder.

Wenn ihr sagt, daß jemand seinen ganzen Willen aufbietet, um ein bestimmtes Ziel zu erreichen, so entspricht diese Definition von Willen nicht dem, was wir, die wir uns in anderen Sphären aufhalten, unter dem Willen verstehen. Denn bei eurer »Aufbietung des ganzen Willens« treten zu dem ursprünglichen Anstoß viele andere Energien hinzu, die das Ursprungsbild weitertragen und im Mentalkörper zu bewahren helfen, damit die oder der Betreffende sich an diesem Bild orientieren und ihm gemäß handeln kann. Für uns hingegen ist der Wille wie ein explodierender Sonnenball oder ein Flammenstoß, also etwas, das mit großer Kraft beginnt und dann relativ schnell wieder erlischt oder verpufft oder in sich zusammenfällt. Daraus ergibt sich, daß der Wille sich immer wieder auf neue Ziele richten muß, oder es müssen immer wieder wechselnde oder neue Anreize aus dem Außen kommen, um einen Willen neu zu entfachen.

Für das weibliche Prinzip, das eher konzentrisch und daher dem Zyklischen verbunden ist, ist kein Wille vonnöten.

Es ist egal, an welcher Stelle ihr, bildlich gesprochen, den Stein ins Wasser werft – die konzentrischen Kreise breiten sich aus und erreichen irgendwann einmal den gewünschten Punkt. Diesem Bild entspricht das dem Weiblichen verbundene Wissen, daß das Leben – und damit meine ich *alles* Leben: sowohl inkarniert wie auch nicht inkarniert – zyklisch oder in Spiralen verläuft, daß also die Erfahrung immer wieder an den Ausgangspunkt zurückkehrt, jedoch jedesmal auf einer höheren Ebene schwingt. Das weibliche Prinzip braucht demnach nicht zu wollen, weil in der konzentrischen Ausdehnung der Kreise irgendwann der Punkt X erreicht wird, das Männliche hingegen *muß* wollen, weil es linear und gerichtet ist, eine fortwährende Abfolge von Explosionen.

In unserer Gesellschaft wird dem Willen ein außerordentlich hohes Gewicht beigemessen. Wir aber haben den Eindruck, daß der Wille eine Kraft ist, die eher Gegendruck erzeugt, während die Impulse, aus denen heraus wir unsere Zukunft manifestieren, anderen Sphären entstammen. Kannst du uns dazu etwas sagen?

Das ist sicherlich richtig. Der Wille ist aufs engste verknüpft mit sehr alten Teilen eures menschlichen Gehirns, nämlich mit dem Stammhirn, wo auch die Triebe und Reflexe sitzen, und so ist er quasi der verlängerte Arm des Triebs: der Wille transportiert das in den Verstand, was das Triebhafte diktiert. Auch ist der Wille aufs engste mit der Persönlichkeit verknüpft. Die Impulse zur Manifestation hingegen entspringen ganz anderen Sphären in euren Gehirnen. (Allerdings aus Sphären, die von euch wissenschaftlich noch nicht entdeckt oder dechiffriert wurden, sie werden für »nicht genutzte Teile« des Gehirns gehalten).

Die Impulse wirksamen Manifestierens setzen ein Einssein voraus – mit eurer Seele, mit eurer Seelenfamilie und überhaupt ein Gleichschwingen mit dem Kosmos. Ihr könnt mit dem Willen und eurer Persönlichkeit nichts manifestieren, es sei denn auf eine sehr materielle Art und Weise, indem ihr euch eben mit Geld das kauft, was ihr haben möchtet. Das Manifestieren von anderen Zielen aber, etwa dem Ziel, einen Lebenspartner zu finden, geht nur über den Weg, euch auf das schöpferische Allganze einzuschwingen, und indem ihr euch über die Begrenzungen, die eure Persönlichkeit euch in den Weg legt, hinwegsetzt. Ihr könnt also mit dem, was ihr unter Willen versteht, nicht manifestieren, denn er ist Teil eurer Persönlichkeit, er dient dazu, eure Grundbedürfnisse zu befriedigen. Wenn ihr übergeordnete Dinge manifestieren möchtet, müßt ihr jedoch die Ebene eurer Persönlichkeit verlassen und damit die Ebene, auf der ihr meint, ihr wäret singulär und abgetrennt von allen anderen. Das Manifestieren »funktioniert« nur, indem ihr euch auf das schöpferische Allganze einschwingt und alle Begrenzungen übergeht, indem ihr ihnen keine Aufmerksamkeit schenkt. Das heißt nicht, daß mit dem Manifestierten eure Persönlichkeit nicht wachsen würde, das tut sie auf jeden Fall, aber es geht nicht umgekehrt; ihr könnt nicht mit dem Willen etwas in eure Realität, in eure Physis hineinziehen mit dem Ziel, eure Persönlichkeit wachsen zu lassen.

Ist es nicht so, daß wir den Willen unserer Persönlichkeit für die Umsetzung jener Impulse brauchen, die von jenseits der Persönlichkeit kommen?

Nein, denn indem ihr den Willen einsetzt, klammert ihr euch fest, und dieses Klammern behindert den Fluß. Ihr habt vielleicht ein wenig verstellte Vorstellungen vom Prozeß des Manifestierens und denkt, »manifestieren« bedeute, ihr müßtet euch nur mit aller Willenskraft etwas vorstellen, um es in eure physische Realität hineinzuziehen und es dort Gestalt annehmen zu lassen. Auf diese Weise jedoch könnt ihr nichts manifestieren. Ihr könnt euch nur dem göttlichen Fließen öffnen, euch einklinken in das schöpferische Allganze, natürlich mit einem Wunsch, einer Bitte, einem Bild, einer Vorstellung, was ihr in Zukunft gerne *erfahren* möchtet, denn dies ist das Kriterium. Sobald ihr dieses Bild gefunden, diese Bitte ausgesprochen habt, könnt ihr nur mehr geschehen lassen, im Vertrauen auf die Schöpferkraft und die unendliche Liebe des Allganzen, dessen Teil ihr seid.

Es ist der Schleier, der Zerrspiegel oder die Brille mit der einengenden Optik eurer Persönlichkeit, durch die ihr diesen Prozeß betrachtet. Ihr könnt Energie aufwenden soviel ihr wollt, ihr werdet damit die Realitäten in eurem Leben, die ihr euch wünscht, nicht erschaffen und nicht heranziehen, und zwar gerade *weil* ihr so viel Energie aufwendet. Die Dinge geschehen in Übereinstimmung mit eurer Seele und mit dem Allganzen, und hättet ihr nicht die Realität der falschen Optik oder des Zerrspiegels eurer Persönlichkeit, so wäre das ganze Leben ein ekstatischer Augenblick ohne Anfang und ohne Ende. Da ihr jedoch eure Persönlichkeit habt, unterbrecht ihr die Wahrnehmung oder die Empfindung dieses ekstatischen Augenblicks. Und wenn ihr mit der der Persönlichkeit zugeordneten Energie eures Willens eine ekstatische Erfahrung herbeiziehen wollt, als ob ihr an einer Schnur einen Drachen zu euch herunterzieht, geht ihr von einer falschen Vorstellung aus, wie das noch nicht Manifestierte beschaffen ist und in welcher Sphäre es als »Rohmaterial« herumgeistert.

Wozu brauchen wir denn dann heutzutage überhaupt noch einen Willen? Wenn er stammesgeschichtlich so alt ist, wozu ist er uns dann heute noch dienlich?

Nun, er ist euch so lange dienlich, als ihr noch nicht – oder noch nicht kontinuierlich und ausschließlich – imstande seid, die unmittelbaren Impulse eurer Seele oder eures Höheren Selbst, eurer Monade oder des Tao wahrzunehmen. Der Wille hängt mit dem Zwang, sich entscheiden zu müssen, zusammen, und dieser besteht nur so lange, als ihr die unmittelbaren Impulse eurer Seele nicht kontinuierlich wahrnehmen könnt. Ihr braucht dann einen *Willen*, um eine *Entscheidung* treffen zu können und um diese Entscheidung auch umzusetzen.

In welchem Sinne ist dann deine Qualität zu verstehen, da du doch die Kraft des Willens *bist?*

Jene Willensenergie, für die ich stehe, ist die Energie einer Antriebskraft, einer Antriebsfeder, die euch das Vorhandensein des Ekstatischen nicht vergessen läßt und immer wieder den Wunsch in euch wachruft, ekstatische Seinsmomente erfahren zu wollen. Es ist dies nicht der Wille, wie ihr ihn versteht, sondern vielmehr eine Sehnsucht oder ein Stachel, der euch immer wieder dazu treibt, die Seinsekstase erfahren zu wollen, die Strahlkraft des vollkommenen Augenblicks im Hier und Jetzt. Diese Qualität verkörpere ich, und das als eher männliche Kraft, da sie etwas Gerichtetes hat, etwas, das einem Pfeil, einem Stab oder einem Strahl gleicht und das immer wieder in euer Leben eingreift, wider den Stachel löckt und euch immer dann kitzelt, wenn ihr in Routine, Langeweile oder Depression zu versinken droht – wie ein Sonnenstrahl, der auf euch herabfällt und euch in der Nase kitzelt, damit ihr die Augen aufmacht und seht, wie strahlend schön der Tag ist.

> **»Laß den Augenblick strahlen«** –
> **Übung zur Erfahrung der Qualität des Willens**
> **(»Hephaistos«)**
>
> 1. *Dies ist keine Meditationsübung, sondern ein kurzes Innehalten mitten in irgendeiner alltäglichen Beschäftigung. Stelle dir über deinem Kopf eine Sonnenkugel vor, von der aus Strahlen auf dich herniedergehen, die alles, was du anschaust, in leuchtenden Farben erstrahlen lassen und dich alle Aromen, alle Gerüche mit einer neuen Aufmerksamkeit und Intensität wahrnehmen lassen.*
>
> 2. *Setze diese Übung für den Anfang nur momentweise ein, um die ungefilterte Kraft der Qualität des Willens zu erfahren. Du kannst jedoch mehrmals am Tag »den Augenblick strahlen lassen«.*
>
> 3. *Diese Übung ist besonders geeignet für graue Tage, an denen du in Depressionen zu versinken drohst.*

Die urmännliche Qualität der geistigen Leichtigkeit und Heiterkeit
(»Hermes«)

Meine Qualität ist gekennzeichnet von Beweglichkeit, Humor und Leichtigkeit. Meine Energie ist das göttliche Spiel schlechthin; sie hat nichts mit Oberflächlichkeit zu tun, sondern ist ein Einfach-nicht-identifiziert-Sein mit Schwere. Dies ist auch die Qualität, die euch – und zwar über das Lachen – helfen kann, allzu starre Urteile über den anderen geschlechtlichen Pol aufzulösen oder aufzuweichen, sei es nun in euren Mentalkörpern oder in euren Emotionalkörpern. Wenn ihr beispielsweise zornig seid und ausgrenzende, negative Gedanken habt über das männliche Geschlecht im allgemeinen oder über euren gegenwärtigen oder über einen potentiellen Partner, könnt ihr euch vorstellen, ihr zeichnet eine Art Karikatur von euch selbst. Und wenn ihr euch dann in dieser Hülle der selbstgebastelten Karikatur sitzen seht, könnt ihr vielleicht anfangen, ein bißchen über euch zu lachen. Immer wenn ihr ein paar Schritte zurücktretet und euch selbst mit liebevoller Leichtigkeit betrachtet (ihr sollt euch nicht *aus*lachen, sondern *an*lachen), wie ihr euch verstrickt und verknotet habt, könnt ihr mit einem fröhlichen Lachen in diese energetischen Knoten hineingehen, euch durch die verwirrten Fäden hindurchschlängeln und sie auflösen.

Selbst in euren physischen Körpern könnt ihr meine Energie wirken lassen, was im Neuen Zeitalter auch zunehmend notwendig sein wird. Denn Materie soll durch mehr Lachen, Freude und Liebe hin zu größerer Leichtigkeit verändert werden. Momentan ist es noch ein bißchen so, als ob ihr zu einem Stein sagtet, »Nun hüpf doch mal und sei ein wenig leichter«, und er euch mit einem tieftraurigen Augenaufschlag ansieht, weil er doch nur ein Stein ist und so schwer und das nicht kann und am liebsten sagen würde, »Na, heb mich doch mal, dann wirst du schon sehen, wie schwer das ist – und dann soll ich auch noch hüpfen …« Aber indem ihr die Steine in euch ein wenig neckt und kitzelt und zum Lachen bringt, wird ihr Gewicht tatsächlich leichter, und ihr könnt sie in der Schwingung anheben.

Indem ihr euch in meiner Energie aufhaltet, habt ihr also die Möglichkeit, spielerisch mit den »schweren« Anteilen in euch selbst in Kontakt zu treten und entweder die zu massiven Klumpen zusammengeballten Energiefäden zu entwirren oder die Klumpen in humorvoller, liebevoller, leichter Kommunikation aufzulösen. Man kann selbst Felsen zum Lachen bringen, ob ihr es glaubt oder nicht. Allerdings dürft ihr dann nicht erschrecken vor dem dröhnenden Laut, der von ihnen ausgeht ...

Übung zur Erfahrung der urmännlichen Qualität der geistigen Leichtigkeit und Heiterkeit (»*Hermes*«)

1. *Begib dich in einen ruhigen, entspannten Zustand. Visualisiere deine feinstofflichen Körper als ein Fluidum, das deinen physischen Körper umströmt. Vielleicht kannst du verschiedene Farbschattierungen oder Helligkeiten oder unterschiedliche Dichten deiner feinstofflichen Körper wahrnehmen, oder du kannst spüren, daß sie sich unterschiedlich anfüllen.*

2. *Stell dir vor, daß die Qualität der geistigen Leichtigkeit und Heiterkeit in Gestalt eines winzig kleinen, etherischen Delphins durch deine Körper hindurchschwimmt und überall Öffnungen findet, wo er hindurch kann. Spüre, wie alles Schwere durchbrochen und aufgelöst wird, wo immer der kleine Delphin dich berührt hat.*

3. *Der kleine Delphin zieht ein etherisches Kielwasser, eine etherische Gischt hinter sich her, die dich mit glitzernder Leichtigkeit umschäumt, dich kitzelt und alle deine Körper zum Vibrieren bringt.*

4. *Atme die Energie der geistigen Leichtigkeit und Heiterkeit in tiefen Zügen durch die Nase ein. Spüre, wie dein Gehirn in eine leichte und fröhliche Schwingung versetzt wird.*

5. *Wenn du magst, kannst du dir vorstellen, daß du dich nun auf den Rücken des Delphins setzt und mit ihm durch die Brandung tobst, wobei du sein vergnügtes Quietschen hören kannst.*

6. *Beende die Übung mit ein paar tiefen Atemzügen und nimm all die Lebendigkeit, Leichtigkeit und Fröhlichkeit mit in deinen Alltag hinein.*

Die urmännlichen im Unterschied zu den urweiblichen Qualitäten

Warum haben sich unserer Erweiterten Erdmeditation *die Qualitäten des Urmännlichen, ganz im Gegensatz zu den Qualitäten des Urweiblichen, mit Götternamen vorgestellt?*

Mamouth: Die Unterschiede, die ihr in der Annäherung an die Qualitäten des Urweiblichen und in der Annäherung an die Qualitäten des Urmännlichen erfahren habt, liegen darin begründet, daß das Urweibliche sich eigentlich von Grund auf einer Differenzierung oder Teilung widersetzt. Der urweibliche Pol ist wie eine Kugel, die um euch herum ist, die das All umschließt, die überall, wo dieser Pol in irgendeiner Weise wirksam ist, als ein ganz und gar Umschließendes und dabei gleichzeitig Durchdringendes wirksam ist. Das Urmännliche hingegen weist diese Geschlossenheit nicht auf; vielmehr ist es einer unendlichen Zahl von einzelnen Strahlen unterschiedlicher Länge vergleichbar, die, ähnlich eurer Sonne, von einem Zentrum aus in alle Richtungen abstrahlen.

Wir haben uns in einer anderen Sitzung schon darüber unterhalten, wie dieses strahlenförmige Bewußtsein in das kugelartige Bewußtsein der Göttin eingedrungen ist, und wir möchten nebenbei bemerken, daß es schlußendlich um eine Durchdringung der beiden Prinzipien geht und daß das Thema eurer Zeit diese Durchdringung ist. Die urmännlichen Strahlen sind in einer anderen Art und Weise mit Bewußtsein oder Bewußtheit angefüllt als die urweibliche Kugel: Wie jeder einzelne Strahl eine singuläre, klar abgrenzbare Entität oder Wesenheit darstellt, ist auch das Bewußtsein oder der geistige »Inhalt« eines jeden Strahls relativ klar abgrenzbar und unterschieden und deshalb benennbar.

Für euch wird dieses Bewußtsein eines jeden Strahls mit seinen vergleichsweise fest umrissenen Inhalten am leichtesten faßbar, wenn ihr es mit euch bekannten männlichen Göttergestalten assoziiert. Das heißt, in euch fand während der Meditationen ein Transformations- oder Verdeutlichungsprozeß der Art statt, daß ihr den entsprechenden Bewußtseinsinhalt mit einem euch bekannten Namen belegt habt.

Darüber hinaus tragen die Strahlen des Urmännlichen dieses »Bedürfnis« nach Benennen auch einfach in sich. Und die mit einem Bewußtseinsstrahl assoziierte männliche Gottheit ist in ganz anderer Weise deckungsgleich mit dem »Inhalt« des Strahls, als es die Göttinnen mit der jeweiligen Qualität des Urweiblichen sind, der sie entstammen. Im Bereich der urmännlichen Strahlen und ihrer »Inhalte« gibt es eine ganz klare Festlegung und Charakterisierung, und es ist deshalb auch nicht sehr von Bedeutung, ob ihr diesen Strahl nun Zeus nennt oder Jupiter oder ihm etwa den Namen der dieser Strahlenergie entsprechenden ägyptischen Gottheit gebt. Zwischen den männlichen Gottheiten ein- und desselben Bewußtseinsstrahls besteht eine weit größere Übereinstimmung als zwischen den weiblichen Gottheiten, die niemals ganz und gar deckungsgleich sind – so bestehen etwa zwischen Aphrodite und Venus gewichtige Unterschiede.

Um es noch einmal zusammenzufassen: Es wohnt dem mit Bewußtsein angefüllten Strahl des Urmännlichen einfach die Energie des Benennens, Differenzierens und Abgrenzens inne, und ihr habt diese Energiestrahlen oder Qualitäten des Urmännlichen auch so wahrgenommen und habt der jeweiligen Qualität oder dem jeweiligen Strahl den Namen gegeben, der euch am nächsten war. Darüber hinaus trägt jeder der Strahlen von sich aus einen ganz bestimmten, relativ klar abgegrenzten Bewußtseinsinhalt in sich, was bei den Qualitäten des Urweiblichen keineswegs so ist; vielmehr geschieht hier eine »Auffächerung« des weiblichen Pols, da ihr als auf der Erde inkarnierte Wesen die Gesamtheit des Urweiblichen einfach nicht zu erfassen vermögt. Und schließlich sind die Strahlen des Urmännlichen eurem gegenwärtigen, von einer patriarchalen Weltsicht geprägten Bewußtsein, aus dem die weiblichen Gottheiten fast gänzlich verdrängt sind, in gewisser Weise näher als die urweiblichen Qualitäten und können deshalb auch leichter von euch »identifiziert« und benannt werden.

Wir haben jetzt verschiedene Qualitäten oder Ausformungen des Urweiblichen und des Urmännlichen erfahren, doch eine Synthese mochte uns bisher noch nicht so recht gelingen. Statt dessen haben wir den Eindruck, daß die urweib-

lichen Qualitäten eher dem Emotionalkörper zuzuordnen sind, die urmännlichen Qualitäten hingegen dem Mentalkörper. Und damit landen wir wieder beim alten Vorurteil, Fühlen sei weiblich und Denken männlich. Was hat es mit diesem Vorurteil auf sich?

Mamouth: Nun, wie ihr sagt: Es ist ein Vorurteil. Zu den Ausformungen des Urweiblichen, mit denen ihr Kontakt aufgenommen habt, die ihr auf euch habt wirken lassen, besteht einfach aufgrund eurer weiblichen Polung eine stärkere Resonanz. Weil ihr diese stärkere Resonanz spürt, glaubt ihr, die weiblichen Qualitäten seien irgendwie netter, liebevoller oder persönlicher beziehungsweise individueller mit euch verbunden als die urmännlichen Qualitäten. Würdet ihr jedoch die Probe aufs Exempel machen und Männer ausprobieren lassen, wie sie sich mit den männlichen Qualitäten fühlen, dann würden sie sich sehr viel mehr von jenen angezogen und angesprochen fühlen und auch eine stärkere körperliche Resonanz verspüren als zu den urweiblichen Qualitäten. Es ist nur der Filter eurer Polung, durch den ihr das so wahrnehmt. Dazu kommt natürlich auch der Filter eurer Vorurteile, die zum einen bewirken, daß ihr immer noch eine fein säuberliche Trennung zwischen weiblich und männlich machen möchtet, damit alles an seinem Platz ist, und die euch zum anderen davor zurückscheuen lassen, euch die männlichen Qualitäten »anzuziehen«. In gleicher Weise, wie ihr die männlichen Qualitäten als fremd oder zumindest von euch entfernt, als nicht direkt mit euch verbunden empfindet, geht ihr auch auf sie zu: es ist ganz interessant, sie zu erfahren, aber ihr stürzt euch nicht mit Feuereifer auf die Einverleibung der urmännlichen Qualitäten, wie ihr euch auf die urweiblichen Qualitäten gestürzt habt.

Wir sagen dies wiederum völlig ohne Wertung; das ist ganz natürlich, und es ist eure Angelegenheit, in welchem Tempo und in welchem Maße ihr die männlichen Qualitäten in euch einsickern lassen wollt, oder wir können genauso gut sagen, die männlichen Qualitäten in euch hochkommen oder aufsteigen lassen wollt. Denn natürlich sind die männlichen Qualitäten ebenso im Wesen Erde enthalten, und das heißt, ihr könnt sie aufsteigen lassen aus der Erde in eure Körper, sie sind dann nur ein klein wenig mehr weiblich eingefärbt, und ihr bekommt sie in »reinerer« Schwingung, wenn ihr sie aus dem »Himmel« holt, aber möglich ist beides.

Und wie können wir dann die Synthese herstellen, da diese so wichtig ist im Neuen Zeitalter?

Mamouth: Die Synthese wird sich mehr oder weniger von selbst herstellen, ab dem Zeitpunkt, wo ihr erst einmal ganz und gar hineingekrochen seid in die verschiedenen Ausformungen des Urmännlichen. Ihr werdet nämlich feststellen, daß euch diese Qualitäten so schrecklich fremd gar nicht sind, daß sie vielmehr bereits in euch vorhanden sind, alle, ohne Ausnahme, und daß ihr sie entweder nur sorgfältig unter Verschluß gehalten oder nicht wahrgenommen habt. In dem Moment, da ihr sie wahrnehmt und erkennt, in welcher Weise sie zu euch gehören und schon immer gehörten, stellt sich auch die Synthese ein. Es geht im Grunde nur um die Bewußtwerdung der Qualitäten in euch. Ihr habt die Energiepartikel in euch, und wenn sie euch bewußt werden, kann von außen das Licht der jeweiligen Qualität darauf strahlen, und sie können sich ausdehnen und wachsen. Aber es ist nicht so, daß sie euch vollkommen fremd wären und etwas, das ihr nun mühselig erst in euch installieren müßtet und dann irgendwie zusammenflechten oder verknoten oder verweben mit den weiblichen Qualitäten, die in euch vorhanden sind. Es ist beides bereits da, es geht um die Bewußtwerdung.

Übung, um mit den urmännlichen Qualitäten in dir vertraut zu werden (*Mamouth*)

1. *Nimm eine leichte, fröhliche, spielerische Haltung ein, die es dir ermöglicht, dich unverkrampft und ohne Angst mit den urmännlichen Qualitäten in dir bekannt zu machen.*

2. *Nimm dir ungefähr eine Viertelstunde Zeit und konzentriere dich auf eine einzige urmännliche Qualität. Nimm die, die sich als erste anbietet oder die, für die du dich besonders interessierst.*

3. *Schlüpfe ganz in die Rolle des* Zeus *oder* Hephaistos *oder* Hermes *oder einer anderen, von dir ausgewählten urmännlichen Qualität. Beobachte dich in dieser Rolle selbst, mit Leichtigkeit und spielerischer Entdeckerfreude: Wie denkst du als* Hermes*, wie handelst du als* Zeus*, wie gehst du über die Straße als* Hephaistos*?*

4. *Indem du dieses Spiel öfters spielst, wirst du leicht und schnell feststellen, wo all diese Qualitäten bereits in dir wirksam sind, in welchem Körperteil oder in welcher Handlung, in welchen Gedanken, Emotionen und wie und wo in deinen feinstofflichen Körpern.*

5. *Es geht bei diesem Spiel darum, die urmännlichen Qualitäten, die allesamt bereits in dir vorhanden sind, zu entdecken und dir ihrer bewußt zu werden. Im Zuge dieser Entdeckung wirst du spüren, wie sie sich mit den urweiblichen Qualitäten in dir zu einer neuen Mischung in deinen Energiekörpern synthetisieren.*

Zur allgemeinen Entwicklung im Neuen Zeitalter

Aus all dem, was wir bis jetzt erfahren haben, scheint sich für uns eine Quintessenz herauszukristallisieren: »Die Zeit der allgemein verbindlichen ›Rezepte‹ und Verhaltensweisen ist vorbei – das Neue des Neuen Zeitalters besteht darin, daß jedes Menschenwesen, Frau oder Mann, für sich selber herausfinden muß, wie es ihr beziehungsweise ihm gutgeht, welches ihr oder sein Weg ist.« Stimmt das?

Marman: Ja, das ist sicherlich richtig. Es beginnt eine Zeit der Selbständigkeit – genauer gesagt, sie hat schon begonnen –, und es ist Teil dieser Entwicklung, daß konventionalisierte Formen des Umgangs miteinander allmählich aufgelöst werden. Zunächst einmal wird dies für viele von euch als ein hohes Maß an Isolierung und Vereinsamung spürbar, das jedoch notwendig ist, damit jeder ganz auf sich selbst zurückgeworfen wird. Aus diesem Grund gehen derzeit so viele zwischenmenschliche Beziehungen, aber auch so viele Arbeitsbeziehungen auseinander. Gleichzeitig ist mit diesem Zu-sich-selbst-Kommen jedoch eine Erhöhung der allgemeinen Schwingungsfrequenz verbunden, was – allgemein gesprochen – zu mehr Lebensfreude führt. Diese Entwicklung beinhaltet nicht nur die Auflösung von Kollektiven, sondern auch von kollektiven Verhaltens- und Umgangsweisen. Man kann sogar sagen, daß Kollektive geradezu gesprengt werden, und damit auch die Panzer um jedes einzelne Wesen, die Schichten aus anerzogenen Verhaltensweisen (wie zum Beispiel Höflichkeitsformeln und -floskeln und dergleichen), die einen jeden umlagern. Es brechen Dämme, und dies ist durchaus wörtlich zu nehmen: Es wird mit großer Wucht und teilweise auch Gewalt geschehen, daß solche Dämme des Konventionellen und der allgemeinen Übereinkünfte eingerissen werden und lange blockierte Energien ins Fließen kommen, so daß Lebensfreude einziehen kann. Und im gleichen Maße, in dem Freude am Dasein und Freude am eigenen Wesen einkehren, wird auch eine Abkehr stattfinden von den Ängsten und Befürchtungen, welche momentan noch das Maß sind, an dem sich die meisten Menschen orientieren. Ihr könnt euch vorstellen, daß mit einem solchen Paradigmenwechsel – weg von der Angst, hin zur Freude – auch das gesamte Erscheinungsbild der Menschheit sich ändern wird und sich auch die Werte und Wertmaßstäbe ändern werden. Und auch die Maßstäbe des Umgangs miteinander.

Es wird alles sehr viel leichter, fließender, fröhlicher werden. Die Mauern werden nicht mehr so fest sein – die Mauern in jeder Hinsicht –, und die Schranken werden hochgehen. Einen ersten Schritt in diese Richtung habt ihr auf der physischen Ebene eurer Realität ja schon vor einigen Jahren erlebt, als die Mauern zum Ostblock fielen.

Es gibt einen Seinszustand, in dem wir ganz losgelöst sind von Sorgen und Ängsten, in dem wir uns einerseits sicher und geborgen fühlen im Kosmos, im göttlichen Allganzen, und andererseits völlig eins sind mit uns selbst. Könnt ihr uns etwas sagen über die energetische Qualität dieses Zustands des freudigen Bei-sich-selbst-Seins?

Marman: Der Zustand des freudigen Bei-sich-selbst-Seins ist das, worauf die kollektive Entwicklung im Neuen Zeitalter sich zubewegt. Es geht hier um die Erfahrung, daß jedes einzelne Lebewesen mit dem Licht und der göttlichen Schöpferkraft direkt verbunden ist. Das wesentlich Neue besteht darin, daß die Erfahrung, untrennbar mit der unendlichen, ewigen, allmächtigen Schöpferkraft verbunden zu sein, immer mehr und nach und nach allen Menschenwesen zugänglich sein wird.

Die energetische Qualität dieses Zustands des Bei-sich-selbst-Seins ist die eines Fließens, eines im Idealzustand durch keinen Gedanken, durch kein schmerzliches Gefühl und durch keine an die Materie gekoppelte Bindung unterbrochenen Fließens. Damit wollen wir keineswegs ausdrücken, daß es keine Beziehungen mehr zwischen Menschen geben wird, keine Vater-Mutter-Kind- oder keine Liebesbeziehungen mehr, doch werden diese zunehmend bereinigt sein von dem physisch-materiellen Ballast, den jetzt noch das Ego hinzufügt. Jener Ballast, der darin besteht, daß man vom anderen etwas haben will oder befürchtet oder den anderen für etwas benutzen will, etwa als Ausgleich für als Kind erlittene Kränkungen und Schmerzen und so weiter. Wenn Bindungen davon befreit sind, kann die Energie im physischen Körper und in den feinstofflichen Körpern frei fließen, und das macht das Bei-sich-selbst-Sein aus. Das Bei-sich-selbst-Sein ist die Erfahrung, mit dem Oben und mit dem Unten und überhaupt mit allem verbunden zu sein: mit den Füßen in der Erde, mit dem Kopf in den Wolken und mit den Armen die Meere und Gebirge umschließend. Die Erfahrung, daß es nichts Ungeteiltes und Ungetrenntes gibt und daß alles mit allem verbunden ist. Und gleichzeitig ist da ein ganz klares Bewußtsein und ein ganz klares Empfinden vom eigenen Wesen oder der eigenen Essenz.

Im Neuen Zeitalter geht es nun darum, diesen Zustand des Bei-sich-selbst-Seins zu erreichen. Und da ist es dann gar nicht mehr so wesentlich, ob jemand Frau ist oder Mann. Alles wird viel spielerischer werden, und der Geschlechterkampf, der gerade in den letzten Jahrzehnten so heftig getobt hat, wird aufhören. Das eigene Geschlecht, das heißt der energetisch überwiegende Anteil, wird ein Quell der Freude sein, wird immer von neuem die Frequenz der Freude in den Energiekörpern anheben, genauso wie das Entdecken des geschlechtlichen Gegenpols und seiner Energie ebenfalls ein stetig sprudelnder Quell der Freude sein wird.

Es wird gesagt und erfahren, daß sowohl Zeit an sich als auch die individuelle und kollektive Entwicklung sich jetzt, am Übergang zum Neuen Zeitalter, zunehmend beschleunigen. Wir würden gern wissen, wohin die kollektive Entwicklung sich bewegt?

Sirius-Kollektiv: Die gegenwärtige Erfahrung beschleunigter Zeit und beschleunigter individueller Entwicklung, die ihr mit so vielen anderen teilt, hat mit einem neuen Bewußtseinstor zu tun, das sich jetzt für das menschliche Kollektiv öffnet. Diese Öffnung betrifft sämtliche Ebenen und Organismen, angefangen beim Erdkörper als Wesenheit, und so stehen auch Naturkatastrophen mit diesem Prozeß in Zusammenhang. Für eure Emotionalkörper fühlt sich der neue Wind, der da bläst, manchmal äußerst ungemütlich an, doch ein Anhaften der Emotionalkörper an Überkommenem würde die Beschleunigung der Entwicklung, die jetzt notwendigerweise stattfindet, verhindern. Daher ist es für euch Menschen, die ihr nun an dieser Bewußtseinsschwelle steht, von besonderer Wichtigkeit, jede Form von alten, euch hinderlichen Strukturen abzustreifen, damit ihr die Schwelle überschreiten und durch das Tor treten könnt. Alles, was jetzt im Wege steht, wird beschleunigt entfernt. Wenn ihr Altes nicht von euch aus und freiwillig fallenlaßt oder abgebt, wird es euch durch das »Schicksal« genommen, das euch als Spiegelung eurer eigenen inneren Prozesse aus dem Außen entgegentritt. Diese Erfahrung machen jetzt sehr viele Menschen, und der Sinn des Ganzen ist, daß eure Energie ein angemessenes Schwingungsniveau für den Übergang erreicht. Schlußendlich geht es darum, eine gründlich neue Sicht auf die Bedeutung und das Verhältnis von euch Menschen im Zusammenhang mit der Wesenheit Erde und mit dem ganzen Kosmos zu entwickeln.

Ihr steht erst am Anfang dieses Prozesses, der sich für euer Empfinden noch weiter beschleunigen wird. Ihr seid eingestiegen in eine Achterbahn, und es bleibt euch letztlich nichts anderes übrig, als mit dieser Welle zu gehen, oder besser gesagt, auf dieser Welle zu reiten, euch von ihr tragen zu lassen und ihr möglichst wenig entgegenzusetzen und euch ohne Murren und Klagen das nehmen zu lassen, was euch behindert.

Haben Frauen eine andere Art des Zugangs zu Zeit als Männer? Haben sie die Möglichkeit, Zeit auf eine besondere, spezifisch weibliche Art und Weise zu erfahren, und wenn ja, spielt dies eine Rolle im Neuen Zeitalter?

Sirius-Kollektiv: Da es lineare Zeit in Wirklichkeit nicht gibt, wollen wir Zeit hier als einen Punkt annehmen. Wenn ihr euch in diesem Punkt befindet, seid ihr in der Gleichzeitigkeit, seid ihr im Tao, und es gibt keine Gegensätze mehr zwischen zeitlicher Abfolge und Gleichzeitigkeit. Eurer weiblichen Grundschwingung gemäß habt ihr als Frauen zu dieser Möglichkeit des Erlebens von Zeit erst einmal den leichteren Zugang. Doch können natürlich auch Männer diese »weibliche« Qualität der Gleichzeitigkeit oder Synchronizität erfahren, so wie ihr auch zu euren männlichen Qualitäten Zugang habt.

Auf jeden Fall wird euch die Möglichkeit, das Phänomen Zeit anders als bisher zu erleben, im Laufe des Wassermann-Zeitalters gegeben. Es öffnen sich immer mehr Bewußtseinstore, und ihr werdet, sogar physisch, immer leichter zwischen den Zeiten hin und her gehen können. So mag es dann – nicht in eurer näheren Zukunft, wenn wir es wieder linear betrachten, aber in etwas fernerer – durchaus geschehen, daß zwei Menschen miteinander sprechen, und plötzlich geht einer der beiden durch ein Zeittor und ist auch physisch nicht mehr anwesend. Noch liegt dies jenseits eurer Vorstellungswelt und ist euch deshalb auch nicht erfahrbar – doch die fortschreitende Ausdehnung eures Bewußtseins in Möglichkeiten und Bereiche, die euch jetzt noch absurd und verrückt erscheinen, ermöglicht euch erweiterte Erfahrungen, auch eine umfassendere Erfahrung des Phänomens Zeit. Und bei dieser Ausdehnung des Bewußtseins spielen wiederum die Wiederentdeckung der urweiblichen Energie und ein verändertes und erweitertes weibliches Selbstverständnis eine wichtige Rolle.

Was kann jeder von uns tun, um von sich aus an der beschleunigten Entwicklung mitzuwirken?

Sirius-Kollektiv: Dazu braucht ihr tatsächlich nur eines, nämlich die Erkenntnis, was ihr in Wirklichkeit seid und welche Kraft euch innewohnt: die Kraft der Schöpfung selbst. Dies ist die einzige Wahrheit, die wirklich existiert. Mit dieser Kraft könnt ihr selbst erschaffen und zerstören, könnt ihr etwas erbauen und es wieder auflösen. Diese Kraft in euch ist immer da, und sie allein macht euch einerseits wahrlich unabhängig und befähigt euch andererseits, in einer Gesellschaft und in einer Partnerschaft zu leben.

Wenn wir eure Energiekörper betrachten, dann befindet sich in den mentalen Ebenen ein noch sehr starres Netz von kollektiven Vorstellungen, wie ihr zu sein und was ihr zu leben habt. Es hält eure Gesellschaft zusammen und bewahrt euch vor plötzlich ausbrechendem Chaos. Und trotzdem brodelt und dampft es an allen Ecken und Enden, auch im Hinblick auf eure politischen Systeme und Strukturen, und eine gewaltige Umwälzung ist im Gange. Wir, die wir stark an die uranischen Befreiungskräfte angeschlossen und Teil dieser Energie sind, möchten euch sagen, daß wir große Lust an dem entstehenden Chaos empfinden, da dieses verkrustete Netz um das menschliche Kollektiv anfängt sich aufzulösen und somit etwas grundlegend Neues entstehen kann.

Ohne euch beleidigen zu wollen, finden wir es immer wieder erheiternd, wie euer Selbstbild als Menschen gegenwärtig noch gestaltet ist – was nicht heißt, daß wir eure Gefühle und Sorgen und Probleme nicht achten. Doch so wie ihr euch erheitern könnt über eine Schildkröte, die hunderttausendmal gegen dieselbe Mauer läuft mit ihrem Panzer, ohne zu kapieren, daß links und rechts und hinter ihr die Landschaft frei wäre, so haben wir ein liebevolles Gelächter für die Barrieren, gegen die ihr tagtäglich mit eurem Kopf stoßt. Anstatt euch einfach umzudrehen und eine Richtung einzuschlagen, die euch frei begehbar wäre, wenn ihr sie wahrnehmen und fühlen könntet ... Und deshalb haben wir ein ganz starkes Interesse daran, euch zu helfen, eure »Schildkrötenpanzer« abzuwerfen, so daß ihr die scheinbaren Barrieren mit Leichtigkeit durchschreiten oder sie hinter euch lassen könnt.

Wir möchten euch an dieser Stelle ein delphinisches Lächeln schicken und euch daran erinnern, daß ihr euch diesen wunderschönen Planeten auch als Spielwiese erwählt habt und daß ihr nicht alles so ernst nehmen müßt. Je mehr ihr eure Essenz spürt, je mehr ihr lernt, euer wahres Wesen zu entdecken, um so mehr gewinnt auch euer Lachen eine kosmische Qualität. Ihr schimpft ja auch nicht beim Autofahren, daß das Auto so dicht ist und so viel Blech hat – und so könnt ihr euch mit der angemessenen Leichtigkeit und Freude auch in der Materie zurechtfinden und euch geschickt durch ihre Dichte hindurchbewegen, ohne die Tiefe der Materie zu mißachten oder zu ignorieren.

Uns interessiert in diesem Zusammenhang natürlich auch die Ebene, auf der wir uns tagtäglich befinden, unsere Alltagsebene, zu der nicht zuletzt unser Körper und unser Geschlecht gehören. Welche Rolle spielt der Körper beim beziehungsweise nach dem Überschreiten der Bewußtseinsschwelle? Entwickeln wir uns womöglich alle zu gleich aussehenden, androgynen Wesen?

Sirius-Kollektiv: Wie langweilig wäre euch beim Anblick gleich aussehender Körper! Natürlich braucht ihr weiterhin die Polarität der Körperlichkeit, da sie euch auch Lust und Freude bringt. Und Freude, Spiel und Spaß sind die Parameter, die ihr beim Übertreten der Bewußtseinsschwelle dringend braucht. Das alte Sündenbewußtsein des Christentums und das Bußetun – je länger, um so lieber, um so gründlicher – muß restlos abgelegt und überwunden werden. Sonst verbaut ihr euch die Glückseligkeit, die damit verbunden ist, auf der Welle durch das Tor zu reiten. Gleichwohl hat das Überschreiten der Bewußtseinsschwelle sehr viel mit dem Körper zu tun, denn es geht hier auch um eine neue Ebene des Körperbewußtseins. Und zwar sowohl um das Phänomen Körper an sich wie auch um das Zusammenwirken der feinstofflichen mit dem grobstofflichen Körper. Daß dieser Prozeß bereits begonnen hat, könnt ihr an dem rasch wachsenden Interesse vieler Menschen an alternativen Heilmethoden und der neuen Medizin erkennen. In der nahen Zukunft werdet ihr einerseits lernen, euren Körper besser zu spüren, besser wahrzunehmen und seine tiefe Weisheit zu schätzen, sein selbstverständliches Funktionieren, wenn er nur gelassen wird. Andererseits werdet ihr lernen, wie ihr euren Körper durchlässiger machen und ihm helfen könnt, seine Grundschwingungsfrequenz anzuheben. Es geht darum zu verstehen, inwieweit ihr euren Körper *lassen* und inwieweit ihr absichtlich auf ihn *einwirken* könnt oder sollt. Diese Möglichkeiten, die ihr gegenwärtig noch als Spannungsfeld empfindet, evozieren eine Vielzahl von Krankheiten, denn die Erkenntnis, daß der Mensch seinen Körper gestaltet, bringt auch eine tiefe Verunsicherung mit sich und ruft viele Ängste wach. In früheren Zeiten vermochte der Körper seine vegetativen Funktionen oft wesentlich besser zu erfüllen, da das Bewußtsein der Menschen noch nicht so differenziert war und deshalb der Wunsch nicht bestand, auf den Körper einwirken zu wollen.

Wenn die menschliche Physis vorerst so bestehen bleibt und damit auch die Anziehung der Geschlechter, wie sieht es dann mit der Familie aus? Wird es weiterhin bei der Mutter-Vater-Kind-Familie bleiben, oder werden Kinder innerhalb größerer Gemeinschaften aufwachsen?

Sirius-Kollektiv: So wie sich die Energien zur Zeit formieren, wenn wir das menschliche Kollektiv betrachten, können wir hier keine einheitliche Information geben. Es gibt zunehmend Menschenwesen, die wieder den Zusammenschluß nach der Art einer Großfamilie suchen, und es gibt andererseits immer mehr Menschen, die das Alleinsein wählen. Wir können nicht sagen, daß es hauptsächlich in diese oder in die andere Richtung ginge. Alle althergebrachten Formen des Zusammenlebens erfahren eine Erneuerung im Hinblick darauf, was der einzelne für sein Spielfeld braucht, auf dem er sich am besten weiterentwickeln kann. Gerade für Familien wird es über kurz oder lang gar keine andere Möglichkeit geben, als Gemeinschaften zu bilden, in denen mehrere Familien zusammenleben und Kinder wieder mehrere Bezugspersonen haben, ob sie nun blutsverwandt sind oder nicht. Damit wird sich auch die allzu starke Mutter-Kind-Fixierung, die derzeit bei vielen alleinerziehenden Müttern zu beobachten ist, auflösen. Die Mitglieder der großen Gemeinschaften werden unterschiedlich lange in ihnen verweilen. Es ist viel mehr Fluktuation und Veränderung zu sehen als in den althergebrachten Formen des Zusammenlebens.

Es sind hier also keine allgemein gültigen und allgemein verbindlichen Formen des Zusammenlebens abzusehen. Was wir jedoch klar erkennen, ist eine Entwicklung hin zu mehr Toleranz im Hinblick darauf, welche Lebensform sich ein Individuum aussucht, wobei ein gewisses gesellschaftliches Netz durchaus vorhanden sein wird, jedoch nicht in der alten Starrheit. Auch diejenigen, die euch regieren und euch maßstäblich manipulieren, werden schließlich tolerieren müssen, daß es für jeden Menschen eine angemessene Art und Weise zu leben gibt.

Wie sieht es mit der Paarbeziehung der Zukunft aus – wird es die uns vertraute Zweierbeziehung von Frau und Mann überhaupt noch geben, oder wird sie vielleicht durch lose Zusammenschlüsse innerhalb größerer Gemeinschaften abgelöst werden?

Sirius-Kollektiv: Solange ihr dichte, physische Körper bewohnt, werden sie polarisiert sein, und deshalb wird die Anziehung der Pole und die Sehnsucht nach Verschmelzung bestehen bleiben. Die klassische Institution der Ehe wird es entweder gar nicht mehr geben, oder die Ehe wird in einer anderen Qualität gelebt werden. Es wird bei einzelnen Menschenwesen möglicherweise schnellere und häufigere Wechsel geben, wobei die Partner den jeweiligen Energiezuständen angemessen ausgewählt werden und auch Phasen des Alleinseins wichtig sind. Es wird einfach weniger Normen geben und mehr individuelles Paarverhalten.

Eine grundlegende Veränderung wird erst dann geschehen, wenn ihr die dichte Physis, das heißt euren grobstofflichen Körper mit seiner festen Form, hinter euch laßt und das passiert, was Seher und Medien schon vorausgesagt haben, nämlich der Sprung in eine ganz andere Dimension der Menschheit. Doch liegt diese Umwälzung noch in relativ weiter Ferne und braucht euch im Augenblick nicht ernsthaft zu beschäftigen.

Wenn die Polarität der weiblichen und männlichen Körper, zumindest in der näheren Zukunft, erhalten bleibt, wohin entwickeln sich dann die weibliche und die männliche Psyche?

Die Mutter: Die Psyche des Menschen ist ein Energiekomplex, der sich im Laufe der Entwicklung des menschlichen

Kollektivs immer mehr ausdifferenziert, analog dem individuierten Bewußtsein. Und so war in früheren Zeitaltern der Menschheitsgeschichte, etwa in der Steinzeit, die Psyche völlig anders geformt, denn in den großen kollektiven Menschenseelen gab es noch sehr wenig individuelles Bewußtsein, und die Psyche war ein großer zusammenhängender, relativ ungeformter Energiekomplex. Auch war die Verbindung mit der Natur wesentlich enger, im Gegensatz zu heute, da ihr euch zumeist sehr getrennt von ihr fühlt. Weil damals die Individualität noch nicht ausgeprägt war, war die Natur in den Menschen, und die Menschen waren in ihr. Jetzt aber fügt sich eine neue, eine *bewußte* Einheit zwischen Mensch und Natur, Mensch und Kosmos, Mensch und Mensch.

Die Entwicklung im Neuen Zeitalter geht dahin, daß die menschliche Psyche, nicht der menschliche Körper, androgyn wird. Beide Geschlechter werden männliche und weibliche Energien in ihrer Psyche vereinen und haben dann die Freiheit, aus dem ganzen Reichtum der vereinten Energien zu schöpfen, und die Wahl, sich aus der Identifizierung mit Frau oder Mann zu lösen. Wenn die Ganzheit in alle Tiefenstrukturen des Menschen eingedrungen ist, das Weibliche und das Männliche wieder zusammengefunden haben, dann hört ihr auch auf, einen dichten physischen Körper mit einer bestimmten Geschlechterpolarisation zu haben. Wenn ihr eure Körper betrachtet, zum Beispiel im Vergleich zum Steinzeitmenschen, oder viel näher noch, zum Menschen des Mittelalters, wieviel durchlässiger und feiner sie werden, dann könnt ihr euch vielleicht auch vorstellen, daß sich die Dimension, in der sich eure grobstofflichen Körper jetzt befinden, auflöst und überführt werden wird in die nächste, die euch im Neuen Zeitalter immer mehr zugänglich werden wird.

Weibliches Selbstverständnis im Neuen Zeitalter

Wird im Neuen Zeitalter eine weibliche Gottheit wiedererwachen oder neu erstehen?

Die Mutter: Die wiedererwachende Göttin läßt sich mit dem Wissen umschreiben: »Ich bin alles, was ist.« So wie in frühen Zeiten der Menschheitsgeschichte die Vorstellung bestand von der Erdmutter als einer Wesenheit, die ihren riesengroßen Mantel um die Erdkugel legt und alles mit ihrem riesengroßen Bauch umschließt – auch alle Aspekte des Weiblichen, auch das Zerstörerische, auch das Verschlingende, auch das Dunkle –, so leuchtet nun ein alt-neues Bewußtsein immer mehr in euch auf, daß *ihr* alles seid: Ihr verehrt nun nicht mehr eine Göttinnenfigur, eine Über-Mutter, eine Über-Frau, die euch alle einschließt mit allem, was da ist auf der Erde, sondern ihr beginnt zu verstehen, daß diese Göttin *in euch* ist, eine tiefgehende Erfahrung, die sich in den Satz fassen läßt: »Ich bin nicht getrennt von dem, was ist; ich bin alle wunderbaren Qualitäten des Weiblichen, und ebenso gehören zu mir alle männlichen Qualitäten, ich bin auch Zerstörung, Krieg und Mißbrauch.« Diese Erkenntnis ist allumfassend, sie schließt alles ein und ist in euch. *In* euch – nicht um euch herum, sondern *in* euch.

Nun reicht diese Erkenntnis sehr weit und ist gegenwärtig erst im Aufkeimen begriffen, und natürlicherweise gehen die entsprechenden Verwirrungen und Schwierigkeiten dieses Erkenntnisweges damit einher. Letztlich geht es dabei wieder um die Synthese von allem, was ist, um das Integrieren in das Einzelwesen, um das Erkennen: Ihr seid alles, was ist. Ihr seid Göttin/Gott/Schöpferwesen. Jedoch ist nicht euer *Ego* Göttin, Gott und Schöpfer. Diese Differenzierung können wir nicht oft genug betonen.

Wie wird sich dies auf das Selbstverständnis der Frau im Neuen Zeitalter auswirken?

Die Mutter: Das Selbstverständnis der Neuen Frau wird wieder das einer Göttin sein. Ihr habt dieses Bild bereits in euch angelegt und verspürt dadurch eine Sehnsucht, es freizulegen. Mit jenem Selbstverständnis einer Göttin geht ein Selbstbewußtsein einher, das sich auf die zutiefst empfundene Gewißheit gründet, daß ihr als Frauen Teil der Urschöpferkraft seid, Teil der urweiblichen Schwingung, daß ihr nicht von ihr abgetrennt seid und sie nicht erst wiederfinden müßt, sondern daß ihr bereits Göttin *seid*.

Das wird sich ausdrücken in einer Körperhaltung, die immer aufrechter wird, in einer Gelassenheit und kontrollierten Kraft, die euch zugänglich sein wird, und einer völlig anderen Haltung dem männlichen Bruder gegenüber. Ich sage absichtlich »Bruder« und nicht »Partner« oder »Mann« oder »Gespiele«, da das Bewußtsein der Verwandtschaft viel größer werden wird. Die Trennung der Geschlechter wird sich aufheben zugunsten eines inneren Wissens der geschwisterlichen Verbundenheit mit dem Mann. Dies wird auch die Sexualität viel leichter, freudevoller und spielerischer machen und sie von alten Energien, welche die Trennung herbeigeführt hat, befreien. Haß und Erniedrigung, die heute noch häufig in der Sexualität eine wichtige Rolle spielen, werden in einer Schwingung des Herzens, die das Bewußtsein der Geschwister in sich trägt, nicht mehr vorhanden sein.

Bedeutet dieses neue Selbstbewußtsein, daß die Frauen die verschiedenen Ausformungen der urweiblichen Energie nunmehr in sich selbst hineinnehmen und aus sich selbst heraus leben, sozusagen selbst Göttin werden, anstatt sie, wie zu früheren Zeiten, in der Großen Göttin zu verehren?

Marman: Tatsächlich dürft und sollt ihr Frauen, nachdem ihr euch über die Qualitäten des Urweiblichen bewußt geworden seid, zu dem Bewußtsein finden, selbst Göttin zu sein – eben weil ihr diese weiblichen und göttlichen Qualitäten in euch tragt. Und auf diese Weise werdet ihr auch zu jenem neuen Selbstbewußtsein finden und darüber zu einer neuen Fähigkeit, liebevoll zu sein und damit Veränderungen zu bewirken. Mit diesem großen Schritt, euch über die Göttin in euch selbst bewußt zu werden, werden eine ganze Menge von zwanghaften Spielchen und zwanghaften Handlungsweisen des Ego überflüssig, und dadurch wird der Weg frei für eine größere Liebesfähigkeit wie auch für eine große, globale Veränderung.

Sicherlich dürft ihr euch dabei an die Große Göttin früherer Zeitalter erinnern, doch solltet ihr euch bewußt sein, daß ein einfaches Wiederanschließen oder ein schlichtes Wiederaufnehmen der ihr gewidmeten Riten und Bräuche im Neuen Zeitalter nicht gemeint ist. Denn die energetische Qualität eurer Zeit hat sich gegenüber der energetischen Qualität jener Zeiten, aus der die euch bekannten weiblichen Gottheiten »stammen«, stark verändert. Und gerade jetzt ist sie im Begriff, sich wiederum enorm zu verändern. Deshalb wäre es wenig hilfreich, wenn ihr versuchen würdet, euch auf direktem Wege mit jenen uralten Ausformungen der Großen Göttin zu verbinden, da diese eine andere energetische Schwingung repräsentieren und aus einer anderen Schwingung des Kollektivs heraus »entstanden« sind und verehrt wurden. Es geht tatsächlich darum, *neue* Bilder der Göttin zu kreieren, und diese neuen Bilder haben mit der Entstehung des Bewußtseins zu tun, selbst Göttin zu sein.

Wir möchten jedoch auch ganz deutlich sagen, daß mit dem neuen weiblichen Selbstbewußtsein nicht die

Vorstellung verbunden sein sollte, es fände nun eine Umkehrung statt vom Mann als gottgleichem Herrscher zur Frau als herrschender Göttin.

Sirius-Kollektiv: Auch wenn ihr einen weiblichen Körper habt, seid ihr nicht mehr Göttin als Gott, denn letztlich ist diese Polarität ja aufgehoben: Ihr seid Göttin und gleichermaßen auch Gott. Diese Erkenntnis dringt immer mehr in die dichte Erdatmosphäre ein und trifft auf immer mehr Menschenwesen, die beginnen, ihre Identifikation mit dieser tiefen Wahrheit aufzubauen und die Identifikation mit den Ego-Identitäten loszulassen.

Um jedoch eure Frage zu beantworten: Natürlich ist es legitim, daß ihr Frauen an der Schwelle zum Neuen Zeitalter selbst Göttinnen werdet. Dabei solltet ihr allerdings im Auge behalten, welcher Teil von euch sich mit der Aussage »Du selbst bist die Göttin« identifiziert. Sobald das Ego anfängt, diesen Satz oder diese Aussage für sich zu benutzen, wird die tiefe Wahrheit verzerrt und dient nur der Aufblähung des Ego. Nun könnt ihr niemals gänzlich verhindern, daß euer Ego sich immer wieder mit Chamäleonzunge alle möglichen Aussagen über tiefe spirituelle Wahrheiten aneignet und sie schlucken oder fressen will. Was ihr aber tun könnt, ist, euch selbst gegenüber wachsam zu sein, wie oft ihr Gefahr lauft, tiefe mystische und spirituelle Wahrheiten voll Hingabe zu erfahren, und sie im nächsten Moment dem Ego zur Verfügung stellt oder das Ego sich anschleichen läßt mit klebriger Zunge. In dem Maße aber, in dem ihr lernt, euch mit den tiefsten Wahrheiten zu identifizieren, mit dem tiefsten Seinsgrund, mit der Heimat Göttin/Gott, lernt ihr auch, eure Identifikation mit dem Ego aufzulösen. Indem ihr euer Ego studiert und es durch und durch kennenlernt, so wie ihr ein Haustier nach einigen Jahren bewußter Beobachtung in- und auswendig kennt, könnt ihr es in seiner wahren Funktion begreifen: als einen dienstbaren Geist, der euch durch die materielle Welt begleitet. Und als solchen könnt ihr euer Ego benutzen, statt euch von ihm beherrschen zu lassen. Es ist dies ein recht langwieriger Prozeß, der sich allerdings jetzt, an der Zeitenschwelle, zunehmend beschleunigt.

Das Problem bei der ganzen Selbsterkenntnisprozedur, die ihr seit Jahrzehnten auf euch nehmt, liegt in der Fragestellung. Immer wieder geht es um »Wer bin ich eigentlich?« und »Ich muß mich selber finden«. Aber all dieses Sichselberfinden führt von einer Identifikation in die nächste. Das wirkliche Ziel jedoch ist das Freiwerden von jeglicher Identifikation – und dann könnt ihr lustvoll und freudig und spielerisch einen weiblichen Körper mit all seinen Funktionen und Qualitäten bewohnen und seid nicht ständig im Kampf mit euch selber befangen.

Was bedeutet die Entwicklung des menschlichen Kollektivs, die jetzt so beschleunigt vonstatten geht, konkret für uns Frauen?

Sirius-Kollektiv: Für euch als weibliche Individuen geht die Entwicklung nicht weiter ohne Rückbesinnung auf altes Wissen, vor allem Wissen um die Erde als Wesenheit und um ihre Gesetzmäßigkeiten. Das heißt, daß ihr jetzt auch vermehrt Zugang bekommt zu weiblichen Ur-Energien und deren Ausformungen, den *Qualitäten des Urweiblichen*, wodurch ihr die Möglichkeit habt, Weiblichkeit neu zu definieren. Diese Kräfte, die so lange geschlummert haben, werden wieder freigelegt, und es obliegt euch als weiblichen Wesen, jene Energien wieder zu integrieren, um alte Werte wiederaufzuerstehen zu lassen. Diese Werte gründen auf das Wissen über die Zusammenhänge der

Erhaltung des Lebens und der Vernetzung aller Wesen untereinander. Nicht nur aller menschlichen Wesen, sondern auch der Tiere, der Pflanzen und des Erdkörpers selbst sowie der Wesen, die sich im feinstofflichen Reich der Tiere, Pflanzen und des Erdkörpers befinden und die euch in euren höheren Körpern zugänglich sind, wenn ihr euch auf ihre Energie einschwingt. Dieses Wissen um Synchronizität und Vernetztheit eines jeden Wesens mit allem Seienden wird wieder neu etabliert und in eine neue Form gebracht werden, um den Schritt über die Bewußtseinsschwelle tun zu können. Jene Wiedereinführung alten Wissens ist sozusagen der »weibliche« Part, doch werden ebenso »männliche«, zerstörerische Energien gebraucht, die dort das Alte absägen, dem alten Ungeheuer die Köpfe abschlagen, wo zu viele verkrustete Strukturen oder zuviel Anhaften an Überkommenem vorhanden ist. Weibliches *und* Männliches muß in Synergie kommen, um den Übergang zu bewerkstelligen.

Mit das Wichtigste beim Überschreiten der Schwelle zum Neuen Zeitalter ist jedoch der Prozeß der Ent-Identifizierung – ein vielschichtiger und gar nicht einfacher Prozeß für euch, die ihr über so lange Zeit Identitäten verhaftet gewesen seid. Besonders schwierig ist er, wenn ihr nicht mit den Wurzelqualitäten verbunden, wenn ihr nicht genug geerdet, nicht gut genug mit den – sehr weiblichen – Eigenschaften und Qualitäten eures Mutterplaneten vertraut seid. Ohne diese Rückbindung lauft ihr Gefahr, euch deprimiert zu fühlen oder gar schizoide Zustände zu erfahren, Zustände der Entwurzelung, der großen Leere, des großen Nichts, weil euch andererseits, durch die Annäherung an den männlichen Pol via Feminismus, zunehmend die Leitbilder abhanden kommen und die Identifikationsvorgaben, wer ihr denn eigentlich seid – als Mensch, als Frau, als Wesen überhaupt.

Kann es sein, daß die Aufgabe der heutigen Frauen darin besteht, das analoge Denken, das heißt das Denken in Bildern und in Verbindungen zwischen verwandten Formen und Phänomenen, wiederherzustellen?

Marman: Was ihr das analoge Denken nennt, ist sicherlich eine sehr alte und urweibliche Form des Denkens. Es bezieht sich auf das, was ist, also auf das, was unmittelbar beobachtbar und erfahrbar ist, was nicht heißt, daß damit spirituelle Erfahrungen ausgeschlossen wären. Es ist dieses analoge Denken, das im Zusammenhang steht mit dem in prähistorischen Zeiten noch sehr stark vorhandenen Bewußtsein des zyklischen Geschehens, sowohl auf der Erde als auch am Sternenhimmel. Das analoge Denken gründet sich auf dieses zyklische Bewußtsein, und dieses wiederum weiß, daß alles mit allem irgendwie verbunden ist. Der moderne Ausdruck dafür lautet *holistisches* oder *ganzheitliches Bewußtsein*. Es ist ganz sicher so, daß Frauen jetzt und in der Zeit, die für euch erst kommt, dieses holistische Denken wieder ins allgemeine Bewußtsein rücken werden. Doch wird dies nicht allein den Frauen vorbehalten sein, sondern durchaus auch durch Männer geschehen.

Die besondere Aufgabe oder auch die besondere Fähigkeit der Frauen besteht darin, dieses ganzheitliche Denken über ihren Körper mit dem zyklischen Bewußtsein zu verbinden. Um ein Beispiel zu geben: Da Frauen über lange Zeit den Menstruationszyklus erleben, sind sie ganz anders in ein zyklisches Geschehen eingebunden als Männer, und das Zyklische hat in ihrem Bewußtsein einen ganz anderen Stellenwert. Männer haben aufgrund ihrer energetischen Ausrichtung nicht viel Bezug zum Zyklischen und nehmen zyklische Abläufe in ihrem Körper zumeist nicht wahr. Frauen hingegen können das ganzheitliche Denken in besonderem Maße leben und erleben, weil es ihnen als etwas sehr Reales körperlich erfahrbar wird und sich dadurch nicht nur in geistigen Sphären abspielt.

Hierzu ist ein verstärktes weibliches Selbstbewußtsein vonnöten, das aus sich selbst und aus dem Eingebundensein in die Natur schöpft und daraus den Mut bezieht, eben jene Verbindungen, von denen ihr in eurer Fragestellung gesprochen habt, herzustellen: die Verbindungen zwischen dem Ähnlichen, wobei nicht nur das äußerlich Ähnliche gemeint ist, sondern auch das von seiner Struktur und seiner Energie oder von seiner Aufgabe her Ähnliche. Es geht darum, Mut und Selbstbewußtsein als weibliche Wesen zu entwickeln, und dies ist ein wechselseitiger Prozeß. Je mehr weibliches Selbstbewußtsein eine Frau besitzt, desto stärker wächst ihr Mut, eigene Wege des Denkens einzuschlagen, eigene Wege der Wahrnehmung und der Verarbeitung von Wirklichkeit. Und auf der anderen Seite wird das weibliche Selbstbewußtsein um so stärker, je mehr das analoge Denken sich verbreitet.

Euer weibliches Selbstbewußtsein wird ja nicht nur durch Forderungen und Ansprüche an euer Verhalten und euer Äußeres beeinträchtigt, sondern auch durch die momentan noch vorherrschende Art des Denkens: eine, wir möchten sagen, recht einseitige Art des Denkens, die nur einen Ausschnitt von Wirklichkeit zu erfassen vermag und die mit der männlichen zielgerichteten, linearen Energie korrespondiert. Und weil eine Zeitlang diese männliche gerichtete Energie euer gesellschaftliches Leben bestimmte, hat sich diese Art des Denkens und Wahrnehmens entwickelt. Da das lineare Denken jedoch einen recht kleinen und auf eher niedrigem Energieniveau befindlichen Ausschnitt aus dem gesamten Kosmos des Geistigen darstellt, wird es mehr und mehr vom ganzheitlichen Denken abgelöst werden.

Wir möchten euch deshalb ermuntern, gleich damit anzufangen, ganz bewußt und mit Lust und Laune, das analoge Denken zu üben, indem ihr einfach Dinge miteinander in Verbindung bringt, die scheinbar nichts miteinander zu tun haben. Als Beispiel: Was hat ein Zahnputzbecher mit einer Wespe zu tun? Wir können uns vorstellen, daß euch das Spiel viel Freude bereiten wird.

Wie könnte eine weibliche Form der Arbeitswelt in der Zukunft aussehen?

Marman: In einer weiblichen Form der Arbeitswelt wird sicherlich ganzheitlich oder analog gedacht, und das linear-kausale, logische Denken wird auf den Platz gerückt, der ihm zusteht: es wird zur Lösung gewisser, klar umrissener und begrenzter Aufgaben und Probleme herangezogen. Die weibliche Form der Arbeitswelt wird die Etablierung des ganzheitlichen Denkens in all seinen Facetten und Ausprägungen beinhalten. Das hat natürlich auch ein ganz anderes soziales Klima zur Folge, da in einem ganzheitlichen Denken Hierarchien nicht existieren können. Also wäre eine weibliche Form der Arbeitswelt auch das Netzwerk, von dem ja in euren Medien schon so viel die Rede ist. Eine weibliche Form der Arbeitswelt zeichnet sich auch dadurch aus, daß die Frauen von *sich* ausgehen und *sich selbst* als Maßstab nehmen und sich weniger von dem Wunsch leiten lassen, Statussymbole, in welcher Form auch immer, erringen zu wollen.

»Wer bin ich, und wenn ja, wie viele?«
(*Sirius-Kollektiv*)

Ein vergnügliches Spiel, um dich von der Vielzahl der eigenen inneren Figuren zu ent-identifizieren.

1. *Diese Übung ist keine Meditation; du kannst und sollst sie im Alltag durchführen. Am Anfang fällt sie dir wahrscheinlich am leichtesten, wenn du dich gerade in einer eindeutig benennbaren emotionalen Situation befindest, zum Beispiel wenn du wütend bist oder dich gekränkt fühlst, wenn du dich gehetzt oder von deiner Familie unter Druck gesetzt fühlst.*

2. *Tritt »ein paar Schritte zurück von dir« und betrachte dich selbst: Mit welchem Archetypus bist du gerade identifiziert? Ist es der Krieger (wenn du wütend bist), ist es Aschenputtel (wenn du dich gekränkt und zurückgesetzt fühlst), ist es Demeter, die alles und alle umsorgende Mutter (wenn du glaubst, sämtliche Ansprüche deiner Familie an dich unverzüglich erfüllen zu müssen)?*

3. *Sei aufmerksam und kreativ beim Finden und Benennen der archetypischen Wesenheiten, mit denen du, manchmal abwechselnd, manchmal gleichzeitig, identifiziert bist. Vertiefe dich wieder einmal in die Welt der Märchen, der Sagen und der Mythen, in denen du viele deiner Identifikationsfiguren wiederfinden wirst. Auch die großen Arkana des Tarot bieten viele archetypische Bilder.*

4. *Denke immer daran: das Ganze ist ein Spiel, und keines der archetypischen Bilder ist »besser« oder »schlechter« als andere. Wichtig ist der Spaß, den du daran hast, die für dich bedeutsamen und in dir wirksamen Archetypen zu erkennen und ihnen Namen zu geben. Und es ist Teil des Spaßes, daß du »deinen« Archetypen neue Namen gibst, etwa* Die in sich Ruhende, *oder auch für Bilder des Tarot, etwa die* Hohepriesterin *oder den* Herrscher, *Phantasienamen findest, die zu dir in besonderer Resonanz stehen.*

5. *Indem du mit deinen archetypischen Bildern immer vertrauter wirst, lernst du, »deine« archetypischen Gestalten als das zu sehen, was sie sind: Spielfiguren, die deine Seele auf ihrer Erkenntnisreise geschaffen hat. Und es wird dir immer leichter fallen, die Identifikation mit ihnen zurückzuweisen, wenn es der Situation nicht angemessen ist, oder dir, wenn die Situation es erfordert, ihre Maske, ihr Kostüm überzustreifen, ohne weiterhin dem Irrtum anzuhaften, die archetypische Gestalt und du seien identisch, seien eins.*

»Der Kleiderschrank der Göttin«
(*Sirius-Kollektiv*)

1. *So wie du am Morgen vor dem Kleiderschrank stehst und schaust, was da hängt und was sich für den heutigen Tag und seine besonderen Situationen eignet oder was deine Befindlichkeit am besten*

ausdrückt, so kannst du dir das feinstoffliche Kleid einer ganz bestimmten Qualität des Urweiblichen überwerfen. Sei es Fürsorge, *sei es* Hingabe, *sei es das* Verschlingende *und so weiter. Indem du dich an die Qualitäten des Urweiblichen erinnerst und dir diese Qualitäten als immaterielle »Kleider« anziehst, kannst du die jeweilige Qualität aktivieren und für dich im besonderen nutzen.*

2. *Fange an, mit den »Ensembles« deines feinstofflichen Kleiderschranks zu spielen. Manchmal ist es wichtig, eine Zeitlang ausschließlich das eine »Kleid« zu tragen, damit du die entsprechende Qualität überhaupt erst einmal erfährst. Vielleicht bist du Mutter und dir ist die urweibliche Qualität des* Schützens und Nährens *sehr vertraut, während dir die urweibliche Qualität des* Verschlingenden *oder des* Ekstatisch-Zerstörerischen *sehr fremd ist. Trage dann das »Kleid« der Qualität des* Verschlingenden *so lange, bis du fühlst, daß sich dir diese Qualität offenbart hat und du sie für dich benutzen und einsetzen kannst, wann immer eine Situation deines Lebens es erfordert.*

3. *Nimm das Spiel mit den »Kleidern« der verschiedenen Qualitäten des Urweiblichen ernst und gehe gleichzeitig mit Spaß und Entdeckerfreude an die Sache heran. Denn es sind Kräfte, die ungemein wirksam sind – und du bist die Meisterin dieser Kräfte.*

4. *Wenn du die »Kleider« der Qualitäten des Urweiblichen sicher »handhaben« kannst, das heißt, wenn*

du genau unterscheiden kannst, wie die einzelnen »Modelle« sich anfühlen und wie du dich mit ihnen fühlst, dann gehe daran, deinen Kleiderschrank um die Qualitäten des Urmännlichen zu erweitern, sozusagen um feinstoffliche »Hosen« oder »Hemden«. Lege das Modell Zeus, das Modell Apoll, das Modell Hermes oder was du gerade brauchst, immer dann an, wenn du eine Situation zu bewältigen hast, die vorwiegend männliche Qualitäten von dir verlangt.

5. *Mit den Qualitäten des Urweiblichen und des Urmännlichen kannst und sollst du nun eigene Kreationen entwerfen, mit bestimmten Namen, bestimmten Farbkombinationen, bestimmten Stoffen, die deinem Wesen und deinem Leben besonders entsprechen und dir hilfreich sind. Erweitere deinen feinstofflichen Kleiderschrank um dir besonders entsprechende »Modellkleider«, passend zu deinen ganz speziellen Archetypen*.*

6. *Wenn du dieses Spiel häufiger gespielt hast, wirst du feststellen, daß du dort, wo dir bisher nur ein einziger Mantel, nämlich deine Persönlichkeit, zur Verfügung stand, auf einmal aus einer Vielzahl traumhaft schöner Kleidungsstücke oder Persönlichkeiten auswählen kannst. Du hast nicht nur das Modell »Ich«, sondern ebenso das Modell »Aphrodite«, das Modell »Magier«, das Modell »Alte Erdmutter«,*

---

* Siehe die vorstehende Übung Wer bin ich, und wenn ja, wie viele?

> das Modell »Krieger«, das Modell »Strahlendes Kind« und so weiter, und auf jedes kannst du, je nach Lust, Laune und Erfordernissen der jeweiligen Situation, zugreifen.
>
> 7. Je häufiger, fröhlicher, liebevoller und intensiver du dieses Spiel spielst, desto souveräner wirst du mit deiner feinstofflichen Garderobe umgehen können und desto intensiver wirst du die Kräfte der Qualitäten des Urweiblichen, des Urmännlichen und der Archetypen erkennen, erleben, erfahren. Du wirst immer weniger an Urbildern und Archetypen kleben, und das Dasein in der dichten Materie wird dir immer leichter fallen.

Ausblick

Nachdem wir nun die Qualitäten des Urweiblichen und die des Urmännlichen kennengelernt und die Freuden geschmeckt haben, die mit der Verschmelzung dieser Energien in uns einhergehen, möchten wir einen Ausblick geben auf einige Seinsqualitäten, die dem Weiblichen und dem Männlichen übergeordnet sind. Es sind dies Qualitäten, die erst jetzt, im Neuen Zeitalter, nach der Überwindung von Matriarchat und Patriarchat und in einer Epoche, da das Bewußtsein der Menschheit auf eine neue Stufe gehoben wird, Einzug halten können in unsere Lebenswirklichkeit. Darüber hinaus werden sie für das Wassermann-Zeitalter von besonderer Bedeutung sein und in unser Dasein integriert werden wollen.

Durch das Einswerden mit uns selbst und mit allem, was ist, und durch das Fließen im Strom des Großen Lebens werden sich schließlich auch unsere Körper transformieren. Unsere Körperzellen werden erwachen zum Bewußtsein der All-Einheit, und sie werden Körper bilden, die leichter, flüssiger und strahlender sind, mit »Knochen« aus einem biegsamen, elastischen Material.

Irgendwann vielleicht geben die Körper auch ihre Geschlechterpolarisierung auf, weil sie ohnehin im Bewußtsein der fortwährenden Verschmelzung und Einheit leben. Dies mag noch Jahrhunderte dauern, aber was sind schon ein paar Jahre – vom Standpunkt der Evolution aus betrachtet ...

Die Qualität des
Rechten Augenblicks

Der rechte Augenblick, schwingend im Puls des Universums, setzt sich fort in alle Ebenen, in alle Dimensionen von Zeit und Raum, bis in eure Körper, bis in die dichteste Materie hinein. Ihr findet sie im gesamten Bereich des Irdischen. Wenn wir bei der Ebene eurer Körper beginnen, so erfordert zum Beispiel im weiblichen Organismus das Reifen eines Eis bis zum rechten Moment des Sprunges diese Qualität, und sie ist ebenso im Moment der Ejakulation des männlichen Samens enthalten. Meine Qualität ist dem Leben immanent; ohne sie wäre kein Organismus lebensfähig, auch nicht die riesengroßen Organismen der verschiedenen Universen, denn immer erfordert das Zusammenspiel von Energien den rechten Augenblick des Wirkens.

Meine Energie ist weder urweiblich noch urmännlich, sondern eine dem großen wie dem kleinen Leben und dem allumfassenden Leben innewohnende Essenz. Und so bewirkt eine erhöhte Sensibilität für das Schwingen mit dem großen Puls, ein aufmerksames Lauschen, eine erhöhte Lebensqualität für Frau wie für Mann sowie für alles Leben. Was euch Menschen jedoch daran hindert, allezeit und immerdar im Fluß zu sein, immer im rechten Moment – oder mit anderen Worten, im Hier-und-Jetzt – zu *sein*, ist vor allem die Beschaffenheit eures Mentalkörpers.

Nun wollt ihr wahrscheinlich wissen, wie ihr es anstellen könnt, öfter und bewußter in diesem großen Puls zu schwingen. Euer Vegetativum tut dies ohnehin, vorausgesetzt, es wird nicht durch psychische Vorgänge aus der Balance gebracht, denn überall da, wo bewußte Willenseinwirkung oder Energiekreationen des Bewußtseins am Werk sind, entstehen Blockaden, die dieses absolute Einssein stören. Ein häufigeres Schwingen im Puls des Universums erfordert von euch, daß ihr euch in absolutem Vertrauen fallenlaßt in diesen großen Herzschlag eures Universums. Wenn ihr euch einfach anheimgebt und dieses Vertrauen zulaßt, dieses absolute Getragenwerden wie von einer Welle, dann kann die Lebensqualität entstehen, die ihr als Glück bezeichnet. Wie euch diese Wellen tragen, so trägt euch das Leben. Würde es euch nicht tragen, wäret ihr jetzt nicht da, wo ihr seid. Nicht einmal das, was ihr unternehmt, um euch vom Einssein mit dem Moment zu entfernen, verhindert das Sein im Moment. Ihr nehmt es nur nicht wahr und beraubt euch dadurch der Glückseligkeit des Seins. Und Glück ist immer ein Zustand jenseits von Angst, der unmittelbar zusammenhängt mit dem tiefen Wissen von absolutem Getragensein. Sobald ihr diese Qualität mehr und mehr in euer tägliches Leben integriert, verschwinden die Streßsymptome und Druckgefühle – ihr *seid* einfach *das Handeln* und habt nicht mehr das Gefühl, ständig zu einem Tun getrieben zu sein. Seid ihr in dieser Qualität des rechten Augenblicks, folgt nicht mehr ein Moment auf den anderen, sondern euer Empfinden von Zeitabfolge ist aufgehoben – ihr seid einfach *in* der Zeit, *Teil* der Zeit, ohne sie als etwas von euch Abgetrenntes zu betrachten. Denn ihr erfahrt, daß es in Wirklichkeit ganz *gleich gültig* ist, was ihr tut: ihr könnt in jeder Handlung, in jedem Augenblick in dieser Seinsekstase sein. Auch wenn ihr am Computer sitzt, wenn ihr Auto fahrt, immer. Es gibt in eurem Leben, in eurer Welt, in eurer Gesellschaft, in eurem Alltag überhaupt nichts, was dem widersprechen würde. Denn wenn ihr im Puls des Universums schwingt, wenn ihr im Hier-und-Jetzt seid, dann gibt es nur das, was ist. Und das, was ist, ist richtig, ist *recht*.

Vielleicht könnt ihr euch vorstellen, daß Leben so sein kann wie die andauernde Ekstase eines sexuellen Höhepunkts. Tatsächlich befindet sich das Allumfassende, das, was ihr mit dem Wort Göttin bezeichnet, in der beständigen Ekstase eines Höhepunktes. Und diese Ekstase des Einsseins mit ihrer Schöpfung ergießt sich wiederum in unterschiedlicher Ausprägung in ihre Kreationen. Göttin/Gott oder das All-Wesen ergießt sich in seine Schöpfung und ist gleichzeitig eins ist mit ihr. Und so seid auch ihr die Schöpfer eurer Realität – und gleichzeitig lebt euch das Leben oder die Realität, die ihr erschaffen habt. Das ist eine große Einheit. Auch eure Erde ist in viel höherem Ausmaß in dieser Ekstase als im allgemeinen der Mensch, wenngleich ihr Emotionalkörper bisweilen Störungen dieser Qualität bewirkt. Denn nicht nur der Mentalkörper, auch der Emotionalkörper kann das absolut natürliche Schwingen disharmonisieren.

So ist die *Qualität des rechten Augenblicks* nicht etwas ab und zu Stattfindendes, sondern der Hintergrund funktionierenden Lebens überhaupt. Wenn ihr es geschehen laßt, daß eure Emotional- und Mentalkörper sich dieser Schwingung oder diesem Pulsschlag angleichen, bewirkt dies ein völlig harmonisches Zusammenspiel von Gedanken, Gefühlen und Körperempfindungen: Die rechten Gedanken und Gefühle für die rechte Handlung sind zur rechten Zeit einfach da.

Wir werden von klein auf dazu erzogen, für alles und jedes Verantwortung zu übernehmen – unter Umständen sogar für Ereignisse, die wir beim besten Willen in unsere Planung nicht hätten einkalkulieren können, zum Beispiel wenn wir zu spät kommen, weil der Bus aus irgendeinem Grund aufgehalten wurde. Wie können wir es also bewerkstelligen, einerseits an die Zeit gebunden und andererseits an den Puls des Universums angeschlossen zu sein?

Vorweg möchte ich sagen, daß die Art, wie ihr Verantwortung versteht, ein mentales Konstrukt ist, das euch oft daran hindert, *im rechten Moment zu sein*. Ihr würdet, wäret ihr schwingend im Puls des Universums, nicht zu spät kommen. Ihr wäret im rechten Moment zur richtigen Zeit an der Haltestelle, und der Bus wäre genauso zur richtigen Zeit an seinem Ankunftsort. Daß ihr den Bus nehmt, der zu spät kommt, ist bereits eine *Folge* des Herausgefallenseins aus der Frequenz des Pulses.

Eure »Erziehung zur Verantwortung« ist aus dem Draußensein entstanden: Da ihr oft aus dem Puls fallt, braucht ihr eine Struktur, die euch hält und die euer Gesellschaftssystem, euer Miteinander trägt. Wäret ihr immerdar im rechten Augenblick, gäbe es überhaupt keinen Grund, jemanden »zur Verantwortung zu ziehen« beziehungsweise durch Erziehung in eine Verantwortlichkeit hineinzuzwingen. Denn Leben an sich braucht keine Rechtfertigung und keine Entscheidung zur Verantwortung. Es *ist* einfach. Es ist eine Qualität jenseits dessen, was ihr im menschlichen Miteinander geschaffen habt, und das Universum an sich bedarf keiner Moral. Es ist nicht unmoralisch, es ist a-moralisch.

Übungen zum Erfahren der Qualität des *Rechten Augenblicks*

1. *Lege dich auf den Boden. Nimm ein paar tiefe Atemzüge und entspanne dich. Lasse alle Gedanken, Sorgen, Empfindungen vollständig los und vertraue dich ganz dem Boden an. Fühle, wie er dich trägt. So wie du jetzt getragen wirst, trägt dich auch der Augenblick, trägt dich das Leben.*

2. *Betrachte in entspanntem Zustand eine blühende Pflanze. Nimm ihr Im-Puls-des-Universums-Schwingen in dich auf: auf ganz natürliche Weise entfalten sich ihre Blütenblätter, öffnet sich ihre Knospe im rechten Moment.*

3. *Werde gewahr, während du eine ganz alltägliche Handlung vollführst, wie etwa Zwiebeln schneiden oder staubsaugen, daß die Handlung vollkommen organisch ist, daß eigentlich nicht du arbeitest, sondern daß »es« arbeitet.*

4. *Beobachte vor dem Einschlafen oder nach dem Aufwachen aufmerksam deinen Atem, ohne ihn beeinflussen zu wollen, und richte deine Aufmerksamkeit auf den Umkehrpunkt von Einatmen zu Ausatmen: fühle, daß der Wechsel genau im rechten Moment stattfindet (vorausgesetzt, du blockierst ihn nicht durch Emotionen oder Gedanken).*

5. *Bei allem, was du tust, und wo und wie du bist, ist in jedem Moment die* Qualität des rechten Augen-

> blicks *anwesend. Das einzige, was du »tun« mußt, um im Puls des Universums zu schwingen, ist, der Qualität des rechten Augenblicks nicht im Wege zu stehen, sondern dich vielmehr voller Vertrauen dem Augenblick hinzugeben.*

Die Qualität der *Schwertgleichen Klarheit*

Ich bin klar wie ein Bergsee, und meine Qualität ist ebensosehr weiblich wie männlich. Meine Qualität bedeutet für euch die Möglichkeit, eure verschiedenen Körper zu klären und sie so mit eurem höheren Ziel, eurer höheren Aufgabe in Einklang zu bringen.

Immer dann, wenn ihr einen klaren Kopf braucht, wenn ihr in Verwirrung zu versinken droht oder auflösende Energien euch durcheinanderbringen, könnt ihr meine Qualität rufen, um eine Klärung eurer feinstofflichen Körper, die an eure Persönlichkeit gebunden sind, zu bewirken. In euren Mentalkörpern schaffe ich eine glasklare Energie, die, unbelastet von eurem Emotionalkörper und von den Unzulänglichkeiten des physischen Körpers, eure Gedanken ordnen kann. In euren Emotionalkörpern schaffe ich eine Glättung der Wogen, so daß die klarere Information eurer Gedanken in euer Herz eindringen kann und ihr im Einklang mit eurem Herzen handeln könnt. Im physischen Körper schaffe ich eine Art Ausrichtung der Zellen hin zum höheren Energiepotential.

Das Bild des Schwertes, das ihr in der Meditation bekommen habt, kann euch nützen, männliche und weibliche Qualitäten in euch zu vereinen in Ausrichtung auf eine neue Synthese und ein neues Zusammenwirken, hin zu größerer Ganzheit. Es wirkt wie eine energetische Verbindungsschnur in euch, durch die ihr überhaupt erst die Ekstase erfahren könnt, die in der Vereinigung von weiblichen und männlichen Ur-Energien in euch und durch euch entsteht.

Übung zum Erfahren der Qualität der *Schwertgleichen Klarheit*

1. *Begib dich in einen ruhigen, entspannten Zustand. Vergegenwärtige dir ein blitzblankes Schwert, das in deiner Körpermitte parallel zu deiner Wirbelsäule verläuft.*

2. *Visualisiere, wie das Schwert von kristallklarer Energie durchpulst wird und spüre, wie diese Energie sich um deinen Kopf und deine Schultern herum ausdehnt, so daß du dich in diesen Bereichen immer ruhiger, leichter und freier fühlst.*

3. *Folge dem pulsierenden Schwert bis zur Höhe deines Herzens. Lasse durch dein Herzchakra die* Schwertgleiche Klarheit *in deinen Emotionalkörper einströmen. Fühle, wie sich Ruhe, Leichtigkeit und Klarheit jener geistigen Energie auch in deinem Emotionalkörper ausdehnen.*

4. *Lasse geschehen, daß die Schwertgleiche Klarheit deinen Mental- und Emotionalkörper ausbalanciert und klärt. Nach dieser Übung wirst du dich wahrscheinlich erfrischt und gestärkt fühlen wie nach einem Bad in einem klaren, blauen Bergsee.*

Übung zur Synthese weiblicher und männlicher Energien in dir mit Hilfe der Qualität der *Schwertgleichen Klarheit*

1. *Begib dich in einen ruhigen, entspannten Zustand. Vergegenwärtige dir ein blitzblankes Schwert, das in deiner Körpermitte parallel zu deiner Wirbelsäule verläuft. Ob die Schwertspitze dabei nach oben oder nach unten weist, hängt davon ab, welche Energien sich in dir synthetisieren sollen oder wollen. Du wirst jedoch sofort spüren, welches die für dich jeweils richtige Ausrichtung ist.*

2. *Lasse von unten, aus dem Boden, weibliche Erdqualitäten aufsteigen und sich bis in Höhe deiner Thymusdrüse um das Schwert herumranken.*

3. *Rufe mit Hilfe der* Schwertgleichen Klarheit *die urmännliche Qualität, die du mit deinen weiblichen Energien verschmelzen möchtest.*

4. *Lasse die urmännliche Qualität von oben über dein Kronenchakra entlang des Schwertes in dich einströmen bis auf Höhe deiner Thymusdrüse. Lasse sie dort mit den weiblichen Energien verschmelzen.*

5. *Genieße das ekstatische Glücksgefühl, das mit dieser Verschmelzung einhergeht. Lasse es sich in deiner gesamten Aura ausbreiten und atme diese ekstatische Energie in alle deine Körperzellen.*

6. *Beende die Übung mit einigen tiefen Atemzügen und nimm das neue Körpergefühl, das Gefühl der Vollkommenheit und Ganzheit, mit in deinen Alltag hinein.*

Die Qualität des
Urgrunds und der Erlösung

Ich bin jenseits der Polarität, da ich einerseits Urgrund bin oder Anfang und andererseits das Ziel, das Ende. Dies umschreibt das uralte Sinnbild des Wassers: Alles kommt aus dem Wasser, und alles wird wieder ins Wasser zurückkehren. Meine Qualität ist weder männlich noch weiblich; sie bedeutet bereits die Vereinigung der weiblichen konzentrischen Ausdehnung und der männlichen linearen Gerichtetheit. Es geht hier in erster Linie um Auflösung im Sinne von *Er*lösung, das heißt, es geht nicht einfach darum, Bestehendes zu zerstören, sei es nun materieller, emotionaler, mentaler oder sonstiger energetischer Art, sondern es geht darum, Begrenztheiten aufzulösen, um zu einem größeren Ganzen zusammenzufügen. Dabei ist immer das große Ganze im Blickfeld, der große Plan – als ob ihr in einer Wohnung die Wände zwischen kleinen Zimmerchen einreißt, um große, lichtdurchflutete Räume zu schaffen.

Inwieweit ist uns deine Energie bei der Synthese weiblich-männlich beziehungsweise im Neuen Zeitalter dienlich?

Meine Qualität ist eigentlich zu umfassend, zu gewaltig, zu ausgedehnt, als daß ihr euch ihrer in direkter Weise bedienen könntet. Es geht hier nicht um ein Machen, sondern um ein *Zulassen*: zulassen, daß all jene Begrenzungen, die euch an einer weiteren Entfaltung hindern, aufgelöst werden. Und ich möchte hinzufügen, daß die Entfaltung oder die Entwicklung immer hingeht zu einer größeren Verbundenheit, einem größeren Vernetztsein, zu größerer, umfassender Liebe, schlußendlich zur bewußten Vereinigung mit der schöpferischen All-Einheit, mit dem Universum, dem Tao oder der all-einen Schöpfergottheit. Das einzige, was ihr auf dem Weg dorthin tun könnt, ist, dieses Wirken meiner Energie bewußt in euer Leben aufzunehmen. Nehmt offen und dankbar auf und an, daß immer dann, wenn ihr euch selbst Begrenzungen gleich welcher Art geschaffen habt, die euch an eurer natürlichen Entfaltung zu immer mehr Liebe und immer stärkerem Einssein mit dem Kosmos hindern, jene dank des Wirkens meiner Energie aufgelöst werden. Dies wird von euch natürlich häufig als schmerzhaft empfunden, ist jedoch in Wirklichkeit ein heilsamer Akt.

Und genauso werden bei der Synthese von Weiblich und Männlich mit dem Wirken meiner Energie Begrenzungen aufgelöst, die euch an eurer Entfaltung hindern. Dies sind zum Beispiel Feindbilder, wie sie etwa von radikalen Frauen in bezug auf Männer entworfen wurden, dies sind aber auch einschränkende Rollenvorschriften, wie sie Männer in bezug auf Frauen entwickelt haben. Und es sind überhaupt alle *Vorstellungen* in bezug auf das andere Geschlecht, die euch daran hindern, ganz zu sein.

Es ist ein überpersönlicher und überindividueller Prozeß, der hier wirksam ist und der von euch, wie ich eben schon sagte, nur beeinflußt oder dienstbar gemacht oder in Besitz genommen werden kann, indem ihr dieses Wirken *zulaßt* und es dankbar und freudvoll aufnehmt in der Gewißheit, daß nichts geschieht, was euch wirklich schädigt oder zurückwirft, sondern daß nur der Weg eröffnet wird für die Erfahrung von allumfassender Liebe und Verbundenheit, die zu machen jedes Wesen im Kosmos angetreten ist.

Anhang

Meditation

Das Wort *Meditation* kommt aus dem Lateinischen und bedeutet wörtlich *in die Mitte gehen*. Indem wir Körper und Denken ruhigstellen, zentrieren wir uns und ermöglichen es so dem Geist, sich in uns auszudehnen und uns Erfahrungen zugänglich zu machen, die wir in unserem Alltagsleben so ohne weiteres nicht machen können. Denn der Verstand, das rationale Denken präsentiert uns immer nur einen Ausschnitt der Wirklichkeit, er beschränkt unsere Wahrnehmung auf das, was dem Körper und dem emotionalen Bereich dienlich ist. Wenn Sie einmal darauf achten, werden Sie feststellen, daß es nichts gibt, was Sie unvoreingenommen wahrnehmen können. Sobald Sie sich beispielsweise bewußt gemacht haben, *da fliegt ein Vogel*, wird Ihr Verstand anfangen, mit rasender Eile alle »Speicher« Ihres Gehirns zu durchforsten, bis er eine Erfahrung gefunden hat, die Sie schon einmal mit einem Vogel verband: *Als du dich von Herbert getrennt hast, damals im Park, flog auch so ein schwarzer Vogel über den Himmel*. Oder Ihr Denken suggeriert Ihnen: *Du hast vergessen, das Vogelfutter für Hansi zu besorgen, also lauf schnell noch einmal in den Supermarkt*. Niemals (oder jedenfalls so gut wie nie) werden Sie einfach den Vogel beobachten, wie er ohne Anstrengung am Himmel dahingleitet, eine dunkle Silhouette gegen einen blaßblauen Hintergrund ...

Dieses rasende, ständig plappernde Denken, das immer – wenn auch zumeist unbewußt – von Empfindungen begleitet ist (oder sogar von ihnen gesteuert wird), wird in der Meditation zum Schweigen gebracht. Der meditative Zustand ist eine innere Ruhe, in der weder Gedanken noch Gefühle unsere wache Aufnahmebereitschaft auf der Ebene des reinen Geistes (nicht zu verwechseln mit dem rationalen Denken) zu stören vermögen.

Es gibt unzählige Meditationsschulen und ebenso unzählige Empfehlungen und Wege, wie man in diesen meditativen Zustand gelangt. (Wer Gefallen am Meditieren gefunden hat, mag sich an die im bibliographischen Anhang aufgeführten Bücher wenden oder sich selbst auf die Suche nach weiterführenden Anleitungen machen.) Wir schlagen hier einen relativ einfachen Weg vor, für den es keiner »Vorbildung« bedarf und der auch niemanden wegen übergroßer Strenge überfordert.

1. Wählen Sie für Ihre Meditation eine Zeit, von der Sie wissen, daß Sie ungestört sein werden. Sagen Sie Ihrer Familie oder Ihren Mitbewohnern, daß Sie für eine Stunde unter gar keinen Umständen behelligt werden wollen. Wenn Sie allein in der Wohnung sind, schalten Sie den Anrufbeantworter ein oder stecken Sie das Telefon aus.

2. Sorgen Sie dafür, daß in dem Raum, in dem Sie meditieren, eine angenehme Atmosphäre herrscht. Lüften Sie das Zimmer, und wenn Sie in diesem Zimmer geraucht haben (was nach Möglichkeit vermieden werden sollte), lüften Sie gründlich und stecken Sie für einige Minuten ein Räucherstäbchen an, um das Zimmer vom Geruch kalten Rauchs zu reinigen. Die Raumtemperatur sollte angenehm sein, nicht überheizt, aber keinesfalls zu kühl, da der Körper während der meditativen Ruhe seine Temperatur meist absenkt. Vielleicht hüllen Sie sich in eine Decke oder legen sie griffbereit neben sich. Eine brennende Kerze kann nie schaden. Wenn Sie mögen, können Sie leise Musik abspielen, doch sollte

diese auf keinen Fall stark rhythmisch oder dynamisch sein, da Sie sonst abgelenkt würden. In Esoterikläden gibt es CDs und Kassetten mit spezieller Meditationsmusik – lassen Sie sie sich vorspielen und wählen Sie die aus, die Sie am meisten ansprechen.

3. Suchen Sie sich die für Sie passende und angenehme Meditationshaltung. Legen Sie sich mit dem Rücken auf den Boden, oder setzen Sie sich bequem hin. Wichtig ist, daß Ihre Wirbelsäule so gerade wie möglich ist, denn durch sie soll die spirituelle Energie ungehindert fließen. Wenn Sie lieber im Liegen meditieren, achten Sie darauf, daß Sie sich nicht allzu tief entspannen, da Sie sonst vielleicht einschlafen. Wenn Sie lieber im Sitzen meditieren, achten Sie darauf, daß Ihre Wirbelsäule zwar gerade, Ihr Körper jedoch nicht verkrampft ist – Sie halten das Meditieren sonst nicht lange durch. Anfangs ist die sitzende Haltung wahrscheinlich am angenehmsten für Sie, wenn Sie sich ein Kissen in den Rücken schieben, das die Wirbelsäule stützt, und sich gegen eine Wand oder einen Sofa- oder Sesselrücken lehnen, so daß Sie entspannt, aber aufrecht sitzen.

4. Wenn Sie Ihre Meditationshaltung gefunden haben, machen Sie einige tiefe Atemzüge. Stellen Sie sich vor, daß Sie in einer Kugel aus goldenem Licht sitzen oder liegen, das von oberhalb Ihres Scheitels unaufhörlich auf Sie herniederströmt. Fühlen Sie die Wärme dieses Lichts, und wie es Sie ganz umgibt und von überallher seine Wärme auf Sie abstrahlt: Sie spüren die Wärme von vorne und in Ihrem Rücken, von den Seiten, von unten und von oben. Atmen Sie immer weiter tief ein und aus. Nicht

übertrieben tief, forcieren Sie nichts – atmen Sie einfach, tief und gleichzeitig leicht und natürlich. Stellen Sie sich vor, daß Sie mit jedem Ausatmen Energie, die nicht zu Ihnen gehört, durch die »Wand« der Kugel nach draußen schicken und mit jedem Einatmen Ihre eigene Energie, die irgendwo draußen verstreut sein mag, zu sich zurückholen.

5. Schicken Sie nun Ihren Atem gezielt durch Ihren ganzen Körper. Beginnen Sie mit den Zehen und atmen Sie Entspannung in sie hinein. Gehen Sie dann langsam weiter: Füße, Waden, Oberschenkel, Unterleib, Solarplexus, die Muskulatur entlang der Wirbelsäule, Brust, Schultern, Arme, Hände, Kehle, Kopf. Achten Sie hier besonders auf Ihre Kiefermuskulatur, Ihre Nasenflügel und Ihre Schläfen. Atmen Sie alle Anspannung und Verkrampfung aus ihnen hinaus. Wenn Gedanken oder Empfindungen in Ihnen aufsteigen, beobachten Sie sie gelassen, lassen Sie sich nicht von ihnen einfangen, verheddern Sie sich nicht in ihnen, sondern lassen Sie sie einfach ziehen – wie einen Luftballon, der aus Ihrer Lichtkugel ins blaue Nirgendwo davonschwebt.

6. Wenn Sie sich mit Ihren Chakren (siehe S. 300-306) vertraut gemacht haben, atmen Sie auf dem Weg durch Ihren Körper auch in Ihre Chakren hinein und aktivieren Sie sie durch Ihre Aufmerksamkeit und Ihren Atem.

7. Nachdem Sie nun Ihren ganzen Körper durch Ihren Atem entspannt und gereinigt haben, sind Sie im Zustand meditativer Ruhe und können mit der Übung, die Sie gewählt haben, beginnen.

Chakren

Die *Chakren* (Einzahl: *Chakra*) entstammen der indischen ayurvedischen Medizin und bezeichnen die Energiezentren entlang des Körpers. Es gibt sieben (nach manchen Schulen auch acht oder neun) Hauptzentren entlang der Wirbelsäulenachse und eine weit größere Anzahl von Nebenzentren, die über den ganzen Körper verteilt sind. Die Haupt- und Nebenchakren sind über die Nadis, ein System feinstofflicher Energiekanäle oder »Arterien«, miteinander verbunden, welche die Lebensenergie (indisch: *prana*) durch das feinstoffliche Energiesystem leiten.

Die Chakren ähneln trichterförmigen Blütenkelchen, und von der Mitte eines jeden Blütenkelchs zieht sich ein stielartiger Kanal zur Wirbelsäule hin und in sie hinein. Dort verbindet er sich mit dem wichtigsten Energiekanal, *Sushumna* genannt, der im Inneren der Wirbelsäule aufsteigt und sich im Kopf über das Ende der Wirbelsäule hinaus bis zum Scheitelpunkt fortsetzt. Das erste Chakra öffnet sich nach unten, das zweite bis sechste Chakra öffnet sich nach vorne, während das siebente, am Scheitelpunkt des Kopfes, sich nach oben öffnet. Jedes Chakra befindet sich in einer unaufhörlichen Kreisel- oder Spiralbewegung, wobei die Drehrichtung zweier aufeinanderfolgender Chakren jeweils entgegengesetzt ist.

Nun ist es jedoch nicht so, daß die Chakren innerhalb des menschlichen Körpers nur eine Potentialität darstellten und durch spirituelle Praktiken erst erweckt werden müßten. Ohne daß wir es bewußt wahrnehmen, sind sie bereits aktiv. Es steigert jedoch das Wohlbefinden, die Lebensfreude und die gesamte Lebensenergie erheblich, wenn man das Wirken seiner Chakren einmal bewußt erfahren hat und sie daraufhin durch liebevolle Aufmerksamkeit (oder gezielte Übungen) positiv beeinflussen kann. Auch im Krankheitsfall ist es oft sehr hilfreich, wenn man zu seinen Chakren hinspürt und erkennen kann, welches Chakra geschwächt ist. Eine Behandlung des betreffenden Chakras im Zusammenhang mit den entsprechenden Edelsteinen, Kristallen oder etherischen Ölen kann dann bisweilen mehr bewirken als die Einnahme irgendeines pharmazeutischen Präparats.

Nachfolgend sollen die sieben Hauptchakren kurz einzeln erläutert werden. Für weitergehende Informationen sei auf das Literaturverzeichnis verwiesen.

Das erste Chakra
(Wurzel-Chakra, Basis-Chakra, Steißzentrum, Vierblättriger Lotus):

Es befindet sich am unteren Ende der Wirbelsäule (Steißbein); manche Schulen lokalisieren es auch zwischen dem Anus und den Genitalien. Seine Farbe ist ein leuchtendes Rot. Das Wurzel-Chakra ist dem Element Erde zugeordnet, und so ist es auch zuständig für alles, was in unserer physischen Existenz mit dem Inkarniertsein auf der Erde zusammenhängt. Ein Mensch mit einem harmonisch arbeitenden Basis-Chakra ist gut geerdet, hat keine Probleme mit physisch-materiellen Angelegenheiten und lebt gern. Eine Unterfunktion dieses Chakras geht zumeist mit einer schwachen körperlichen Konstitution einher, und die/der Betreffende fühlt sich unsicher, von Sorgen und Ängsten geplagt, »ohne Boden unter den Füßen«. Eine Überfunktion des ersten Chakras kann zu übertriebener Gier nach sinnlichen Genüssen führen, zu einer materialistischen Lebenseinstellung, die nur nach der Anhäufung materieller Güter strebt.

Das zweite Chakra
(Sakral-Chakra, Kreuzzentrum,
Sechsblättriger Lotus):

Das Sakral-Chakra liegt oberhalb der Genitalien und pulsiert in kräftigem Orange. Es ist das Zentrum ursprünglicher Emotionen, sexueller Energien und schöpferischer Kräfte. Ist es in Harmonie, lebt der Mensch im Einklang mit seinen Gefühlen, reagiert schöpferisch auf seine Umwelt und hat keine Schwierigkeiten mit seiner Sexualität und mit dem anderen Geschlecht. Eine Unterfunktion des zweiten Chakras rührt zumeist aus der Unterdrückung der Sexualität seitens der Eltern her, so daß die/der Betreffende sich gegenüber allem, was mit Geschlechtlichkeit und Sexualität zu tun hat, befangen und gehemmt, vielleicht sogar abgestoßen fühlt. Dies mag von mangelndem Selbstwertgefühl und Gefühlsblockaden bis hin zu emotionaler Kälte begleitet sein. Eine Überfunktion des Wurzelchakras bewirkt häufig übersteigerte sexuelle Phantasien oder unterdrückte Triebhaftigkeit, die sich dann auf anderen Wegen ein Ventil sucht.

Das dritte Chakra
(Solar-Plexus-Chakra, Nabelzentrum,
Zehnblättriger Lotus):

Es befindet sich ungefähr zwei Finger breit oberhalb des Bauchnabels. Dem dritten Chakra ist das Element Feuer zugeordnet, und seine Farbe ist gelb bis goldgelb. Es ist unsere eigene Sonne, unser persönliches Kraftzentrum und die »Schaltstelle« zwischen den eher triebhaften ersten beiden Chakren und den eher geistigen oberen vier Chakren. Ein harmonisch arbeitendes

Solar-Plexus-Chakra beschert eine hohe Selbstakzeptanz und die Fähigkeit, mit anderen Menschen positive gefühlsmäßige Beziehungen einzugehen. Eine Unterfunktion dieses Chakras bedeutet, daß das Kraftzentrum nicht aktiv ist, und dies bewirkt Mutlosigkeit und Resignation angesichts unzähliger Hindernisse, die sich scheinbar überall in den Weg stellen. Umgekehrt führt eine Überbetonung des Kraftzentrums zu übersteigerten Willensbekundungen; man will alles und jeden nach dem eigenen Willen beeinflussen und formen.

Das vierte Chakra
(Herz-Chakra, Herzzentrum,
Zwölfblättriger Lotus):

Das Herz-Chakra hat seinen Sitz auf der Höhe des Herzens in der Mitte der Brust. Sein Element ist die Luft, und seine Farbe ist grün, auch rosa und gold. Über das Herz-Chakra können wir uns einschwingen auf andere Lebewesen, können mit-fühlen und mit-empfinden, und wir nehmen Harmonie wahr, wo sie uns begegnet – ob in Lebewesen, in Kunstwerken oder in der Natur. Ein geöffnetes und harmonisches viertes Chakra bewirkt, daß wir uns als Teil der göttlichen Liebe empfinden und diese unterschiedslos allen Wesen, mit denen wir zu tun haben – einschließlich uns selbst – zuteil werden lassen. Ein schlecht funktionierendes Herz-Chakra bewirkt, daß wir die göttliche Liebe nicht wahrnehmen können und uns deshalb abhängig machen von der Liebe und Zuwendung anderer Menschen. Oder wir möchten gern immerzu geben, erwarten aber dafür auch, daß der andere uns genauso viel dafür zurückgibt.

Das fünfte Chakra
(Hals-Chakra, Kehl-Chakra, Kommunikationszentrum, Sechzehnblättriger Lotus):

Das fünfte Chakra befindet sich zwischen der Halsgrube und dem Kehlkopf und entspringt der Halswirbelsäule. Es pulsiert hellblau, auch silbrig und grünlich-blau, und sein Element ist der Äther. Es ist das Zentrum der menschlichen Ausdrucksfähigkeit, Kommunikation und Inspiration. Ein harmonisch arbeitendes Kehl-Chakra bewirkt die Fähigkeit, sich selbst klar, präzise, ganzheitlich und ohne Ängste zum Ausdruck zu bringen. Eine mangelnde Funktion des fünften Chakras schlägt sich als Schwierigkeit oder sogar Angst, sich zu zeigen, sich darzustellen und sich auszudrücken nieder. Eine Überfunktion des Hals-Chakras bewirkt eine Trennung von Geist und Emotion (der Kopf ist vom Körper »abgeschnitten«), die sich entweder als übertriebene Intellektualität äußert oder als Unfähigkeit, die eigenen Gedanken und Gefühle in angemessener Form zum Ausdruck zu bringen.

Das sechste Chakra
(Stirn-Chakra, Drittes Auge, Auge der Weisheit, Sechsundneunzigblättriger Lotus):

Das Dritte Auge leuchtet in tiefem Indigoblau aus der Mitte der Stirn, einen Fingerbreit über der Nasenwurzel. Es ist die »Kommandozentrale«, von der aus das Sein bewußt wahrgenommen und organisiert wird – durch intellektuelles Unterscheidungsvermögen, Erinnerungsvermögen sowie den Willen. Das Dritte Auge ist jedoch auch der Bereich, von dem aus wir Zukünftiges manifestieren, denn mit ihm, dem feinstofflichen

Auge, erschauen wir Dinge in der Zukunft, die in der Gegenwart noch nicht »angekommen« sind. Ein harmonisch arbeitendes sechstes Chakra bewirkt, daß der Geist gesammelt und gleichzeitig offen für mystische Wahrheiten ist, während eine Unterfunktion im Gegenteil dazu führt, daß der Betreffende ängstlich darauf bedacht ist, ausschließlich das, was er mit seinen fünf körperlichen Sinnen wahrnehmen kann, gelten zu lassen und jede geistige Diskussion als überflüssig und anstrengend empfindet. Eine disharmonische Funktion des Dritten Auges führt zu einer Verherrlichung des Intellekts, der mit geradezu kultischer Verehrung über alles gestellt wird.

Das siebente Chakra
(Kronen-Chakra, Scheitel-Chakra,
Tausendblättriger Lotus):

Am höchsten Punkt des Kopfes tritt in violetter, auch weiß-goldener Farbe das Kronen-Chakra aus, das sich nach oben öffnet. Eigentlich schillert es in allen Farben des Spektrums (wobei jedoch Violett vorherrschend ist), so wie im farblosen Licht alle Farben des Spektrums vereinigt sind – und ebenso vereinigen sich im Tausendblättrigen Lotus die Energien aller Chakren. Das siebte Chakra kann nicht disharmonisch arbeiten, es kann nur mehr oder weniger geöffnet sein. Ein vollständig geöffnetes Scheitel-Chakra kennzeichnet das Bewußtsein des Weisen oder des Heiligen: die Trennung zwischen Ich und Umwelt, zwischen göttlich und profan ist aufgehoben, und an seine Stelle ist ein umfassendes und gleichzeitig völlig in sich ruhendes Bewußtsein getreten, das einen unmittelbaren und ungehinderten Zugang hat zu allem, was ist, war und sein wird. Ein wenig geöffnetes siebtes Chakra hingegen verhindert die Beseitigung der Blockaden in den anderen Chakren und verursacht deshalb Gefühle der Angst, des Abgetrenntseins, der Verunsicherung, insbesondere wenn die/der Betreffende sich bewußt der Erfahrung spiritueller Wahrheiten verschließt.

Die Energiekörper

Die Chakren stehen in sehr enger Wechselbeziehung mit den feinstofflichen Energiekörpern, die den physischen Leib des Menschen umgeben. In der indischen Heillehre unterscheidet man vier Energiekörper: den Ätherleib, den Emotionalkörper, den Mentalkörper und den spirituellen oder Kausalkörper. Sie schwingen in unterschiedlichen Frequenzen, die sich nach der Nähe zum physischen Leib richten. So schwingt der Ätherleib am niedrigsten und der spirituelle Körper am höchsten.

Der Ätherleib besitzt ungefähr die gleiche Ausdehnung und Form wie der physische Körper, weshalb er auch »ätherisches Doppel« genannt wird. Er zieht über das Solar-Plexus-Chakra vitale Energie aus der Sonne, die er auf dem Wege der Chakren und Nadis, der feinstofflichen Energiekanäle, allen Bereichen des Körpers zuführt. Der Ätherleib ist daher der Sitz aller Kräfte, die den physischen Körper gestalten, und in ihm finden sich die vitale, schöpferische Lebenskraft wie auch alle physischen Empfindungen.

Im Emotionalkörper (Astralleib) sind Gefühle, Emotionen und Charaktereigenschaften angesiedelt. Seine Aura kann sich bis zu einigen Metern um den Menschen herum ausdehnen. Jede Gemütsbewegung wird als Farbenspiel in der Aura des Emotionalkörpers sichtbar, und so verändert diese sich ständig.

Der Mentalkörper beinhaltet alles Geistige – Gedanken, Ideen, rationale und intuitive Erkenntnisse. Er wird von den Inhalten des Emotionalkörpers stark beeinflußt, so daß er häufig in seiner eigentlichen Funktion eingeschränkt wird, die darin besteht, die universalen Wahrheiten, die ihm von der Ebene des spirituellen Körpers her zufließen, aufzunehmen und sie im Zusammenspiel mit den Verstandeskräften innerhalb konkreter Situationen in ein Verhalten zu überführen, das im Einklang mit den kosmischen Gesetzen steht.

Der spirituelle Körper (Kausalkörper) vermittelt uns – in den Momenten, da wir es zulassen – die Erfahrung des inneren Einsseins mit dem Allganzen. Über ihn sind wir mit der göttlichen Weisheit, der göttlichen Liebe, dem göttlichen Bewußtsein verbunden. Nur über den spirituellen Körper haben wir Zugang zu einer höheren Bewußtseinsebene, von der allein aus wir etwas über unsere Aufgabe im Leben, über Sinn und Zweck unseres Hierseins, erfahren.

Bibliographie

Buchstaben in Klammern hinter dem Buchtitel bezeichnen die in den Fußnoten verwendete Abkürzung.

Almaas, A.H., *Essenz. Der diamantene Weg zur inneren Verwirklichung*, Oldenburg, 1994

Bolen, Jean Shinoda, *Göttinnen in jeder Frau. Psychologie einer neuen Weiblichkeit*, München, 1995

Durant, Will und Ariel, *Durant Kulturgeschichte der Menschheit*, Bd. 1, *Der alte Orient und Indien*, München, 1981

Eluan, Ghazal, *Schlangenkult und Tempelliebe*, Berlin, 1995

Foerster, Heinz von, *Wahrheit ist die Erfindung eines Lügners*, Heidelberg, 1998

Francia, Luisa, *Eine Göttin für jeden Tag*, München, 1996

Franz, Marie-Louise von, *Das Weibliche im Märchen*, Stuttgart, 1977

Gimbutas, Marija, *Die Sprache der Göttin* (SG), Frankfurt/M., 1995

Gimbutas, Marija, *Die Zivilisation der Göttin* (ZG), Frankfurt/M., 1996

Jung, C. G., *Die Archetypen und das kollektive Unbewußte*, Bd. 9/I. der Werkausgabe, Olten/Freiburg i. Br., 1976

Jung, C. G. (Mitarbeit: Marie-Louise von Franz, Joseph L. Henderson, Jolande Jacobi, Aniela Jaffé), *Der Mensch und seine Symbole*, Olten/Freiburg i. Br., 1991

Mailly-Nesle, Solange de, *Astrologie. Geschichte, Tierkreiszeichen, Horoskop und Wissenschaft*, Köln, 1995

Matthews, Caitlín, *Die Göttin*, Braunschweig, 1992

Neumann, Erich, *Die große Mutter. Eine Phänomenologie der weiblichen Gestaltungen des Unbewußten* (GM), Olten/Freiburg i. Br., 1974

Ranke-Graves, Robert von, *Griechische Mythologie. Quellen und Deutung* (GMy), Reinbek b. Hamburg, 1984

Ranke-Graves, Robert von, *Die weiße Göttin. Sprache des Mythos* (WG), Reinbek b. Hamburg, 1985

Walker, Barbara G., *Das geheime Wissen der Frauen* (GWF), Frankfurt/M., 1993

Zettel, Christa, *Die Seele der Erde. Auf den Spuren der Großen Göttin in Afrika*, Bergisch Gladbach, 1997

Über Meditation:

Draayer, Hetty, *Finde dich selbst durch Meditation. Anleitungen und Übungen für den inneren Weg*, München, 1984

Draayer, Hetty, *Offen zwischen Erde und Himmel. Anleitungen und Übungen für den inneren Weg*, München, 1985

Draayer, Hetty, *Das Licht in uns. Chakras, Auras, Energien*, München, 1986

Nidiaye, Safi, *Meditation löst Lebensprobleme. Selbsthilfe für den Alltag*, Genf/München, 1994

Rohr, Wulfing von, *Meditation. Die Kraft aus der Mitte – ein umfassender Übungsleitfaden*, München, 1995

Roman, Sanaya, *Sich dem Leben öffnen. Schritte zu persönlichem Wachstum und geistiger Kraft*, Interlaken, 1990

Roman, Sanaya, *Sich den höheren Energien öffnen. Die unsichtbaren Kräfte des Universums nutzen*, Interlaken, 1990

Roman, Sanaya, *Zum höheren Selbst erwachen. Das Herz dem Bewußtsein des Lichts öffnen*, Interlaken, 1990

Wallimann, Silvia, *Das Wunder der Meditation*, Freiburg i. Br., 1987

Winter, Gayan S., *Meditation für Frauen. Der weibliche Weg der Kraft*, München, 1996

Über Chakren:

Bruyere, Rosalyn L., *Das Geheimnis der Chakras. Unsere Licht- und Energiezentren*, München, 1998

Korteweg, Hanneke und Hans, *Dem inneren Licht folgen. Chakren, Charakterstrukturen und die sieben Strahlen*, München, 1991

Sharamon, Shalila und Baginski, Bodo J., *Das Chakra-Handbuch. Vom grundlegenden Verständnis zur praktischen Anwendung*, Aitrang, 1988

Anmerkungen

1. Foerster, S. 34 f.
2. vgl. weiterführend hierzu den Eintrag unter dem Stichwort *Jesus Christus* in Walker, GWF, S. 476 ff
3. Gimbutas, SG, S. 316
4. Gimbutas, SG, S. 316
5. »Die Perser glaubten, daß ein kinderlos verstorbener Mann niemals ins Paradies eingehen könnte. Gebete und Opfer der Nachkommen waren für die Glückseligkeit der väterlichen Seele unerläßlich. Die Hindus bestimmten den Sohn dazu, mit seinen Beschwörungen und Opfergaben die Seele des Vaters davor zu schützen, heimatlos und hungrig in den öden Weiten der Ewigkeit umherzuirren. (...) Die Chinesen glaubten, daß ein Vater ohne Sohn die bis dahin von Generation auf Generation übertragene Verehrung der Ahnen abbricht und damit seine Chance auf Unsterblichkeit verliert« (Walker, GWF, S. 1129). Hierin zeigt sich deutlich die egoistische Komponente des Patriarchats, das Nachkommenschaft nicht als Teil des Lebens, des ewigen Kreislaufs der Natur, versteht, sondern vielmehr als Mittel zum Zweck, nämlich um dem Erzeuger selbst die Unsterblichkeit zu sichern.
6. vgl. hierzu auch den Eintrag *Menstruationsblut* in Walker, GWF, S. 698 ff
7. Ranke-Graves, GMy, 1.1
8. Neumann, GM, S. 56
9. Zettel, S. 147

10 Ranke-Graves, WG, S. 152

11 Mailly-Nesle, S. 12

12 Robert von Ranke-Graves sieht die Trinität der Großen Göttin mit dem Namen Demeter in etwas anderer Zusammensetzung: »Kore, Persephone und Hekate waren eindeutig die Dreifaltige Göttin in ihrer Gestalt als Mädchen, Nymphe und Altes Weib. Das war zu einer Zeit, als nur Frauen die Mysterien des Ackerbaus ausübten. Kore steht für grünes Getreide, Persephone für die reife Ähre und Hekate für das geerntete Korn; ... Der allgemeine Name der Göttin war Demeter ...« (GMy, 24.1).

13 »Kores Entführung durch Hades ist ein Teil jenes Mythos, in dem die hellenische göttliche Dreifaltigkeit mit Gewalt die vorhellenische Dreifaltige Göttin heiratet: Zeus die Hera, Zeus oder Poseidon die Demeter und Hades die Kore ... Er bezieht sich auf die männliche Übernahme der weiblichen Fruchtbarkeitsmysterien in primitiven Zeiten.« (Ranke-Graves, GMy, 24.3).

14 Der Granatapfel mit seinem roten Saft und seinen zahlreichen Samenkörnern war ein vorrangiges Symbol für die Fruchtbarkeit des weiblichen, Leben enthaltenden Schoßes. Daher aßen auch die Seelen in der Unterwelt Granatäpfel, um ihre Wiedergeburt zu bewirken.

15 Das lateinische, von der christlichen Kirche verwendete Wort für Ankunft lautet *Advent*.

16 Dieselbe Szene – etwas weniger ekstatisch und weniger wild – finden wir in der Bibel bei der Geburt Jesu Christi im Stall zu Bethlehem ...

17 Ranke-Graves, GMy, 24.6

18 Der Name *Hekate* bedeutet »einhundert«, und Ranke-Graves meint, er beziehe sich auf die hundert lunaren Monate der Regierung des von der obersten Priesterin der Göttin eingesetzten Sakralkönigs (der im frühen Griechenland nach Ablauf dieser Periode üblicherweise durch den Donnerkeil, die Zähne eines Pferdes oder durch seinen Stellvertreter getötet wurde) und die hundertfache Ernte (vgl. GMy, 24.1).

19 vgl. Walker, GWF, S. 361
20 Ranke-Graves, GMy, 31.7
21 Gimbutas, SG, S. 208
22 vgl. Walker, GWF, S. 362 und ferner Harry E. Wedeck, *A Treasury of Witchcraft*, Secaurus N.J.: Citadel Press 1975, S. 203
23 Neumann, GM, S. 166 bzw. S. 167
24 Walker, GWF, S. 464
25 Apuleius, *Der goldene Esel/Metamorphosen*, 11,5
26 So wird Isis häufig auf einem Thron sitzend mit dem göttlichen Kind auf dem Schoß dargestellt – auch hier sind die Parallelen zur christlichen Ikonographie und ihrem Motiv »Madonna mit dem Kind« unverkennbar.
27 Die Parallelen zu Tod und Auferstehung Jesu Christi (ungefähr zur Zeit der Tag-und-Nachtgleichen im Frühjahr) sind unübersehbar.
28 Walker, GWF, S. 509
29 Walker, GWF, S. 657
30 Neumann, GM, S. 311
31 Neumann, GM, S. 152
32 Heinrich Zimmer, »Die indische Weltmutter«, *Eranos-Jahrbuch 1938*, Zürich 1939, S. 181; zit. n. Neumann, GM, S. 151
33 Neumann, GM, S. 311
34 Vgl. hierzu den Abschnitt über Ischtar im Kapitel *Göttinnen, die der Qualität des Schützenden, Nährenden und Bewahrenden zugeordnet sind* auf Seite 58.
35 Gimbutas, SG, S. 317
36 Durant, S. 220
37 Neumann, GM, S. 146
38 Gimbutas, SG, S. 319
39 »Der Marienmythos und der Teufelsmythos bildeten sich Seite an Seite heraus, keiner war ohne den anderen möglich. An einen von ihnen nicht zu glauben, war eine Todsünde.« (Walker, GWF, S. 670).

40 Der Dreizack symbolisierte ursprünglich den dreifachen Phallus, der jedem Gott als Attribut beigegeben war und der die Funktion hatte, sich mit der Dreifaltigen Göttin zu vereinigen.

41 Walker, GWF, S. 1074

42 vgl. Walker, GWF, S. 15 f

43 Walker, GWF, S. 970 f

44 Walker, GWF, S. 363

45 Walker, GWF, S. 408

46 Walker, GWF, S. 408; vgl. Richard Cavendish, *The Powers of Evil*, New York, G.P. Putnam´s Sons, 1975

47 Walker, GWF, S. 408

48 Dieses raubvogelartige Aussehen weist auf ein wichtiges Merkmal der nordischen Regeneratrix hin: sie kann entweder fliegen, oder sie gibt – besonders als Ankündigung eines nahen Todes – ein vogelartiges Schreien, Kreischen oder Rufen von sich.

49 Gimbutas, SG, S. 209

50 Gimbutas, SG, S. 319

51 Ranke-Graves, GMy, 11.1

52 Ranke-Graves, GMy, 18.4

53 Ranke-Graves, GMy, 18.1

54 Ranke-Graves, GMy, 18.1

55 Ranke-Graves, GMy, 18.7

56 Walker, GWF, S. 48

57 John Holland Smith, *Constantine the Great*, New York, Charles Scribner's 1976, S. 287; zit. n. Walker, GWF, S. 1132

58 Neumann, GM, S. 144

59 Walker, GWF, S. 664

60 Diese Trinität ist unverkennbar von der Trias der Großen Göttin abgeleitet, welche im Konzil von Nicäa (325) kanonisch auf den christlichen Gott überging.

61 Geoffrey Achse, *The Virgin*, Routledge & Kegan Paul, London 1976, S. 151; zit. n. Walker, GWF, S. 665

62 Walker, GWF, S. 666

63 Walker, GWF, S. 665

64 Walker, GWF, S. 666

65 Walker, GWF, S. 669

66 Als logische Konsequenz aus Marias Himmelfahrt *mit dem Körper* (und nicht nur mit der Seele) würde sich ergeben, daß sie gerade nicht in den immateriellen, transzendenten Himmel Gottvaters und -sohnes aufsteigen kann, sondern seit zweitausend Jahren im Weltall herumirrt. Und sie hätte, selbst wenn ihr Körper mit Lichtgeschwindigkeit reiste, gerade ein Fünfzigstel des Durchmessers unserer Galaxie hinter sich gebracht ...

67 Neumann, GM, S. 309

68 Und so sind es auch im Neuen Testament auffälligerweise Frauen, nämlich die »heilige Hure« Maria Magdalena und ihre Begleiterinnen, die Jesu Grab besuchen, es leer finden und von der Auferstehung des Gottes künden. Die männlichen Apostel hingegen wußten (nach *Lukas* 24, 10 f) nichts von der Auferstehung und mußten sich auf das Wort der Frauen verlassen.

69 Walker, GWF, S. 140

70 Gimbutas, SG, S. 316

71 Die Pelasger waren die vor-indogermanische Bevölkerung der Ägäis-Region.

72 Ranke-Graves, 1.1 f

73 Davon abgeleitet ist das Wort *Diameter*, die noch heute gebräuchliche wissenschaftliche Bezeichnung für den Durchmesser eines Kreises bzw. einer Kugel.

74 Walker, GWF, S. 1089

75 »In der Kunst der Vorgeschichte waren Fisch und Gebärmutter der Göttin identische und austauschbare Bilder.« (Gimbutas, SG, S. 258)

76 vgl. Walker, GWF, S. 980

77 vgl. Walker, GWF, S. 980

78 Ranke-Graves, WG, S. 180

79 Dieser zyklischen Auffassung von Leben und Tod als ineinander Übergehendes, sich gegenseitig Bedingendes und sich stets Wiederholendes genau entgegengesetzt sind die Vorstellungen, die die patriarchal organisierten Indoeuropäer ins Alte Europa trugen und die bis heute Gültigkeit haben: Zum einen ist Tod kein kollektives, sondern ein individuelles Geschehen, womit die Idee einer *persönlichen* Unsterblichkeit ins Zentrum rückt. Zum anderen handelt es sich um zwei streng voneinander geschiedene Arten der Existenz – hie irdisches Leben, dort transzendentes, nicht-körperliches Sein –, und der Übergang zwischen beiden ist linear und unumkehrbar.

80 Gimbutas, SG, S. 321

81 Ranke-Graves, WG, S. 143

82 Man denke an Jesu Worte »Nehmet und esset; das ist mein Leib« (*Matthäus*, 26,26) und »Trinket alle daraus; das ist mein Blut« (*Matthäus*, 26,27/28) beim Heiligen Abendmahl.

83 Ranke-Graves, WG, S. 144

84 Ranke-Graves, WG, S. 402 f

85 Auch Jesus benutzt dieses Symbol sowohl der Auferstehung aus dem Tode als auch der spirituellen Grenzüberschreitung im Rausch, indem er sich selbst als »Weinstock« (*Johannes* 15,1) bezeichnet.

86 Der griechische Dramatiker Euripides verarbeitete diesen Stoff in seiner Tragödie *Die Bakchen*.

87 Ranke-Graves, GMy, 14.4

88 Ranke-Graves, GMy, 14.5

89 Eine weitere Farbe, die der Göttin zugehörig und heilig ist, ist Schwarz, und sie steht für den lebennehmenden Aspekt der Göttin, das Verschlingende. Robert von Ranke-Graves schreibt über diese Farbensymbolik: »... der zunehmende Mond (ist) die Weiße Göttin von Geburt und Wachstum; der Vollmond die Rote Göttin von Liebe und Kampf; der Neumond die Schwarze

Göttin von Tod und Wahrsagerei.« (Ranke-Graves, WG, S. 78) In völlig veränderter Form tauchen diese drei heiligen Farben der Dreifachen Göttin im Grimmschen Märchen *Schneewittchen* wieder auf, wo die Mutter der Heldin sich ein Kind wünscht, »rot wie Blut, weiß wie Schnee und schwarz wie Ebenholz«.

90 vgl. Gimbutas, ZG, S. 400

91 Walker, GWF, S. 702

92 Von *Yoni*, indisch für »Vulva«, Mittelpunkt der religiösen Verehrung im Tantrismus. Das männliche Gegenstück heißt *Lingam* (»Penis«).

93 Walker, GWF, S. 703

Was sich die Menschen des Westens erst wieder mühsam aneignen müssen, ist für das Volk der Russen eine Selbstverständlichkeit: Die Erkenntnis, daß alle Heilung aus der Natur kommt. Allerdings muß man in die Geheimnisse der natürlichen Medizin eingeweiht sein, um der Gesundheit auch Dauer verleihen zu können.

Dr. med. Karine Markarian, selbst Oberärztin eines Krankenhauses für Naturheilverfahren, gibt hier jenes Wissen weiter, das bereits ihre Ahnen anwandten. Damit macht sie das Geheimnis der russischen Volksmedizin erstmals der westlichen Öffentlichkeit zugänglich.

ISBN 3-404-70127-5

In Sibirien, wo die Natur und die Welt unendlich erscheinen, hat sich eine Kultur erhalten, deren religiöse Grundzüge geeignet sind, die verlorene Empfindung für das Wunder und das Wunderbare wiederzugewinnen. Aus diesem Grund reist Gala Naumova in das »Zentrum der Welt«, um dort Schamanen zu begegnen, deren Heilkunst sie hautnah miterleben darf. Was sie dabei erfährt, ist nicht nur sensationell, sondern zeigt auch, wie einfach es sein kann, sich selbst und die Wunden der Erde zu heilen. In der uralten Heilkunst der Schamanen liegt der Schlüssel zu einer dauerhaften Gesundung von Welt und Mensch.

ISBN 3-404-70129-1

Was wird nach dem Tod aus uns? Jeder Mensch stellt sich diese Frage, und alle Weltreligionen haben in den vergangenenen Jahrtausenden versucht, Antworten darauf zu finden. Unabhängig vor den einzelnen Glaubensrichtungen werden die beiden wichtigsten Lehren, die der Auferstehung und die der Wiedergeburt, hier beschrieben. Darüber hinaus besteht die Möglichkeit, an einer fundierten Auseinandersetzung zum Thema *Leben jenseits des Todes* teilzunehmen.

Ein Buch für alle, denen die Frage nach der Zukunft der Menschheit nicht gleichgültig ist, denn die Frage nach dem Jenseits ist der Schlüssel zum Begreifen des Mysteriums von Leben und Tod.

ISBN 3-404-70135-6